교회 울타리를 넘어서라

특별히

이 소중한 책을 ____________ 님께

드립니다.

교회 울타리를 넘어서라

〈이 시대 복음주의 신앙인들에게 주는 도전〉

최현범 목사 지음

나침반

한국교회는 프레임의 변화가 필요!

우리나라에 개신교가 들어온 지 130여 년의 세월이 흐르면서 한국교회는 세계선교사에 남을 많은 발전과 성장을 경험했습니다. 또한 이 시간은 한국 사회에 있어 질풍노도와 같은 시기이기도 했습니다. 조선왕조의 몰락, 일제 식민지, 해방과 6.25전쟁, 길고 긴 남북 분단의 고통, 반복되는 독재정권에서 민주화로의 정치발전, 원조 받는 나라에서 원조해주는 나라로 변화시킨 가파른 경제성장, IT와 문화강국으로의 변신 등 우리 한국 사회는 엄청난 변화를 겪었습니다. 그리고 한국교회는 의식하건 의식하지 않건 이러한 한국 사회와 맥을 같이해 영향을 주고받으면서 달려왔습니다.

그러나 오늘날 교회는 여러 방향에서 커다란 도전에 직면하고 있습니다. 적어도 2,30년 이상 교회생활을 한 사람들은 교회 안팎에 흐르는 변화된 공기를 충분히 감지할 수 있을 것입니다. 여러 변화 중에 모두가 공감하는 것은, 한국교회에 대한 사회적 이미지가 과거 그 어느 때와 비교할 수 없을 만큼 실추되었다는 사실입니다. 과거에는 주로 당사자가 교인들과 직접 부딪히는 과정에서 만들어졌던 교회에 대한 부정적인 이미지가, 지금은 주로 공적인 영역에서 만들어지고 있습니다. 재정 스캔들, 세습 문제, 성적 일탈, 수구적인 정치행태 등등 교회나 교인들의 문제가 열려진 정보 공간들 즉 매스컴이나 온라인을 통하여 확산되어 가고 있습니다.

어떤 연유에서든지 부정적인 선입견을 갖고 있는 사람에게 전도하는 것은 매우 어려운 일입니다. 아니 외인에게 전도하는 것은 고사하고 교인들조차 이런 사회적인 이미지로 인하여 교회에 대해 의구심을 갖게 됩니다. 그리고 이것이 소위 가나안성도가 늘어가는 원인 중 하나가 되고 있습니다. 더구나 이런 부정적인 이미지가 어른들보다 젊은 층에 더 광범위하게 퍼져나간다는 것이 한국교회의 미래를 더욱 염려스럽게 만들고 있습니다.

1919년 3·1운동 이전으로 거슬러 가보면 개신교는 교인이 전체 인구의 1%에도 미치지 못하는 소수 종교였지만, 사회에 큰 희망이었습니다. 기독교는 신분 타파, 여성운동, 인권 존중 등 우리 사회가 개화되고 발전해 가는데 견인차 역할을 했습니다. 그뿐 아니라 먼저 믿은 교인들 중에 역사와 사회에 대한 식견과 아울러 민족에 대한 책임의식을 가진 지도자들이 많이 있었습니다. 이들은 국민 계몽에 앞장섰고, 독립운동과 항일운동에 선도적인 역할을 했습니다.

이것이 분출된 사건이 바로 3·1독립만세운동이었습니다. 이 운동에 많은 기독교 지도자들과 교인들이 참여했고, 교회가 만세운동의 거점이 되었으며 그로 인해 여러 종교 중에 개신교가 가장 많은 피해를 입었음은 역사가 증명하는 바입니다. 이처럼 한국의 초기 교회는 영적인 부흥과 성장뿐 아니라 당면한 사회의 문제를 끌어안고 민족의 현실과 유리되지 않은 채 사회에 선한 영향을 미쳤습니다.

그러나 3·1운동의 실패 이후 교회는 자기 울타리 안으로 물러갔습니다. 더 이상 사회문제에 관심을 갖거나 참여하지 않으면서 신앙은 내면화, 내세화되었습니다. 교회생활이 곧 신앙생활로 인식되었고 교회성장이 교인들의 헌신의 목표가 되었습니다. 그리고 이런 성향은 해방 이후도 계속되었습니다. 교인들은 교회 울타리 밖의 세상을 막연히 마귀가 지배하고 심판받아 멸망할 곳으로 생각했습니다. 이런 세계관에서 세상을 조금 더 나은 세상, 조금 더 의로운 세상으로 만드는 것은 의미 없는 일이 아닐 수 없었습니다.

신앙을 교회 울타리 안의 머물도록 하는 신학적인 근거는, 다름 아닌 정교분리였습니다. 미국의 건국 과정에서 국가권력으로부터 종교의 자유를 지키기 위해 교회가 주창한 이 이론은, 시간이 가면서 그리스도인들로 하여금 정치적 무관심을 부추겼습니다. 그러나 기독교적 전통이 뿌리가 된 미국 사회에서는 교회가 지역 커뮤니티의 중심으로 남아있고, 목회자나 교인들이 커뮤니티의 일에 직·간접으로 관여하면서 신앙적인 가치를 실현하는 것이 자연스러웠습니다.

이와 달리 오랜 세월 샤머니즘이나 불교, 유교 등 다른 종교와 전통들이 뿌리 깊이 지배하는 한국 사회에서, 정교분리는 이원론적인 신앙 형성에 큰 역할을 했습니다. 한국 교인들에게는 "세상으로 나아가 신앙으로 세상을 변혁하라"는 설교보다는 오히려 비신앙적인 세상으로부터 자신을 분리해서 신앙을 지키라는 설교가 더 듣기 편했습니다. 그리고 이것을 위해 교회 울타리 안에 머무는 것이 더 옳은 믿음으로 여겨졌습니다.

그러면서 교회와 사회 사이에는 담이 쳐졌습니다. 교회는 분명 도시 안에 있었지만 보이지 않게 게토(ghetto)화 되었고, 자기 논리와 자기 언어에 갇혀서 사회와 소통하는 힘을 잃고 말았습니다. 또한 교인들은 교회 울타리 너머 사회문제에 무관심하고 무지하다 보니, 복잡한 사회현상에 대해 옳고 그름을 판단할 분별력을 갖지 못했습니다. 오히려 단순한 정치적인 잣대를 절대화함으로 자신도 모르게 교회를 정치화하는 우를 범하게 되었습니다. 과거 권위주의적이면서 정보가 통제되고 막혀있던 사회에서는 이것이 큰 문제로 드러나지 않았지만 이제 열린 사회, 정보가 막힘없이 흐르고 소통을 강조하는 사회가 되면서 이러한 교회의 모습이 세상의 눈에는 답답하게 여겨지지 않을 수 없게 되었습니다.

분명 오늘날의 개신교회는 외형적으로 우리 사회의 무시 못 할 집단이 되었습니다. 교세만이 아니라, 다른 여타의 종교보다 강한 응집력과 열정을 가지면서 사회에 영향력을 행사할 만큼 커졌습니다. 그러나 사회에 대한 책임의식은 아직 어린아이 수준입니다. 책임의식이 없는 사람이 영향력을 갖는 것만큼 위험한 것은 없습니다. 지금 한국교회는 바로 그러한 염려스러운 집단으로 인식되고 있습니다.

"개혁교회는 항상 개혁되어져야 한다."(ecclesia reformata et semper reformanda) - 이 칼빈의 가르침이야말로 선교 역사 한 세기를 넘긴 한국교회가 담아야 할 중대한 메시지입니다. 한국교회는 프레임의 변화가 필요합니다. 이분법적이고 이원론적인 신학에서 통전적인 신학으로의 전환입니다. 확고한 복음 진리 위에 사회적 책임의식을 키우고 윤리 교육을 강화하여 건강한 교회로 거듭나면서 다시 세상의 빛과 소금이 되는 것이 한국개신교가 가야할 길입니다. 이를 위해서는 먼저 강단에서 선포되는 설교가 중요합니다. 우리의 설교가 교인들로 하여금 복음의 발판 위에서 교회 울타리 밖을 보는 안목을 갖도록 도와줘야 합니다. 이것이 이 책을 내는 가장 중요한 동기요 목적입니다.

나는 우리 교회의 주일예배에서 가급적이면 한 달 내지 두 달에 한 번 환경이나 평화, 정의, 경제, 통일, 다문화 등 사회 전반의 문제를 설교에서 다루었습니다. 특별히 3·1절이나 광복절 그리고 국가 행사가 많은 6월이 되면, 교회와 국가와의 관계에 관한 설교를 꼭 했습니다. 이 설교집은 그러한 설교들 중 선별하여 실은 것입니다.

이 책을 내는데 많은 분들의 도움이 있었습니다. 교정을 봐주신 서정희 집사, 엄소현 집사, 김인선 집사의 노고에 진심으로 감사를 드립니다. 특별히 설교들을 선별하고 편집하면서 마지막 교정 하나하나까지 세밀하게 살펴준 곽규종 목사의 도움에 감사를 드립니다. 무엇보다도 항상 설교를 경청하여 이러한 설교들을 즐겁게 준비할 수 있게 해준 부산중앙교회 교우들 모두에게 감사를 드립니다. 마지막으로 늘 내 곁에서 사랑과 기도로 동역해준 사랑하는 아내에게 감사를 드리면서 모쪼록 이 책이 한국교회에 유익한 책이 될 수 있기를 바랍니다.

- 황령산 자락에서 광안대교를 바라보며 **최현범 목사**

성경적으로 매우 설득력 있게 제시!

육신의 건강을 유지하려면 몸의 모든 부분을 골고루 가꿔야 합니다. 그러나 어떤 기관에 병이 들면 우선 그 병을 집중적으로 고쳐야 합니다. 그리스도인의 영적 건강도 마찬가지입니다. 성경의 모든 가르침을 골고루 배워서 균형 잡힌 신앙을 유지하는 것이 이상적입니다. 그러나 지금 한국 교회는 중병에 걸려있는데 그 원인들 가운데 하나가 바로 교회와 세상을 완전히 분리하는 이원론적 세계관입니다. 한국 교회의 윤리적 실패도 상당 부분 그 때문입니다.

이 책에 수록된 설교들은 바로 그 병을 치유하는 처방들입니다. 신앙의 다른 중요한 요소들을 무시하지 않으면서도 한국 기독교의 근본적인 약점인 이 이원론이 왜 잘못되었는지, 어떻게 하면 고칠 수 있는지를 철저하게 성경적으로 매우 설득력 있게 제시하고 있습니다. 그런 점에서 이 책은 시장에 나와 있는 수많은 다른 설교집과는 매우 다릅니다. 그리고 무엇보다도 설교자가 자신의 설교와 일관성 있게 살고 활동하기 때문에 이 책은 강한 힘을 갖고 있습니다.

- 손봉호 교수(서울대학교 명예교수/ 기아대책 이사장/ 기윤실 자문위원장)

좁은 신앙의 통찰을 열게 해주는 영적 도전!

"교회 울타리를 넘어서라"는 책 전체의 제목과 각권에 표현된 제목과 담겨진 내용을 살펴보면, 그가 증언한 설교 전체가 그리스도가 원하는 복음 전체의 뜻을 온전히 이해하지 못하고, 지나치게 신앙과 삶이 분리된 모습으로, 개인적이며 교회적으로 살아온 우리 기독인들의 좁은 신앙의 통찰을 활짝 열게 해 주는 영적도전에 있습니다.

그리고 우리 모두가 하나님 나라에 택함 받고 부름 받은 백성답게, 이 땅에서 어떤 일에 헌신하며, 어떻게 살아야 할지를 명쾌하게 깨우쳐 줍니다. 참으로 메마른 영혼을 새롭게 하는 은혜의 단비라 하지 않을 수 없습니다. 이 책은 이 시대를 살아가는 기독인으로서의 삶의 가치와 목표와 방법을 새롭게 할 수 있는 일에 큰 은혜가 될 줄로 확신합니다.

그리고 이 설교집을 통하여 이전 신학교에서 가르친 옛 선생으로서 보람과 자부심을 확인시켜 주신, 최 목사님께 깊은 감사를 드립니다.

- 정일웅 목사 (전 총신대학교 총장/ 현 한국코메니우스연구소 소장)

친구의 외침이 반갑습니다

최현범 목사님과는 총신대학교 신학대학원에서 3년을 함께 지낸 친구입니다. 기숙사에서 한 방을 썼습니다. 고등학교 교사를 하다 신대원에 입학한 최 목사님은 유독 그리스도인의 신앙과 삶에 관심이 많았습니다. 최 목사님은 신대원을 졸업하고 독일 유학을 마치고 돌아와 지금 부산중앙교회를 담임하고 있습니다. 신대원에서 함께 공부하던 때로부터 30여년이 흘렀습니다. 이 책을 읽어보니 신대원 시절에 최 목사님이 가졌던 그리스도인의 신앙과 삶에 대한 관심이 여전함을 느낍니다. 차이가 있다면, 30년 전에는 고민하던 것을 지금은 그 답을 성경에서 찾아 이 책에 제시했다는 것입니다. 여전히 최 목사는 이 책에서도 "교회가 희망입니다"라고 신앙고백을 하며 외치고 있습습니다.

최 목사님은 이 책에서 골방의 영성과 일터의 영성이라는 표현으로 그리스도인의 신앙과 삶의 균형을 잘 설명해 주고 있습니다.

이 책은 국가와 정의와 평화와 환경 등에 이르기까지 삶의 다양한 영역에서 구체적으로 그리스도인이 어떻게 해야 할 것인지에 대한 30년을 준비하고 숙성시킨 설교들입니다. 세상 속에서 어떻게 살아야 할지를 고민하는 그리스도인들에게 이 책이 내비게이션 역할을 해 줄 것이라는 생각에 기쁨으로 추천합니다.

- 조현삼 목사(서울광염교회 담임)

상식을 갖춘 목회자 최현범 박사

리처드 마우의 저서 '무례한 기독교'를 보며 '시민교양'을 갖추지 못한 한국교회를 생각하게 되었습니다. 저 역시 한국교회를 향해 답답함을 호소 할 때, '예배당에 갇힌 교회'라고 칭하기도 했습니다.

예배당 안에서 이뤄지는 몇 가지 레퍼토리만 잘 하면 인정받는 좋은 교인이 된다는 것입니다. 과연 그들이 세상의 빛과 소금이 되어 하나님의 영광을 높이는 자인지에는 관심이 없는 교회를 바라볼 때였습니다.

한국교회가 은연 중 그저 개인구원과 개인 축복에만 관심을 기울이고 있는 점입니다. 결국 한국교회의 '안티'는 다른 곳에 있지 않고, 바로 우리들 교회 안에 있다는 사실입니다. 내가 부패한 자, 복음을 가리는 자, 안티가 된 것입니다. 그렇다면 한국교회의 소망은 우리 자신들이 예수님의 마음으로 돌아가, 우리의 죄악을 직시하며 회개하는 것입니다.

그런 후 우리의 눈을 들어 교회 밖을 바라볼 수 있어야 합니다. 여기에 한국교회의 생명과 소망, 미래가 있습니다.

최현범 목사님의 설교는 바로 한국교회의 절망, 회개, 소망, 거기다 세상의 빛과 소금으로서의 등불이 되어야 할 것을 외치고 있습니다. 상식을 갖춘 목회자 최현범 박사는 윤리신학을 전공한 학자 목회자로서, 게다가 부산 지역을 이끄는 살아 있는 설교자로서 선지자의 마음을 갖고 조심스럽게 첫 설교집을 세상에 아니 한국교회에 내놓습니다. 내가 보기에, 그는 눈물의 선지자 예레미야를 닮았습니다. 무엇보다 그의 설교는 균형이 잡혀있습니다.

하나님의 미소가 한국교회 위에, 더 나아가 한국사회에 넉넉히 번져가길 소원합니다.

- 주도홍 교수(백석대 부총장)

목차

part 1

교회 울타리를 넘어선 신앙

모든 것의 모든 것 되신 예수

"태초에 말씀이 계시니라 이 말씀이 하나님과 함께 계셨으니 이 말씀은 곧 하나님이 시니라 그가 태초에 하나님과 함께 계셨고 만물이 그로 말미암아 지은바 되었으니 지은 것이 하나도 그가 없이는 된 것이 없느니라 그 안에 생명이 있었으니 이 생명은 사람들의 빛이라 빛이 어둠에 비취되 어둠이 깨닫지 못하더라 하나님께로부터 보내심을 받은 사람이 있으니 그의 이름은 요한이라 그가 증언하러 왔으니 곧 빛에 대하여 증언하고 모든 사람이 자기로 말미암아 믿게 하려 함이라 그는 이 빛이 아니요 이 빛에 대하여 증언하러 온 자라 참 빛 곧 세상에 와서 각 사람에게 비추는 빛이 있었나니 그가 세상에 계셨으며 세상은 그로 말미암아 지은바 되었으되 세상이 그를 알지 못하였고 자기 땅에 오매 자기 백성이 영접하지 아니하였으나 영접하는 자 곧 그 이름을 믿는 자들에게는 하나님의 자녀가 되는 권세를 주셨으니 이는 혈통으로나 육정으로나 사람의 뜻으로 나지 아니하고 오직 하나님께로부터 난 자들이니라"(요 1:1-13)

 보통 처음 교회에 나오는 사람에게 읽게 하는 것이 요한복음입니다. 그래서 이 성경은 쪽복음서로 많이 인쇄되어 있습니다.

그렇다면 왜 요한복음을 읽게 할까요?

쉬워서는 아닙니다. 요한복음은 결코 쉬운 성경이 아닙니다. 그런데 마음을 열고 들어가면, 그 안에 뭐라 표현할 수 없는 신비함이 담겨 있음을 알게 됩니다. 영적인 힘이 느껴집니다. 이 말씀이야말로 보이는 세계와 아울러 보이지 않는 영원한 세계를 열어주는 진리의 통로입니다.

저는 이 안에 담긴 진리의 보물을 하나하나 꺼내 영적인 부요함에 이르고 싶습니다. 그러면서 우리가 함께 자라가기를 바랍니다!

요한복음의 저자, 독자, 저술 시기나 동기, 성경의 특징에 대해서 개관하는 것이 옳겠지만 오늘은 이 말씀 자체를 먼저 대하고 싶습니다.

1장1-18절까지는 서론, 즉 도입부(프롤로그: Prologue)라 할 수 있습니다. 음악에서 '서곡'(overture)과도 같습니다. 서곡은 오페라나 연극이 공연되기 전에 곡의 도입부로 연주되는 곡입니다. 그런데 이 곡은 단순히 도입뿐만 아니라, 곡 전체를 표현하는 웅장함을 갖기도 합니다. 그래서 '서곡'이라는 이름을 가지고 독립적으로 연주되는 유명한 곡들이 많이 있습니다.

이처럼, 이 성경의 프롤로그는 장엄한 오케스트라의 서곡 연주처럼 느껴집니다. 단순히 요한복음의 시작을 알리는 것이면서 동시에 성경 전체의 중심 메시지를 보여줍니다. 그야말로 성경 중의 성경입니다.

그 시작은 이것입니다.
"태초에 말씀이 계시니라"(1)

4개의 복음서 중에 마가는 예수님의 공생애부터, 마태와 누가는 예수님이 태어나시는 장면부터 시작하지만, 요한은 그보다 훨씬 거슬러 올라가 태초부터 시작하고 있습니다.

태초(In the beginning)가 무엇인가요?

이 세상 만물이 창조된 바로 그 시점입니다. 아직 이 우주가 시작되기 전, 먼저 존재하신 분이 있었습니다. 그는 '말씀'이십니다.

이 성경은 이제 이 '말씀'에 초점을 맞춥니다. 그는 누구입니까?

"이 말씀이 하나님과 함께 계셨으니 이 말씀은 곧 하나님이시니라"(1 하)

하나님과 함께 계셨다는 것은, 하나님과 구별된 존재임을 말합니다. 그런데 그 말씀 또한 하나님이십니다. 그러면 하나님이 있고, 또 말씀 하나님이 있고, 하나님이 둘이란 말입니까? 아닙니다. 하나님은 하나이십니다. 그렇다면 무엇입니까? 그는 삼위일체(Trinity)의 하나님이십니다.

태초에 성자 하나님 즉 말씀이 성부와 함께 계셨습니다. 성부와 성자는 서로가 분명 구별되는 분이십니다. 그러면서 그 본질과 영광과 능력에 있어서 동일하시고 동등하신 하나의 하나님이십니다. 삼위일체는 신학자들이 만들어낸 교리가 아닙니다. 바로 성경이 증거하고 가르쳐주는 진리의 말씀입니다.

이처럼 하나님과 동등하신 성자 하나님은 세상 만물과는 어떤 관계입니까?

"그가 태초에 하나님과 함께 계셨고 만물이 그로 말미암아 지은바 되었으니 지은 것이 하나도 그가 없이는 된 것이 없느니라 그 안에 생명이 있었으니 이 생명은 사람들의 빛이라"(2-4)

우리가 고백하는 사도신경은 "전능하사 천지를 만드신 하나님 아버지를 내가 믿사오며…"로 시작합니다. 성부 하나님이 만물의 창조자라는 고백입니다. 그러나 천지를 만드신 분은 성부만이 아니십니다. 그 성부와 함께 계셨던 성자 하나님 역시 동일하게 세상을 창조하신 창조주 하나님이십니다. 그래서 이 세상에 보이는 것이나 보이지 않는 것,

아주 작은 세포로부터 저 광대한 은하에 이르기까지, 모든 것은 하나님의 아들로 말미암아 만들어진 것입니다.

그것들이 어떻게 살아있는 생명체가 되었을까요? 그가 생명을 불어넣으셨기 때문입니다. 그러므로 그는 생명의 근원이십니다.

세상의 생명이신 그는, 동시에 세상의 빛이십니다.

이 참 빛이 세상에 오셨습니다. 세례요한은 이 빛을 증거하기 위해 먼저 보내진 선지자입니다. 그리고 마침내 빛이 왔으나 어둠이 깨닫지 못했습니다. 세상 만물을 그가 만드셨고 만물 안에 거하셨지만 세상이 그를 알지 못하고 영접하지도 않았습니다.

그러나 그를 영접하는 자, 곧 그 이름을 믿는 자들에게는 하나님의 자녀가 되는 권세를 주십니다. 그들은 이제 혈통이나 육정이나 사람의 뜻으로 난 자들이 아니라 하나님으로부터 새롭게 태어난 자들입니다.

이것이 본문의 내용이고 이 내용 전체를 꿰뚫는 키워드가 있습니다.

그것은 바로 '말씀'이라는 단어입니다. 대부분 성경책에 이 '말씀'이 헬라어 원어인 '로고스'로 부연 설명 되어있습니다. 성경 여러 곳에 나오는 이 '로고스'라는 단어는 주로 말씀, 말, 도, 전도 등의 뜻으로 사용되고 있습니다. 그런데 여기서 로고스는 그보다 더 깊은 의미를 갖습니다. 당시 이 로고스의 보편적 의미는 '세계를 질서 있게 운행하는 우주의 이성 또는 세계의 법칙성'이었습니다.

이 우주를 '코스모스'라고 부릅니다.

코스모스는 카오스(혼돈)와 반대되는 의미로 '질서'라는 뜻입니다. 왜 그렇게 불렀겠습니까? 세계가 참 질서 있게 움직이지 않습니까? 해와 달, 별들이 뜨고 지는 것들은 제멋대로가 아닙니다. 나무는 철을 따라 싹이 내고, 꽃을 피우고 열매를 맺습니다. 질서와 조화의 우주 곧 코스모스입니다.

사람들은 이런 자연을 보면서, 분명 보이지 않는 무언가가 이 모든 것을 질서정연하게 움직이게 할 것이라고 생각했습니다. 그리고 그것을 로고스라 칭했습니다. 성경적 표현을 빌린다면, 그것은 '만물을 붙들고 보존하고 운행하는 힘'입니다.

그것이 무엇입니까?

요한은 자신 있게 선포합니다.

"너희가 추상적으로 이해하고, 그저 법칙 또는 이성으로 막연하게 말하는 그 로고스가 누구인가? 그는 바로 우리가 전하는 예수 그리스도이시다. 베들레헴 마구간에서 태어나시고, 나사렛에서 자라시고, 우리와 꼭 같은 모습으로 사시다가 십자가에 못 박혀 죽으시고 부활하신 예수, 그가 바로 로고스이시다."

그는 한갓 위대한 인간에 불과한 자가 아닙니다. 유다의 왕도 아닙니다. 수많은 종교 중에 기독교라는 종교 하나를 만든 분도 아닙니다. 그는 누구입니까? 모든 만물을 친히 창조하시고, 모든 만물을 지금도 붙들고 운행하시는 로고스 하나님이십니다.

누가 이 말씀에 귀를 기울여야 합니까? 세상 사람들입니다. 그들은 예수를 세상의 지극히 작은 일부로 생각합니다. 기독교를 그저 한갓 유대인의 종교로 치부하고, 예수를 훌륭하고 위대한 인류의 스승 정도로 여길 뿐입니다.

그러나 예수를 세상의 일부로 생각하는 이는 그들만이 아닙니다. 이분법, 이원론에 사로잡힌 신앙인들도 마찬가지입니다. 그들은 예수를 교회 안에 가두려고 합니다. 그리스도를 교회만의 머리로 여깁니다. 그리고 그를 영적인 세계만의 주인이라고 합니다.

예수를 세상의 일부로 생각하는 만큼 그 나머지는 예수와 무관한 영역으로 취급합니다. 어떤 이는 그 영역이 마귀에게 속했다고 생각합니다. 어떤 이는 누구의 간섭도 받지 않고 자기 규칙에 따라 돌아가는 자율영역 즉 자기들만의 리그의 세계라 생각합니다.

오늘날 우리 신앙의 문제를 돌아봅시다. 많은 이들이 신앙을 가지고 있으면서 사회나 역사와 동떨어진 삶을 삽니다. 세상 만물과 분리가 된 느낌입니다. 신앙생활을 교회생활로 생각합니다. 신앙이 좋은 것은 교회생활을 잘하는 것으로 생각합니다. 경건의 의미도 예배나 기도, 성경 연구, 전도나 교회 봉사 등으로 좁게 이해합니다.

그러다 보니 자신이 몸담고 살아가는 일상의 삶, 사회, 역사는 그 의미를 잃어버리게 됩니다. 매일 10시간이나 열중하고 수고하며 살아가는 직업은 예수 그리스도와 아무런 연관성이 없는 세상일에 불과합니다. 그래서 이 의미 없는 세상일을 뒤로하고 교회와 영적인 세계에 몰입하려고 합니다. 우리나라에 그런 교인들이 한둘이 아닙니다.

나아가 교회는 예수 그리스도의 영역이기에 하나님의 말씀과 신앙의 이치로 돌아가지만 교회 밖의 세상은 세상 이치로 돌아간다는 이중윤리의 함정에 빠지게 됩니다. 그래서 교회에서는 성경의 원리대로 살아가지만 세상에 나가면 세상의 원리를 좇아서 살아가는 것입니다.

오늘 이 요한복음의 서론은 그것이 얼마나 잘못되고 편협한 신앙인가를 말해줍니다. 세상 모든 만물은 예수 그리스도에게서 시작되었습니다. 그가 만드셨고 그 만물을 여전히 붙들고 계십니다.

"그의 능력의 말씀으로 만물을 붙드시며 죄를 정결하게 하는 일을 하시고 높은 곳에 계신 지극히 크신 이의 우편에 앉으셨느니라"(히 1:3 하)

그분은 십자가의 주님만이 아닙니다. 모든 만물의 주인이십니다. 만물을 오염시킨 우리의 죄를 정결케 하시기 위해 인간의 몸으로 오시고 십자가에 못 박히신 예수 그리스도는 지금도 그의 창조세계를 붙들고 계시며 치유하시며 마지막에는 심판하실 것입니다.

"그는 만물 안에 충만하십니다"라는 성경에 자주 나오는 이 표현은 그가 이 세상 모든 영역을 다스리신다는 말씀입니다. 이 세상에 그의 통치가 미치지 못하는 영역은 단 1cm도 없습니다. 예수 그리스도! 그의 이름은 이 모든 권세를 담고 있습니다.

상천하지에 유일하신 이름, 가장 크고 위대하신 이름, 예수 그리스도 그 이름 앞에서 우리는 무릎을 꿇어야 합니다. 그 이름을 믿고 그를 왕으로 영접하는 것입니다. 십자가에 못 박힌 예수 그리스도이면서 동시에 모든 것의 모든 것 되시는 로고스 하나님을 영접하는 것입니다. 그럴 때 하나님의 자녀가 되는 권세가 부여되는 것입니다. 이 예수 그리스도를 만유의 주, 나의 주로 믿고 영접하여 하나님 자녀 되기를 바랍니다!

예수 그리스도는 모든 것의 시작입니다.

구원의 시작, 교회의 시작입니다. 그러나 그것만이 아닙니다. 모든 만물의 시작입니다. 모든 지식의 기초가 되고 삶의 원리가 되는 주님이십니다.

여기서 일상의 지혜가 나옵니다.

"무릇 시장에서 파는 것은 양심을 위하여 묻지 말고 먹으라 이는 땅과 거기 충만한 것이 주의 것임이라"(고전 10:25-26)

세상에는 정한 것, 부정한 것이 없습니다. 주가 만든 모든 것이 선하매 감사함으로 취하면 버릴 것이 없습니다.

세계를 변화시킨 삶의 지침도 나옵니다.

"거기에는 헬라인이나 유대인이나 할례파나 무할례파나 야만인이나 스구디아 인이나 종이나 자유인의 차별이 있을 수 없나니 오직 그리스도는 만유시요 만유 안에 계시니라"(골 3:11)

예수가 모든 것이고 모든 것 안에 계시니 거기에 인종, 민족, 신분, 성으로 사람을 차별하는 일이 있을 수 없습니다.

또한 교회 밖에서 우리가 하는 일들은 세상일이지만, 그렇다고 예수와 무관한 일도 아닙니다. 자연과학자들은 주님의 창조세계의 원리를 드러내고, 사회학자들은 주님께서 허락하신 사회공동체의 원리를 찾고, 역사가들은 주님이 이끌어 가시는 역사의 이치를 밝히는 것입니다.

인간의 몸을 치료하는 의사는 그의 창조세계를 치유하시는 주님의 사역자입니다. 자녀들에게 바른 학문과 삶의 이치를 가르쳐주는 교육과 그의 창조환경을 보존하고 바르게 가꾸어가는 것은 그것을 만드신 우리 주님의 사역입니다.

사람을 실어 나르는 택시와 버스는 얼마나 귀한 일입니까?

농사를 지어 곡식과 채소를 생산하고 가축을 기르고 빵과 음식을 만들고 공산품을 만들어 시장에서 팔고 물건을 배달하고…. 이것이 질서 있게 유지되도록 관리 감독하고 그러한 법을 제정하고 그것을 권력으로 통제하고 다스리는 일들은 주님의 창조세계를 보존해가는 얼마나 귀한 사역입니까?

주님은 사람들에게 재능을 주어 노래를 부르고 그림을 그리고 조각을 하게 함으로써 그의 창조세계의 아름다움을 드러내십니다. 얼마나 소중한 주님의 일인가요!

우리의 직업이 누군가를 섬기고 누군가의 삶을 윤택하게 하고 이 사회가 돌아가는데 기여하는 것이라면 모두 주님의 귀한 일입니다. 우리는 단순히 돈벌이하는 것도 아니고, 세상일을 하는 것도 아닙니다.

우리는 남의 집에서 더부살이하면서 억지로 남의 일을 하는 그런 종 같은 사람들이 아닙니다. 일주일 동안 남의 집에서 남의 일을 하다가 주일에 내 집인 교회에 와서 나의 일인 교회 일을 하는 그런 사람들이 아닙니다.

이 세상은 우리 주님이 만드셨고, 지금도 붙들고 계시는 주님의 것입니다. 남의 집이 아닙니다. 우리의 집입니다. 주님께서 나에게 주신 나의 가정이고, 나의 직장이고 나의 국가 사회요, 나의 자연환경입니다. 남의 일이 아니라, 내가 책임지고 가꾸고 세우고 발전시켜야 할 나의 일입니다.

우리는 단 1분 1초도 세상일을 해서는 안 됩니다. 예수 그리스도와 관계없는 것은 무의미한 일입니다. 무엇을 하든지, 먹든지 마시든지 매 순간 그분의 영광을 위해서 하는 것입니다. 우리의 하루하루를 그분 안에 거하고, 그분 안에서 숨쉬고, 그분과 함께 살아가는 것입니다.

우리의 주 예수 그리스도는 모든 것의 모든 것 되시는 분이십니다. 오직 예수 안에 거하고, 예수께 순종하고, 예수를 위해 사는 우리 모두가 되기를 바랍니다.(2017년 1월 1일)

골방의 영성과 일상의 영성

"예수의 소문이 더욱 퍼지매 수많은 무리가 말씀도 듣고 자기 병도 고침을 받고자 하여 모여 오되 예수는 물러가사 한적한 곳에서 기도하시니라 침례 요한이 와서 떡도 먹지 아니하며 포도주도 마시지 아니하매 너희 말이 귀신이 들렸다 하더니 자는 와서 먹고 마시매 너희 말이 보라 먹기를 탐하고 포도주를 즐기는 사람이요 세리와 죄인의 친구로다 하니 지혜는 자기의 모든 자녀로 인하여 옳다 함을 얻느니라"(눅 5:15-16, 7:33-35)

네덜란드 어느 도시에 있는 교회에서 당회가 열렸습니다. 의제는 "평일에 교회 문을 열 것인가? 닫을 것인가?"였습니다. 연다는 것은 언제든지 사람들이 교회에 올 수 있게 하는 것이고, 닫는다는 것은 평일에는 오지 못하게 하는 것입니다. 어떤 결론이 났을까요? 당회는 평일에 교회의 문을 닫기로 결정했습니다. 그것은 보안을 위해서나 교회 관리인을 따로 두는 것이 힘들어서가 아니었습니다. 교인들이 아예 평일에 교회에 오지 못하게 하기 위해서였습니다.

왜 그런 결정을 내렸을까요?

그것은 바로 평일에는 자기 삶의 자리에서 신앙생활을 하라는 뜻이었습니다. 자꾸 삶의 자리를 이탈해서 교회로 오지 말라는 것입니다. 이 교회의 장로들이 상당히 생각이 깊지 않습니까? 여러분은 이런 결정에 대해서 어떻게 생각하십니까? 그 뒤에 이 교회가 어떻게 되었을까요?

저는 유럽교회를 오랫동안 보아온 사람으로서 이것에 대해서 긍정적인 면과 부정적인 면, 두 가지를 생각하고 싶습니다.

긍정적인 것은 교회 중심의 신앙생활에서 삶 중심의 신앙생활로 전환시키려 한 것입니다. 이것은 기독교적인 삶과 가치관이 사회 속에 스며들게 하는데 중요한 역할을 했습니다.

부정적인 것은 모이는 교회가 약화되고 교인들이 영적인 힘을 얻을 골방을 잃어버렸다는 것입니다. 이것은 결국 교회가 문을 닫는 결과를 초래했습니다.

이 두 가지의 균형이 참 중요합니다.

저는 이것을 골방의 영성과 일상의 영성이라고 표현하고 싶습니다. 어떤 사람 또는 교회는 너무 골방 쪽에 치우쳐있습니다. 그래서 삶이 없어져 버립니다. 반대로 어떤 사람 또는 교회는 너무 일상에 치우쳐있습니다. 그래서 믿음이 없어져 버립니다. 균형을 잃은 경건은 건강하지 못한 경건입니다.

예수님은 어떻게 이 두 가지의 균형을 잘 유지해야 하는가를 우리에게 가르쳐주십니다.

1. 일상의 영성입니다.

7장에서 주님이 바리새인을 책망하시는 내용 가운데서 세례요한과 예수님의 대조되는 영성을 보게 됩니다. 백성들이 존경하는 세례요한을 바리새인들이 비난한 것은 그가 일상의 삶과 너무 동떨어져 있다는 것입니다.

세례요한은 사람들이 거주하는 도시에 살지 않고 광야에 살았습니다. 거기서 메뚜기와 석청, 즉 야생 꿀을 먹으며 살았습니다. 사람들이 주식으로 먹는 떡과 포도주는 아예 입에 대지도 않았습니다. 일반 사람들처럼 비단 옷이나 채색 옷을 입지 않았습니다. 가죽 털옷을 입고 살았습니다. 한마디로 세상과 등지고 산 것입니다. 바리새인들은 이것을 꼬집으면서 그가 귀신들린 것이라고 했습니다.

한마디로 철저히 분리된 삶을 살았습니다. 문화와 분리되었고, 사회와 분리되었습니다. 이것은 메시아가 오실 길을 예비할 사명을 받은 요한에게는 필요한 선택이었습니다.

당시에 이와 유사한 부류의 사람들이 있었습니다. 그들은 에세네파나 쿰란파 사람들이었습니다. 죄에 오염된 세상에서 빠져나와 광야에서 촌락을 형성하면서 자기들끼리 공동체를 이뤘습니다. 그래서 사람들은 요한이 에세네파와 연루되었을 것이라고 생각하기도 합니다.

이런 전통은 기독교 역사에서 항상 있었습니다. 그중 수도원 운동이 대표적인 것입니다. 우리 시대에도 이원론적인 사고를 가지고 세상과 문화에 배타적이면서 교회나 기도원 중심으로 신앙생활을 하는 사람들이 많이 있습니다.

그러나 예수님은 달랐습니다. 예수님은 광야가 아닌 도시에 사셨습니다. 메뚜기와 석청 등 자연 그대로의 것이 아니라 보통 사람처럼 떡과 포도주를 드셨습니다. 잘 드신 것 같습니다. 바리새인들의 눈에 먹기를 탐하고 포도주를 즐기는 자로 비춰질 정도였습니다.

바리새인도 광야로 나가지는 않았지만 일상에서 많은 것을 구별하였습니다. 예를 들어 부정한 사람들 즉 죄인이나 사마리아인, 이방인들과는 교제하지 않았습니다.

그러나 예수님은 누구와의 친교도 금하지 않으셨습니다. 바리새인의 초청에도 기꺼이 응하셨고, 세리와 죄인들과도 함께 식사하셨습니다. 이를 보고 바리새인들은 예수님을 죄인들의 친구라고 비아냥거렸습니다. 그 말은 부정한 자들과 어울리는 예수님 또한 부정한 자라는 뜻입니다. 그들의 기준에서 보면 예수님은 대단히 경건치 못한 사람, 불경한 사람이었습니다.

자, 여기서 예수님의 어떤 영성을 느낄 수 있습니까?

그는 일상 속에 계신 분이었습니다. 죄로 오염되어 있으니까 세상에서 동떨어지고 사람들로부터 분리된 그런 분이 아닙니다. 그는 삶의 한가운데 도시 속에서 말씀하셨습니다. 예루살렘성전뿐 아니라 시장과 골목길, 농사짓는 밭과 고기 잡는 배 그리고 창녀나 세리, 병자들이 모이는 곳, 심지어 유대인들이 꺼리는 사마리아 마을 한 가운데 계셨습니다. 사람이 사는 곳은 어디나 거리끼지 않으셨습니다. 사람들과 어울리시고 거기서 일하셨습니다.

어려운 하나님 나라를 설명하실 때에는 일상의 일들을 비유 삼아 쉽게 설명하셨습니다. 씨 뿌리고, 추수하고, 고기 잡고, 장사하고, 강도만나고, 결혼하고, 잔치하고, 잠자고, 맷돌 갈고, 등불 켜고, 먹고 마시며 누구나 경험하는 일상을 말씀하셨습니다. 이 속에 하나님 나라의 속성이 있다는 것입니다.

무슨 말입니까? 신앙은 교회당에서만 하는 것이 아닙니다. 교회생활 잘하는 것이 경건생활 잘하는 것이 아닙니다. 교회에서 맡겨진 일 열심히 하는 것만이 경건이 아닙니다.

경건은 오히려 일상에서 이루어집니다. 우리의 경건은 아이 돌보고 양육하고 교육하고 집안 청소하고 빨래하고 다림질 하고 음식 장만하고 꽃꽂이 하는 데서 이루어집니다. 우리의 신앙은 자동차를 운전하고 버스를 타고 지하철을 기다리고 학교에 가서 열심히 배우고 직장에서 맡겨진 일을 충실히 하는데서 이루어집니다.

그곳의 사람들과 어울리고 때로는 사람들과의 관계에서 생기는 문제들을 풀어가고 물건을 사고팔고 하는 모든 일 가운데서 이루어집니다. 나아가 우리가 사는 도시를 가꾸고 제대로 된 지도자를 대통령과 국회의원으로 선출하는 일들 가운데서 이루어집니다.

그 모든 일상 가운데서 우리는 믿음의 사람으로 살아가는 것입니다. 어떻게 살아야 합니까? 일상에서 하나님과 동행하는 것입니다. 하나님은 성전의 하나님, 교회당의 하나님이 아니십니다. 지성소 가장 깊은 곳 법궤 위의 시은좌에 앉아계신 분이 아닙니다. 성령은 우리 몸을 지성소로 삼아 임재하시고 언제 어디서나 임마누엘 하십니다.

예수님을 생각해보십시오. 주님은, 도시 한가운데 수많은 사람들 속에 계셨지만 언제나 하나님이 동행하심을 알고 있었습니다.

"나를 보내신 이가 나와 함께 하시도다 나는 항상 그가 기뻐하시는 일을 행하므로 나를 혼자 두지 아니하셨느니라"(요 8:29)

그리고 이제 우리에게 말씀하십니다.

그러므로 일상 속에서 우리와 함께 하시는 주님의 임재를 믿음으로 느끼는 것이 경건입니다. 수시로 그분 앞에(Coram Deo) 서는 것입니다. 감찰하시는 그분의 눈길 앞에서 우리는 죄를 멀리하고 거룩한 길을 가게 됩니다. 나를 붙잡으시는 그의 손을 믿음으로 의식하는 것입니다. "두려워말라 네 손 잡아 주리라" 우리는 위로와 평안을 얻을 것입니다. 그의 목자 되심을 인정할 때에 우리는 소망을 가지고 미래를 기대합니다.

귀 기울여 들으시는 주님을 느낄 때에 우리는 당면한 문제를 혈기와 세상 지혜로 대면하기 보다는 느헤미야와 같이 먼저 묵도하면서 하나님의 도우심을 구하게 될 것입니다.

무엇보다도 무슨 일이든 사람에게 하듯 하지 않고 우리 앞에 서계신 주께 하듯 하는 것입니다. 그러다 보면 작은 일에도 충성된 사람이 되는 것입니다.

우리 일상의 삶 속에서 주님과 더불어 동행하는 모두가 되기를 바랍니다.

2. 골방의 영성입니다.

예수님은 다른 모습을 보여주십니다. 그의 소문이 널리 퍼져나가자, 유대 전역에서 수많은 사람들이 예수님께로 몰려들었습니다. 주님은 이들을 맞이하시느라 하루 종일 쉬지도 못하고 사역을 하셨습니다. 우리 중에 어느 누구도 당시 예수님만큼 바쁜 사람은 없을 것입니다.

그런데 이 바쁜 일과 속에서도 예수님에게는 항상 삶의 우선순위가 있었습니다. "예수는 물러가사 한적한 곳에서 기도하시니라"(눅 5:16)

예수님은 밀려드는 사람들의 요구를 다 수용하지는 않으셨습니다. 자신을 원하고 기다리는 사람들이 많이 있었지만, 주님은 그들을 피해 한적한 곳으로 가셨습니다. 그리고 홀로 기도하셨습니다. 이것이 우선이었습니다.

아니 하루의 첫 시간을 이렇게 시작하셨습니다.

"새벽 아직도 밝기 전에 예수께서 일어나 나가 한적한 곳으로 가사 거기서 기도하시더니"(막 1:35)

필요할 때는 밤을 새우면서 기도하셨습니다.

"이때에 예수께서 기도하시러 산으로 가사 밤이 새도록 하나님께 기도하시고"(눅 6:12)

공생애를 시작하시면서 주님은 광야에서 40일간을 금식하시며 홀로 계셨습니다. 즉 광야생활을 하신 것입니다.

아무도 없는 한적한 곳, 광야에서의 시간은 그에게 무엇이었을까요?

그 누구의 방해도 받지 않고 하나님과의 만남에 집중하는 시간이었습니다. 기도하며 하나님의 음성을 듣는 것입니다. 주님에게도 이것이 필요했다면 우리 또한 당연히 필요하지 않겠습니까?

휴대폰을 생각해봅시다. 요즘은 "마누라는 안 챙겨도 휴대폰은 꼭 챙긴다"라는 말이 있을 만큼 핸드폰은 생활필수품입니다. 학교나 직장, 버스나 전철, 모든 삶의 자리에 우리와 동행합니다. 그것을 통해서 우리는 온 세상과 소통합니다. 이렇게 소중한 것이건만 쓸모없어질 때가 있습니다. 언제입니까? 배터리가 없을 때입니다. 전기에너지가 소진되면 불통이 됩니다.

그러므로 우리는 늘 충전에 신경을 씁니다. 충전기의 플러그를 콘센트에 꽂습니다. 그리고 거기서 전기 에너지를 빨아들입니다. 한 두 시간 충전하면 하루를 쓸 수 있습니다.

바로 이 원리입니다. 골방의 시간이 없으면 어느 누구도 일상의 영성을 유지할 수 없습니다. 수많은 사람들과 부딪히면서 불쾌한 일, 분노할 일, 두려워할 일, 그리고 시험과 유혹 속에서 우리의 영성은 소진되어 갑니다. 다 방전되어 쓸모없이 된 핸드폰같이, 살기는 하지만 믿음의 생명력과 힘을 갖고 살지 못하는 것입니다.

그러므로 우리에게는 반드시 골방의 영성이 필요합니다. 이것은 세상과 구별된 시간입니다. 문화와 TV, 유혹의 소리들, 분노하게 하는 소리들, 장사꾼들, 밀려드는 사람들, 심지어 가족들까지, 이 모든 것들로부터 구별되는 시간이 필요합니다.

예배, 소그룹, 성도들과의 영적 교제가 그것입니다. 믿음의 지체들이 모이는 곳에 성령이 강력하게 역사하십니다. 루터 역시 홀로 있을 때는 쉽게 침체에 빠지거나 부정적인 생각에 사로잡히게 되지만, 성도들과의 모임에서는 다시 영적인 불이 활활 타오르게 된다고 고백했습니다. 누구나 마찬가지입니다. 그러므로 예배와 소그룹에 우선순위를 두시기 바랍니다!

더 나아가 조용한 곳에서 홀로 기도하고 하나님의 말씀을 듣는 시간
이 골방의 시간입니다. 그것은 광야의 영성이고 골방의 영성입니다. 집
에도 골방을 만들 수 있겠지만, 가까운 교회의 기도실을 찾으십시오!
가끔 시간을 내어 조용한 기도원을 찾아가십시오! 하나님과의 만남에
집중할 수 있는 장소와 시간을 확보하십시오! 거기서 영적에너지를 충
전해야 합니다.

네덜란드의 한 교회의 결정으로 다시 돌아와 봅시다. 일상의 영성은
강조했지만, 대신 골방의 영성은 소홀히 했습니다. 그러므로 그것은 균
형을 잃은 결정이었습니다.

교회는 주중에 문을 열어놔야 합니다. 복잡한 도심 속에서 교회는
광야와 같은 곳입니다. 한적하고 분리된 공간이고, 하나님을 만나고 하
나님께 부르짖고 묵상하는 공간입니다. 골방의 영성을 간과하면 교회
는 결국 문을 닫게 될 것입니다. 이것이 골방과 일상의 균형을 잃어버
림으로 인해서 위기에 봉착하게 된 유럽교회들의 모습입니다.

골방과 일상 이 두 가지가 잘 갖추어져 있습니까? 매일 골방에서 얻
는 영적 에너지를 가지고 일상 속에서 믿음의 삶을 살아가는 우리 모
두가 되기를 바랍니다.(2017년 4월 6일)

전인격적인 복음의 신앙

"내가 내 눈과 약속하였나니 어찌 처녀에게 주목하랴 그리하면 위에 계신 하나님께서 내리시는 분깃이 무엇이겠으며 높은 곳의 전능자께서 주시는 기업이 무엇이겠느냐 불의한 자에게는 환난이 아니겠느냐 행악자에게는 불행이 아니겠느냐 그가 내 길을 살피지 아니하시느냐 내 걸음을 다 세지 아니하시느냐 만일 내가 허위와 함께 동행하고 내 발이 속임수에 빨랐다면 하나님께서 나를 공평한 저울에 달아보시고 그가 나의 온전함을 아시기를 바라노라 만일 내 걸음이 길에서 떠났거나 내 마음이 내 눈을 따랐거나 내 손에 더러운 것이 묻었다면 내가 심은 것을 타인이 먹으며 나의 소출이 뿌리째 뽑히기를 바라노라 만일 내 마음이 여인에게 유혹되어 이웃의 문을 엿보아 문에서 숨어 기다렸다면 내 아내가 타인의 맷돌을 돌리며 타인과 더불어 동침하기를 바라노라 그것은 참으로 음란한 일이니 재판에 회부할 죄악이요 멸망하도록 사르는 불이니 나의 모든 소출을 뿌리째 뽑기를 바라노라 만일 남종이나 여종이 나와 더불어 쟁론할 때에 내가 그의 권리를 저버렸다면 하나님이 일어나실 때에 내가 어떻게 하겠느냐 하나님이 심판하실 때에 내가 무엇이라 대답하겠느냐 나를 태 속에 만드신 이가 그도 만들지 아니하셨느냐 우리를 뱃속에 지으신 이가 한 분이 아니시냐 내가 언제 가난한 자의 소원을 막았거나 과부의 눈으로 하여금 실망하게 하였던가 나만 혼자 내 떡덩이를 먹고 고아에게 그 조각을 먹이지 아니하였던가 실상은 내가 젊었을 때부터 고아 기르기를 그의 아비처럼 하였으며 내가 어렸을 때부터 과부를 인도하였노라 만일 내가 사람이 의복이 없이 죽어가는 것이나 가난한 자가 덮을 것이 없는 것을 못 본 체 했다면 만일 나의 양털로 그의 몸을 따뜻하게 입혀서 그의 허리가 나를 위하여 복을 빌게 하지 아니하였다면 만일 나를 도와주는 자가 성문에 있음을 보고 내가 주먹을 들어 고아를 향해 휘둘렀다면 내 팔이 어깨뼈에서 떨어지고 내 팔 뼈가 그 자리에서 부스러지기를 바라노라 나는 하나님의 재앙을 심히 두려워하고 그의 위엄으로 말미암아 그런 일을 할 수 없느니라"(욥 31:1-23)

욥이라고 하면 누구나 먼저 고난을 떠올릴 것입니다. 그만큼 고난은 욥기의 중요한 주제입니다. 그런데 욥기를 읽어본 사람이라면 누구나 욥이 당한 고난의 원인이 그의 죄나 악행이 아님을 압니다. 그는 어느 누구와도 비교할 수 없는 완벽한 신앙인이었습니다. 욥기에 언급된 하나님의 평가가 그것을 증명합니다.

"여호와께서 사탄에게 이르시되 네가 내 종 욥을 주의하여 보았느냐 그와 같이 온전하고 정직하여 하나님을 경외하며 악에서 떠난 자는 세상에 없느니라"(욥 1:8)

이것은 오늘날의 우리들에게 "너희도 욥과 같이 되라!"라고 하시는 말씀과 다를 바가 없습니다. 비록 아주 오래전(창세기의 이삭이나 야곱과 같은 족장 시대)에 살았지만, 21세기의 그리스도인들에게 욥은 여전히 중요한 신앙의 모범입니다. 이런 욥에게서 네 가지 삶의 자세를 배울 수 있습니다.

1. 하나님을 경외하는 삶입니다.

욥에 대한 하나님의 칭찬은 한마디로 하나님을 경외함입니다. 이것은 하나님이 인간에게서 바라시는 가장 중요한 신앙의 태도이며 또한 인간의 본분입니다.

"일의 결국을 다 들었으니 하나님을 경외하고 그의 명령들을 지킬지어다 이것이 모든 사람의 본분이니라"(전 12:13)

경외함이란 '두려워하고 무서워한다'는 뜻보다는 '존경하고 사랑하고 모든 것에 우선한다'는 뜻입니다. 욥이 어떻게 하나님을 경외하는 삶을 살았는지 그의 고백에서 엿볼 수 있습니다.

"그가 내 길을 살피지 아니하시느냐 내 걸음을 다 세지 아니하시느냐 만일 내가 허위와 함께 동행 하고 내 발이 속임수에 빨랐다면 하나님께서 나를 공평한 저울에 달아보시고 그가 나의 온전함을 아시기를 바라노라" (4-6)

그는 매사에 하나님의 마음을 읽고 그 뜻대로 행하려고 노력했습니다. 그리고 하나님의 평가에 귀를 기울였습니다. 그분의 공평한 저울에 달아보았을 때 온전하다는 칭찬을 받는 것, 즉 하나님이 인정하시는 삶을 사는 것에 관심이 있었습니다. 그것은 사람들 앞이 아니라 그분 앞에서 사는 것이며 하나님의 뜻, 즉 그분의 영광이 목적이 되는 것이었습니다. 이것이 바로 하나님을 경외하는 삶입니다.

신앙이 있는 누구든지 마땅히 하나님을 경외해야 합니다. 그는 만물의 시작이요 끝입니다. 즉 하나님께서 만물의 근원이며 목적이 된다는 뜻입니다. 또 그는 만왕의 왕이요, 만주의 주요, 모든 것의 모든 것 되시는 분이십니다.

그러나 이것이 우리가 하나님을 경외하는 이유의 전부는 아닙니다. 그 초월적이신 하나님께서 나 같은 미천한 존재를 사랑하셨습니다. 나를 미리 아셔서 택하시고 부르시고 의롭다 하시고 영화롭게 만드셨습니다. 이것을 위해 몸소 육신으로 이 땅에 오셔서 내 죄를 없애기 위해 그 몸을 희생 제물로 바치셨습니다. 그런데 우리가 이 사랑을 어찌 잊을 수 있겠습니까? 이 사랑을 받은 우리가 어찌 그를 사랑하고 경외하지 않을 수 있을까요?

이제 그분은 구원받은 우리 삶의 동기이자 목적입니다. 마땅히 그렇게 되어야 합니다. 교회의 봉사든지, 가정과 직장에서의 삶이든지, 우리의 노동과 휴가든지, 보다 평범하게 무엇을 먹든지 마시든지, 우리의 크고 작은 모든 일의 동기와 목적은 나를 사랑하고 나를 위해서 죽으신 우리 주 예수 그리스도, 바로 그를 위한 것입니다.

주님을 위해서 하지 않는 일은 '세상 일'입니다. 전도하고 예배드리며 교회에서 봉사하는 일은 '하나님의 일'이고, 세상 직업이나 가사를 돌보는 일은 '세상 일'이라는 식의 양적 구분은 잘못된 것입니다. 그것이 무엇이든 주를 위해서 하지 않는 일이 '세상 일'입니다. 누군가 자기 유익과 목적을 위해서 교회에서 봉사한다면 그는 '세상 일'을 하는 것입니다. 그러나 주님을 위해서 길에 떨어진 휴지를 줍는다면, 그는 지금 '하나님의 일'을 하고 있는 것입니다. 이제 하나님과 상관없는 '세상 일'을 중단하고, 주를 경외함으로 그 분의 뜻을 따라 오직 그의 영광을 위해서 살아가도록 합시다.

2. 거룩한 삶입니다.

우리 집 부엌에 가보면 접시들이 많이 있는데 종종 언저리에 이가 좀 빠진 것도 있고 살짝 금이 간 것도 있습니다. 보기에는 아쉬움이 있지만 음식물을 담는데 아무 문제가 없습니다. 반면 보기에 좋은 것이더라도 더러운 접시는 사용할 수가 없습니다. 하나님께서도 좀 부족하고 연약한 사람은 얼마든지 쓰시지만 더럽고 부정한 사람은 쓰실 수가 없습니다. 그러므로 하나님은 그의 뜻을 분명히 하십니다.

우리는 지금 쾌락과 정욕과 음란과 부정과 부패의 지뢰가 도처에 깔린 숲을 지나고 있습니다. 여기서 자신을 지키는 일은 얼마나 중요하며 또 그것은 얼마나 어려운 일입니까? 우리에게는 하루하루 처절한 영적 싸움이 필요합니다.

욥 역시 예외가 아니었습니다. 죄로 오염된 시대정신과 관습을 거스르며 하나님의 뜻대로 살아야 했습니다. 그런 그를 정도에서 벗어나게 하려는 유혹의 물결은 얼마나 강렬했겠습니까? 그 속에서 욥은 거룩을 지키기 위한 피나는 싸움을 했습니다.

"내가 내 눈과 약속하였나니 어찌 처녀에게 주목하랴"(욥 31:1)

그가 이런 말을 하는 것을 보면 성적인 유혹은 시대를 초월하는, 보편적이고도 강력한 유혹임을 보게 됩니다. 사실 일부다처제 시대에서 돈과 권력을 가진 족장이 자기 육신의 욕망대로 사는 것은 어렵지 않았을지 모릅니다. 그러나 그는 그것을 거절했습니다. 그리고 이러한 유혹을 이기기 위해 자기 눈과 약속했습니다. 처녀에게 주목하지 않겠다는 것이 바로 그것입니다. 주목하는 것은 벌써 특별한 마음을 품고 바라보는 것을 의미하는 것입니다.

여름에 광안리나 해운대 바닷가에 차를 몰고 가거나 산보하다보면 목불인견(目不忍見)의 장면들을 보게 됩니다. 예를 들어 비키니 차림의 날씬한 아가씨들이 길가를 활보합니다. 그렇다고 눈을 감고 갈 수는 없는 노릇입니다. 이런 경우의 대응은 그 다음이 중요합니다. 바로 "주목해서는 안 된다"는 것입니다. 선정적인 간판, TV의 선정적인 광고, 인터넷의 선정적인 문구 등 눈이 있으면 피할 수가 없는 유혹들이 우리 주변에 가득합니다. 여기에 대한 대응도 역시 그 다음이 문제입니다. '주목하지 않는 것'입니다. 새가 머리 위로 날아가는 것은 어쩔 수 없지만, 그 새가 내 머리에 둥지를 짓는 것까지 방치해 둔다면 나의 책임을 면할 수 없을 것입니다.

우리가 사는 시대는 '음란한 시대'입니다. 정신을 바짝 차리지 않으면 실족하기 쉬운 시대입니다. 우리 원수 마귀는 여러 가지 유혹으로 성도들의 그릇을 더럽고 부정하게 해서 쓸모없는 인생으로 만들어 쓰레기통에 버려지게 하려고 합니다. 때문에 우리는 더욱 깨어 있어야 합니다. 피 흘릴 때까지 싸워야 합니다. 욥과 같이 여러분의 눈과 모든 지체와 거룩함을 지키기로 약속하십시오. 하나님을 두려워하는 가운데서 거룩함을 온전히 이루어 육과 영의 온갖 더러운 것에서 자신을 깨끗하게 지키도록 힘씁시다.

3. 선한 일을 하는 삶입니다.

욥은 부자였습니다. 그러나 혼자 잘 먹고 잘 사는 삶을 추구하지 않았습니다. 시대를 초월해 언제나 가난하고 헐벗는 자들이 있게 마련입니다. 욥이 그런 사람들을 어떻게 대했는지 본문에 드러납니다.

"내가 언제 가난한 자의 소원을 막았거나 과부의 눈으로 하여금 실망하게 하였던가 나만 혼자 내 떡덩이를 먹고 고아에게 그 조각을 먹이지 아니하였던가"(욥 31:16)

18절에서는 젊었을 때부터 고아를 기르고 어렸을 때부터 과부를 돌아보았다고 합니다. 한두 번 감동받아 행하거나 흉내 내는 자선이 아니라, 어려운 사람을 돕는 것이 어려서부터 몸에 배어 생활화되어 있다는 말입니다. 이 모든 선행의 동기가 무엇입니까? 바로 하나님의 마음입니다. 19절 이하를 보면 "만일 가난하고 어려운 사람을 외면한다면, 하나님이 가만두지 않을 것"이라고 말하고 있습니다.

오늘날도 마찬가지입니다. 여전히 하나님의 뜻은 분명하여 신구약을 통해서 조금도 모호함이 없이 전달됩니다. 가난한 자를 돕는 것이 신앙의 본질입니다. 하나님은 우리 주위에 많은 어려운 사람들을 심어 놓으셨습니다. 형제, 친족, 친구, 이웃, 더 나아가 지구 저편에서 재난과 굶주림으로 고통받는 사람들 등, 그들을 돕는 것이 우리의 사명이고 기독교의 철학입니다. 구제가 생활이 되어야 합니다.

4. 정의를 이루어가는 삶입니다.

욥이 한 이 말은 우리에게 큰 충격과 도전을 줍니다.
"만일 남종이나 여종이 나와 더불어 쟁론할 때에 내가 그의 권리를 저버렸다면 하나님이 일어나실 때에 내가 어떻게 하겠느냐 하나님이 심판하실 때에 내가 무엇이라 대답하겠느냐"(욥 31:13-14)
남종과 여종이 주인인 욥과 더불어 쟁론합니다. 여기 쟁론한다는 것은 '말로 다투는 것'입니다. "주인님 그럴 수 있습니까?"라고 불만을 표시하는 것입니다. 이런 장면이 과연 고대사회에 있을 수 있는 일일까요? 종은 재산에 불과하고 주인은 종을 마음대로 죽이고 버릴 수 있는 것이 당시의 문화입니다. 종이 인권을 보장받는다는 것은 상상할 수도 없던 시대입니다. 그러나 욥의 태도를 보십시오. 종들이 그에게 따지고 맞설 때에 그들을 무시하거나 억누르지 않고 그들의 권리를 존중해 줍니다. 이것이 무슨 뜻일까요? 바로 사회 정의를 이루며 살았다는 말입니다.

NIV성경은 '권리를 저버리지 않았다'를 '공의를 저버리지 않았다'고 번역했습니다. 욥은 종을 인간 이하로 취급하고 인권을 무시하는 세대의 풍조에 동참하지 않은 것입니다. 그것은 자신의 권력으로 아랫사람을 누르고, 구금하고 고문하고, 심지어 죽이는 세상의 불의를 저항하는 것이었습니다.

어떻게 이런 생각과 삶을 가질 수 있었을까요? 그가 타임머신을 타고 21세기로 와서 민주주의를 학습 받고 갔기 때문일까요? 아닙니다. 그는 그러한 가치를 하나님으로부터 배웠습니다.

"나를 태 속에 만드신 이가 그도 만들지 아니하셨느냐 우리를 뱃속에 지으신 이가 한 분이 아니시냐"(욥 31:15) 즉 '나를 만드신 이와 저 종을 만드신 이는 동일하신 하나님이다'라고 고백하는 것입니다. 그 하나님 앞에서 모든 인간은 동등함을 깨달은 것입니다. 한마디로 욥은 수천 년 전에 이미 인권 선언을 하고 그것을 실천하고 있는 것입니다. 그리고 성경은 그런 욥을 통해 인간의 존엄과 만인의 평등이라는 하나님의 뜻을 선포하고 있습니다.

그러므로 하나님의 뜻을 깨닫기 위해 성경을 읽고 연구하는 그리스도인들은 자연히 누구보다도 인권과 정의의 가치를 앞세우는 사람들이어야 합니다. 하나님의 뜻은 분명합니다. 그는 인종, 민족, 신분, 사상, 외모 그 무엇으로 사람을 차별하는 것을 기뻐하지 않으십니다. 그것을 아모스 선지자를 통해 분명히 선포하셨습니다.

"오직 정의를 물 같이, 공의를 마르지 않는 강 같이 흐르게 할지어다"(암 5:24)

그러나 우리 사회는 이런 하나님의 뜻에서 요원해 있습니다. 외국인 차별, 성차별이 만연하고, 학교나 직장이나 사회 구석구석에서 아랫사람, 힘없는 사람들에 대한 폭력과 왕따와 인권 유린이 자행되고 있습니다. 이런 사회 속에서 하나님의 뜻을 소중히 여기는 우리 그리스도인들의 역할이 중요함은 말할 것도 없습니다.

과거 정권이 아무리 경제 성장을 이루었어도 인권을 유린하고 불의한 재판을 일삼으며 고문과 억압, 독재와 폭정을 행했던 것은 정당화될 수 없습니다. 올바른 인권과 사회 정의 의식을 가진 사람만이 그 잘못한 것을 볼 눈이 있고, 잘못을 잘못으로 인정할 수 있습니다. 그리고 과거에 대해서 올바른 돌이킴을 할 줄 아는 사람만이 미래에 정의를 이룰 수 있습니다. 그리스도인들이야말로 이 사회를 바르게 끌고 가는 시대의 양심이 되어야 합니다.

우리가 받은 복음에 합당한 삶을 살아갑시다. 예수 그리스도 안에 있는 복음은 첫째로, 진정 우리의 영혼이 거듭나 하나님을 경외하게 하고, 둘째로, 우리를 죄에 돌이켜 거룩하게 만들어가고, 셋째로, 어려운 이웃을 돌아보아 선을 행하며 마지막으로, 나아가 우리가 몸담고 있는 이 사회를 정의롭게 세우려고 하는 전인격적인 변화를 가져옵니다. 그런 전인격적인 복음의 신앙을 꿈꾸며 그런 변화를 갈망하는 성도가 되기를 바랍니다.(2012년 8월 12일)

일터에서 실천되는 신앙

"사람들에게서 난 것도 아니요 사람으로 말미암은 것도 아니요 오직 예수 그리스도와 그를 죽은 자 가운데서 살리신 하나님 아버지로 말미암아 사도 된 바울은 함께 있는 모든 형제와 더불어 갈라디아 여러 교회들에게 우리 하나님 아버지와 주 예수 그리스도로부터 은혜와 평강이 있기를 원하노라 그리스도께서 하나님 곧 우리 아버지의 뜻을 따라 이 악한 세대에서 우리를 건지시려고 우리 죄를 대속하기 위하여 자기 몸을 주셨으니 영광이 그에게 세세토록 있을지어다 아멘 그리스도의 은혜로 너희를 부르신 이를 이같이 속히 떠나 다른 복음을 따르는 것을 내가 이상하게 여기노라 다른 복음은 없나니 다만 어떤 사람들이 너희를 교란하여 그리스도의 복음을 변하게 하려 함이라 그러나 우리나 혹은 하늘로부터 온 천사라도 우리가 너희에게 전한 복음 외에 다른 복음을 전하면 저주를 받을지어다 우리가 전에 말하였거니와 내가 지금 다시 말하노니 만일 누구든지 너희가 받은 것 외에 다른 복음을 전하면 저주를 받을지어다 이제 내가 사람들에게 좋게 하랴 하나님께 좋게 하랴 사람들에게 기쁨을 구하랴 내가 지금까지 사람들의 기쁨을 구하였다면 그리스도의 종이 아니니라"(갈 1:1-10)

우리나라의 연평균 노동시간은 2010년 기준 2,190시간으로 OECD 34개국 중 최고치를 갱신했습니다. OECD 평균 노동시간은 1,749시간이며 그 중에서 노동시간이 가장 적은 네덜란드는 1,377시간으로 집계되었습니다.

일주일 당 직장에서 일하는 시간이 약 43시간, 여기에 퇴근시간이 온전히 보장되지 않는 우리나라의 직장 문화와 회식, 야근까지 고려하면 직장과 관련해 보내는 시간은 주간 50시간이 족히 넘을 것입니다.

이것은 열심 있는 교인이 교회와 연관되어 보내는 시간의 거의 7~8배에 이릅니다. 주일예배만 드리는 교인의 경우와 비교하면 15배가 넘는 시간입니다. 그럼에도 불구하고 한국교회의 설교나 교육 훈련은 예배와 목장 모임의 중요성, 교회에서 맡은 직분에의 충성 등 '교회 생활을 어떻게 해야 하느냐'에 비중을 두고 있는 실정입니다.

교회란 세상으로부터 부름을 받은 하나님의 백성이면서 동시에 세상으로 파송 받는 그리스도의 제자입니다. 그런데 부름 받아 모이는데 너무 치중해 '파송 받은 그리스도의 제자로 어떻게 살아야 하는가?'에 대해서는 소홀히 하고 있습니다. 우리가 그리스도 복음의 증인으로 살 곳은 다름 아닌 세상입니다. 그렇다면 가장 많은 시간을 보내고, 대부분의 관계를 형성하는 일터에서의 사역은 얼마나 중요하겠습니까?

우리가 붙잡은 복음의 핵심은 예수 그리스도의 죽음과 부활입니다. 그런데 그 복음을 길거리에서 전하거나 축호전도를 할 때는 관계 형성이 없다보니 내 삶에 문제시 되지 않습니다.

그러나 직장은 다릅니다. 직장은 삶을 깊이 나누는 곳입니다. 정도 나누고 고민도, 도움도 주고받습니다. 그런가 하면 이해관계가 첨예하게 대립하기도 하고, 치열한 경쟁의 장이 되기도 합니다. 이런 열린 공간에서 일주일에 50시간을 같이 보내다보면 내 성격과 인격, 삶의 가치와 신앙이 다 드러나기 마련입니다.

그 곳에서는 "예수 믿으세요"라는 말로는 충분하지가 않습니다. 내가 어떤 자세로 직장생활을 하느냐는 복음 증거의 가장 중요한 열쇠입니다. 그것은 동료들을 예수께 인도하는 다리가 될 수도 있고, 반대로 장애물이 될 수도 있습니다.

한 기독교대학 교목이 소속된 대학의 이사장을 존경했습니다. 그 이사장은 학교를 통해 복음을 증거하려는 의지를 가진 사람이었습니다. 그런데 어느 날 이 이사장이 실력은 있지만 믿음이 없는 교수를 채용했고, 이것이 이해가 되지 않은 교목이 이사장에게 이유를 물었습니다. 이사장의 대답은 이러했습니다.

"믿음이 좋아도 실력이 없으면 학생들에게 전혀 영향력이 없어요. 실력이야 내가 어찌할 수 없으나 신앙은 도와줄 수 있지 않겠습니까?"

우리가 그리스도의 제자로서 복음의 영향력을 가지려면, 먼저 복음적인 직업관을 갖고 생동감 있는 직장생활을 해야 합니다. 그런 의미에서 사도바울이 사도의 직분을 감당함에 있어 가졌던 두 가지 확고한 소신에 귀 기울일 필요가 있습니다.

1. 바울은 사도로의 소명을 분명히 하고 있습니다.

바울은 사도로서의 강력한 소명감을 피력합니다.

"사람들에게서 난 것도 아니요 사람으로 말미암은 것도 아니요 오직 예수 그리스도와 그를 죽은 자 가운데서 살리신 하나님 아버지로 말미암아 사도 된 바울은"(갈 1:1) 이라고 고백하는 부분에서 바울의 정체성을 엿볼 수 있습니다.

"사람이 나를 뽑아 세운 것도 아니고, 또 내가 원해서 된 것도 아니다. 나의 사도 된 것은 오직 예수 그리스도와 하나님 아버지로 말미암은 것이다”라며 사도직에 대한 분명한 소명의식을 고백하고 있는 것입니다.

이런 소명은 목회자들에게 참 중요한 것으로 여겨집니다.

독일어로 소명을 베루풍(Berufung)이라고 합니다. 같은 어근을 갖고 있는 동사 베루펜(berufen)은 ‘천직을 주다. 소명을 주다’라는 뜻이고 명사 베루프(Beruf)는 직업이라는 뜻입니다. 이처럼 독일어에서 직업과 소명은 밀접한 관계를 갖고 있습니다. 영어에서도 콜링(calling)은 소명을 뜻하면서도 직업을 가리키는 말입니다.

사도바울과 같이 목사들 역시 하나님의 소명(Berufung)을 받고 직임을 받은 사람들입이다. 그렇다면 이 소명은 목사에게만 해당되는 것일까요? 평신도는 소명을 받지 않습니까? 아닙니다. 모든 직업에는 소명이 담겨져 있습니다.

중세 가톨릭은 사제와 평신도, 성과 속을 엄격히 구별했습니다. 마틴 루터는 이에 대해 비판하면서 만인제사장설을 주장했습니다. 성도들은 다 동일한 제사장입니다. 루터는 제빵사에게 ‘당신도 하나님으로부터 빵 굽는 자로 소명을 받은 것’이라고 가르쳤습니다. 그러므로 목사만이 소명 받은 거룩한 사역자가 아니라 제빵사도 소명 받은 거룩한 사역자입니다. 목사는 교회에서, 제빵사는 시장 한복판 빵집에서 사역하도록 부름 받았습니다. 목사는 영적인 양식을 주는 자로서, 제빵사는 육신의 양식을 공급하는 자로서 하나님이 세우신 것입니다.

뿐만 아니라 10절에서 바울은 자신을 ‘그리스도의 종’이라 했습니다.

이처럼 목사 역시 그리스도의 종입니다. 하지만 목사만이 하나님의 종이 아닙니다.

> "그는 하나님의 사역자가 되어 네게 선을 베푸는 자니라 그러나 네가 악을 행하거든 두려워하라 그가 공연히 칼을 가지지 아니하였으니 곧 하나님의 사역자가 되어 악을 행하는 자에게 진노하심을 따라 보응하는 자니라"(롬 13:4)

이 말씀을 보면 국가를 통치하는 관료나 정치인도 '하나님이 세운 하나님의 종(diakonos)'이라고 표현하는 것을 볼 수 있습니다. (KJV; Minister of God, 하나님의 사역자) 우리는 이러한 성경의 원리로 돌아가 '목사는 성직이고, 직업인은 세속직'이라는 이분법적인 사고로부터 생각을 전환해야 합니다. 우리의 모든 직업은 하나님이 불러서 맡기신 하나님의 일입니다.

일터는 하나님과 무관한 세상 일이 아니라 하나님이 위임하신 하나님의 일을 하는 곳입니다. 위임을 독일어로 만다트(Mandat)라고 하는데 '본회퍼'가 이 단어를 사용하면서 많이 알려지게 되었습니다. 그는 하나님이 그의 자녀 된 그리스도인들에게 4가지 영역에서 만다트(Mandat)를 주셨는데 그것은 교회, 가정, 일터(노동), 국가라는 것입니다.

그런데 지나친 이분법적인 사고로 인해 성도들은 일주일에 50시간 넘게 보내는 일터에서의 삶에 진정한 신앙적 의미를 부여하지 못하고 있습니다. 일터를 그저 세상 일 하는 곳으로, 굳이 신앙적 의미를 부여한다면 전도하는 곳 정도로만 생각하게 됩니다.

"이 직장은 하나님이 부르시고 보내신 나의 거룩한 일터다"라고 생각하는 크리스천 직장인이 과연 얼마나 되겠습니까? 그리고 정말 그렇게 확고히 믿는다면 지금처럼 직장생활을 할 수 있을까요? 많은 교인들이 소명 없이 직장생활을 하고 있습니다. 그들의 머릿속에서 소명이라는 것은, 하나님이 교회의 주일학교 부장, 순장, 장로로 세운 것에만 적용하려고 합니다.

2008년 삼성경제연구소가 31개국의 20~69세 근로자를 대상으로 한 설문 조사에서 업무 보람과 인간관계라는 요소를 중심으로 '근로관의 국제 비교'를 보고했습니다. 이에 따르면 미국, 영국 등 영미권 국가들은 이 두 가지 모두 만족도가 높은 '자아실현형'으로 분류되었습니다. 그리고 프랑스와 스웨덴, 핀란드 등은 인간관계는 부족하지만 업무 보람에서 만족도가 높은 '보람중시형'으로, 일본은 반대로 업무 보람은 약하나 인간관계에서는 만족도가 높은 '관계지향형'으로 분석되었습니다.

그러나 우리나라의 근로관은 업무 보람과 인간관계의 만족도가 모두 낮은 '생계수단형'으로 분류되었습니다. 다시 말하면 우리나라의 직장인들은 업무에 대한 보람도 별로이고, 인간관계에서도 만족하지 못하면서 그저 월급만 바라보고 일한다는 것입니다. 때문에 돈을 좀 더 준다면, 인간의 도리나 직장의 사정을 보지 않고 이직을 쉽게 결정하는 것입니다. 다시 말하면 내 일터라는 인식이 없습니다.

만약에 수백만 그리스도인이 성경적인 일터 개념을 갖고 직장생활을 한다면 이런 결과가 나오지 않았을 것입니다. 그러나 문제는 바른 직장생활, 사회생활을 할 수 있도록 도와야 할 교회가 거꾸로 교인들로 하여금 직장생활 속에서 보람이나 인간관계를 제대로 갖는 데 장애요인이 되기도 한다는 것입니다.

어떤 교인들은 교회의 일은 거룩한 하나님의 일이고, 직장의 일은 속된 세상 일로 생각하면서 늘 마음이 교회에 가 있습니다. 그래서 직장 일은 그저 면피용 정도로 소극적으로 하면서, 시간만 나면 교회 일을 하러 달려갑니다. 이런 사람을 어떤 사장이 달갑게 받아들이겠습니까? 그래서 심지어 기독교인 사장이 사원을 뽑을 때에 열성적인 신자처럼 보이는 면이 이력서에서 드러나면 아예 채용 대상에서 제외시킨다는 이야기를 들은 적도 있습니다. 열성적인 신자일수록 직장에서는 무능하거나 관계를 잘 맺지 못하고 이기적인 사람으로 낙인찍힌 것입니다.

독일어로 할버만(halber man/ half man, 반쪽 사람)이라는 말과 간쩌만(ganzer man/ whole man, 전인)이라는 말이 있습니다. 전자는 한 쪽 발만 담그고 있는 사람이며 후자는 두 발을 모두 담그고 있는 사람을 뜻합니다. 그리스도인들은 일터에서 일을 적당히 하는 반쪽 사람(halber man)이 되어서는 안 됩니다. 우리는 최선을 다할 뿐 아니라 자기 영역에서 진정한 실력과 전문성을 가진 전인(ganzer man)이 되려고 노력해야 합니다. 왜냐하면 일터의 일은 사람이 맡긴 세상 일이 아니라, 하나님이 맡기신 하나님의 일이기 때문입니다. 직장생활에 거룩한 소명감을 갖고 최선을 다해서 하나님께 올려드리는 우리가 되기를 바랍니다.

2. 바울은 자신이 하나님을 기쁘게 하는 그리스도의 종임을 분명히 합니다.

우리는 공무원이나 사업가, 회사원 중에 비리에 연루되어 곤혹을 치르는 사람들을 종종 봅니다. 그 가운데는 회사에 한쪽 발만 담근 불성실한 사람이 아니라 두 발을 모두 담근 충실한 사람들도 있을 것입니다. 혹은 윗사람이 시키는 일을 충실하게 이행함으로 인해 불의한 자리에 서게 된 사람도 있을 것입니다. 물론 회사의 지시와는 무관하게 불의를 행한 사람도 있을 것입니다. 그런데 만약 이런 불의한 일에 교인이 연루되면 어떻게 되겠습니까? 안타깝게도 이런 일에 연루되는 교인들이 꽤 있고, 그럴 때마다 복음은 큰 장애를 만나게 됩니다.

바울에게서 처음 복음을 받은 갈라디아 성도들은 잘못된 가르침에 오염되어 곁길로 빠졌습니다. 바울은 참 복음의 순결성을 지키는데 있어서는 단호했습니다. 이것을 위해 싸워야 한다면 그는 기꺼이 싸우고 사람들과 관계의 어려움도 감수하려 했습니다. 여기서 그는 자신이 누구의 종인가를 분명히 합니다.

"이제 내가 사람들에게 좋게 하랴 하나님께 좋게 하랴 사람들에게 기쁨을 구하랴 내가 지금까지 사람들의 기쁨을 구하였다면 그리스도의 종이 아니니라"(10)

우리의 일터는 때론 정글과 같습니다. 항상 모두가 열심히 일하고 서로 격려해 주고 양심을 좇아 페어플레이하며 공평과 정의가 지배한다면 얼마나 좋겠습니까? 그러나 조직 세계의 관습, 제도, 관행 중에는 우리의 신앙과 양심에 배치되는 것이 있는 것이 현실입니다. 그리고 보이지 않는 갑을의 관계 속에서 힘의 원리가 현실로 다가옵니다. 때로는 불편부당한 처우를 당하기도 하고, 불의한 관행과 부딪히기도 하며 그리스도인의 양심으로 동참할 수 없는 자리를 강요받기도 합니다. 아직 죄가 관영하는 이 세상과 성도들 사이에는 항상 긴장이 있기 마련입니다.

이런 자리에서 사람들은 타협하기 쉽습니다. 물론 죄가 성립되지 않는다면 함께 어울릴 수도 있어야 합니다. 또 적극적으로 그들의 눈높이로 내려가야 할 필요도 있습니다. 그것은 타협이라 보기 어렵습니다. 그러나 죄의 자리에 타협하고 동행하는 것은 우리의 신앙을 거스르는 것입니다. 그리고 그런 비양심적이고 부정한 일에 타협함으로 우리의 양심을 더럽히는 것은 결코 옳은 것이 아닙니다. 우리는 바울의 고백과 같이 '사람의 종이기 이전에 하나님의 종'임을 분명히 해야 합니다. 직장에서 우리는 상사를 대할 때, 주께 하듯 순종해야 하고(골 3:22), 관용이 많은 상사뿐 아니라, 까다로운 상사의 지시에도 잘 따를 수 있어야 합니다(벧전 2:18).

그러나 항상 생각해야 합니다. 그 지시를 따르는 것이 혹시 하나님의 말씀을 거역하는 것은 아닌지를 고민해야 하고, 명백히 그렇다면 어떤 불이익이 있더라도 수용하지 말아야 합니다. 이런 삶의 자세와 태도는 회사뿐 아니라, 가정, 국가 어느 곳에서건 마찬가지입니다. 왜냐하면 우리는 사람의 종이 아니라 하나님의 종이기 때문입니다.

믿음의 단호함에는 많은 시련이 따를 수 있습니다. 그러나 하나님의 말씀은 그만한 대가를 지불할 가치가 있습니다. 또한 하나님은 그의 말씀의 자리에 서는 자들을 위해 항상 피할 길, 좋은 길을 준비하심을 우리는 믿습니다. 윌리엄 바클레이는 이렇게 말했습니다.

"그리스도는 우리를 쉬운 삶으로 부르신 것이 아니라, 위대한 삶으로 부르신 것이다." 위대한 삶을 위해서 값을 치룰 줄 아는 우리 모두가 되기를 바랍니다.

일터에서 일주일에 50시간 이상을 보내는 분에게 도전합니다. 먼저 하나님의 사역자로의 분명한 소명감을 가지십시오. 그래서 충성된 사람으로 행복한 직장생활, 가정생활의 본을 보이시길 바랍니다. 그리고 일터에서 그리스도의 복음에 합당하게 행동하십시오. 그곳에서 복음은 빛을 발할 것입니다. 그런 가운데서 입술로 주 예수 그리스도의 복음을 증거하기 바랍니다. 그렇게 모두가 착하고 충성된 일터 사역자가 되기를 바랍니다.(2013년 10월 13일)

교회가 희망입니다

교회에 대해 생각해봅시다.

나에게 교회는 얼마나 소중한 것입니까? 주일이 되면 사랑하는 교우들과 함께 예배드리고 은혜 받을 수 있는 교회가 있다는 것, 나와 나의 자녀들의 신앙을 지켜주고 키워주는 어머니의 품과 같은 곳이 있다는 것, 같이 삶을 나누고, 위로하고 위로받는 공동체가 있다는 것이 얼마나 감사합니까! 교회는 우리 삶의 가장 중심점에 서있습니다.

그러나 이처럼 소중한 교회는 단순히 우리만을 위한 교회가 아닙니다. 교회는 세상을 위해서 존재합니다. 하나님께서 아브라함을 택하고 부르신 것은, 그만을 축복하기 위한 것이 아닙니다. 오히려 그를 축복의 통로로 세워서, 모든 민족과 열방이 복을 받을 수 있게 하기 위함이었습니다.

주님께서 우리를 세상으로부터 불러내어 교회되게 하신 것은 우리를 세상과 분리시켜 교회라는 피난처에서 우리끼리만 살도록 하기 위함이 아닙니다.

분명 교회는 "세상으로부터 부름 받은 하나님의 백성들의 모임"입니다. 이 공동체에서 주님은 우리를 그의 제자로 빚어 가십니다. 그리고 세상으로 파송하십니다. 파송하시되, 사명과 임무를 주십니다. 우리는 그 위임명령을 받고 세상 속에서 살아갑니다. 그러므로 교회는 또한 "세상으로 보냄을 받은 그리스도의 제자들"입니다.

교회는 세상과 동떨어진 산속 깊은 곳이 아니라, 세상 한가운데 세워졌습니다.

그렇다면 교회를 둘러싼 그 세상은 도대체 무엇입니까? 세상은 그저 마귀가 지배하도록 버려진 영역이 아닙니다. 세상은 한때 그의 권세 아래 있었습니다. 그러나 때가 되어 하나님의 아들이 오셔서 대속의 죽음을 죽으심으로 죄를 완전히 도말하셨습니다. 그리고 마귀의 권세를 깨뜨리시고 부활하셔서 하늘과 땅의 권세를 받아 세상의 주님이 되셨습니다. 이제 세상은 그에게 속한 것입니다!

그러나 우리가 지금 보고 있는 현상은, 세상이 아직도 자기 주인을 모른 채 그 주인에게 복종하지 않고 있는 것입니다.

"만물로 그에게 복종하게 하셨은즉 복종하지 않은 것이 하나도 없어야 하겠으나 지금 우리가 만물이 아직 그에게 복종하고 있는 것을 보지 못하고"(히 2:8)

바로 이것입니다. 세상은 분명 우리 주님께 속한 것이지만, 아직 그에게 복종하지 않고 있습니다. 바로 여기에 교회의 사명이 있습니다. 이 세상으로 하여금 주님께 복종시키는 것입니다.

그런데 그 세상이라는 것이 막연한 것은 아닙니다. 지구촌이라는 거대한 세계이기도 하고 보다 실질적으로는 국가라는 영역이기도 합니다. 그리고 더 단순하게는 우리가 몸담고 있는 사회의 제반영역, 직장이나 가정 역시 교회와는 구별되는 세상입니다.

그 세상 속에 정사와 권세도 있고 법과 제도도 있고 시스템도 있고 전통이나 관습, 다양한 문화의 흐름도 있습니다.

그러나 세상을 이루는 가장 중요한 것은 사람입니다. 사람이 교회인 것처럼 사람이 또한 세상입니다. 세상에서 우리는 수많은 사람들과 엮여 삶을 만들어갑니다. 가족들, 친족들, 직장 동료와 이웃들, 더 나아가서 개인적인 친분은 없지만 시장이나, 대통령, 국회의원, 관원 등의 사람들, 이런 사람들이 바로 세상의 구성원들입니다.

우리와 관계로 묶여진 개개인들은 모두 구원의 대상입니다. 그러므로 우리는 때를 얻든지 못 얻든지, 언제 어디서나 복음을 전해야 합니다.

그러나 세상은 단순히 전도의 대상일수만은 없습니다. 전도만하면서 살 수는 없습니다. 교회에서는 예배드리고 기도하고, 교회 밖에서는 전도만 하면서 살수는 없습니다. 이런 이원론적인 가르침은 사실 삶의 자리에서는 위선으로 드러납니다. 왜냐하면 결코 그렇게 살 수 있는 사람은 아무도 없기 때문입니다.

우리는 세상 속에서 삶을 살아갑니다. 결혼해서 가정도 세워갑니다.

애도 낳아 키우고 교육도 시킵니다. 직장에 가서 낯선 사람들과 함께 일하기도 합니다. 수입과 지출을 계산하면서 경제생활을 해야 합니다. 그리고 국민으로서 조세와 국방 등 의무를 행하며 선거로 지도자를 선출하기도 합니다. 더 나은 국가가 되기를 염원하며 촛불집회에 나가 대통령 하야를 외치기도 합니다. 이게 세상 속에서 이루어지는 우리의 삶입니다.

그렇다면 세상을 위한 교회의 역할은 무엇입니까? 이런 세상을 버리고 도피하는 것이 아니라 세상을 바꿔 가는 것입니다. 주께 복종치 않는 세상을 복종케 하는 것입니다. 이렇게 할 수 있는 것은 오직 교회뿐입니다. 비록 지상의 교회가 불완전하고 잘못하기도 하지만 그럼에도 불구하고 여전히 교회는 세상의 희망입니다. 아니 교회만이 세상의 참된 희망입니다. 우리는 이것을 분명히 인식해야 합니다.

그러므로 교회는 세상의 희망으로서의 자기 역할을 바르게 해야 합니다. 그러기 위해서 교회는 살아있어야 하고, 교회가 교회다워야 합니다. 그렇다면 어떻게 해야 할까요?

1. 교인들이 은혜의 사람이 되어야 합니다.

먼저 여기서 출발합니다.
"그러므로 형제들아 내가 하나님의 모든 자비하심으로 너희를 권하노니"
(1)

이 말의 뜻은 "하나님의 은혜가 이처럼 크시니 그것으로 인해 내가 너희에게 권한다"입니다. 그러면서 삶의 각 영역에서 성도들이 취해야 할 태도들에 대해서 권면합니다. 성도의 태도를 권합니다. 그 권면의 근거는 바로 이 하나님의 은혜입니다. 그 은혜를 맛보지 못한 사람은 뒤에 이어지는 권면을 들을 수도, 행할 수도 없습니다.

교회가 교회되려면 먼저 교회를 이루는 교인들이 하나님의 은혜를 뼛속 깊이 체득해야 합니다. 내 죄를 값없이 사하시고 나를 의롭다 하신 그리스도의 십자가 은혜를 경험해야 합니다. 지상의 교회 안에는 아직 거듭나지 못한 사람들이 있습니다. 그런데 그런 사람이 많으면 교회는 영적인 모임이 아니라 세속적인 모임으로 전락하고 맙니다. 때로는 개혁적인 모습을 가질 수도 있고 사회문제에 적극적으로 참여할 수도 있습니다. 그러나 그것은 오래가지 못합니다.

먼저 십자가의 은혜를 체험해야 합니다. 진정 거듭난 영적사람이 되어야 합니다. 그래서 먼저 하나님을 만나고 예배하고 섬기는 법을 배워야 합니다. 말씀을 들을 줄 알아야 합니다.

영적 사람만이 은혜 안에서 치유 받고 안식하고 힘을 얻을 줄 압니다.

그 힘을 받아야 세상에서 십자가 지고 참을 수 있으며 사랑하고 섬기며 한 알의 밀알이 되어 죽을 수 있습니다.

당신은 거듭났습니까? 영에 눈이 뜨여진 사람입니까? 예배에 참석한다고 저절로 거듭나는 것이 아닙니다. 말씀을 배우고 철저한 훈련을 받아야 합니다. 보다 깊은 은혜의 바다로 들어가야 합니다. 교회라는 학교에서 평생 배워야 합니다. 그런 은혜의 사람 되길 축복합니다!

2. 몸을 드려야 합니다.

"너희 몸을 하나님이 기뻐하시는 거룩한 산 제물로 드리라 이는 너희가 드릴 영적 예배니라"(1)

우리 몸을 드려야 합니다. 이제는 드리는 것입니다. 여전히 하나님으로부터 무엇인가를 얻어서 몸을 보다 안락하게 하고 온갖 부귀영화로 치장하는 것은 신앙의 길이 아닙니다.

하나님의 자비하심을 받은 사람, 십자가 은혜의 사람은 이제 그 은혜에 감사하며 자기 몸을 하나님께 드려야 합니다. 그 말은 내 몸이 닿는 모든 곳에서 이루어지는 삶 자체를 하나님께 드리라는 것입니다. 이것이 바로 영적예배 즉 마땅히 드려야할 예배입니다.

이것은 참 놀라운 것입니다. 이 말씀은 예배가 교회당에서만 행해지는 것이 아님을 분명히 말해줍니다. 하나님은 일주일에 한 번의 공예배가 아닌, 모든 삶의 예배를 받기 원하십니다.

이 예배는 그리스도의 제자들이 파송 받은 세상에서 이루어집니다. 세상에서 살아가는 모든 삶은 더 이상 세속의 삶이 아니라 하나님께 드려지는 거룩한 예배가 되어야 합니다.

가정, 직장, 사회에서 모든 일들이 하나님의 일이 되어야 합니다. 누군가 음식점을 운영한다면 사람에게가 아니라 주님께 봉양하듯 최고의 음식을 만드는 것입니다. 나의 유익과 영광을 위해서가 아니라 하나님께 영광이 되도록 하는 것입니다.

삶이 예배가 되는 그 자리는 거룩한 곳이 됩니다. 우리는 세상을 거룩하게 만들어가는 사람들입니다. 가정을 거룩하게 만들고, 나아가 직장 그리고 이 국가를 거룩하게 만들어가는 것입니다. 과거 마귀가 지배하던 부정한 영역들 하나하나를 하나님이 통치하시는 영역으로 바꾸어가는 것입니다. 세상은 그렇게 해서 변화되어 갑니다.

3. 하나님의 뜻을 좇아 살아가야 합니다.

"너희는 이 세대를 본받지 말고 오직 마음을 새롭게 함으로 변화를 받아 하나님의 선하시고 기뻐하시고 온전하신 뜻이 무엇인지 분별하도록 하라"(2)

우리가 세상을 변화시킬 수 있는 것은 세상과 다름으로 가능합니다. 세상은 우리의 구별된 말이 아니라 행동을 보고 싶어 합니다. 자신들과는 구별되는 행동이나 다른 삶을 볼 때에 도전을 받습니다.

만약에 세상이 음란하고 방탕한 길을 가는데 거기에 교인이 동행한다면 그들은 이렇게 말할 것입니다. "나야 종교가 없으니까 그런다하지만, 당신이 믿는 신은 그렇게 살라고 가르치는가?"

세상이 부정과 거짓과 탐욕의 길을 가는데 거기에 교인이 동행한다면 역시 같은 말을 할 것입니다.

"당신은 입술로는 거룩을 말하는데 삶은 왜 그리 더러운가?"

그리고 우리가 믿는 종교를 개독교라고 할 것입니다.

그리스도의 제자는 이 세대를 본 삼아 그들이 가는 길로 가는 사람들이 아닙니다.

그리스도가 가르치신 하나님의 말씀이 바로 우리의 삶의 근거가 됩니다. 하나님의 선하시고 기뻐하시고 온전하신 뜻을 잘 분별해서 그대로 살아야 합니다.

때로는 하나님의 뜻이 쉽게 깨달아지지 않을 때도 있습니다. 새로운 문화가 등장하고 사상이 나올 때에 섣불리 판단하는 우를 범해서는 안 됩니다. 컴퓨터, 인터넷, 바코드, 큐알코드, 베리칩 같은 새로운 과학문명이 나올 때 마다 사탄, 666과 연계시키는 사람들이 있습니다.

모두 잘못된 것입니다. 적어도 우리 복음주의 신앙인들은 이런 식의 신앙운동에 물들어서는 안됩니다. 어떤 정치적인 이념이나 정당을 향해서 사탄 운운하는 것도 사려 깊지 못한 태도입니다.

그러나 우리가 분명히 알 수 있는 하나님의 뜻도 많이 있습니다.

하나님은 정직하고 양심에 거리낌이 없는 삶을 원하십니다. 사랑과 긍휼로 이웃을 돌아보는 것, 지배가 아닌 섬김의 삶을 사는 것이 주의 가르침이 아니겠습니까? 그렇다면 우리는 정직하게 살고 어려운 이웃을 돌아보고 섬김의 자세로 살아야 할 것입니다.

신구약에서 가르치는 바, 하나님은 빈부격차가 해소되어 더불어 살 수 있는 사회, 신분이나 인종이나 성차별 없이 모두가 평등하게 인권을 존중받을 수 있는 사회를 원하십니다. 다툼과 전쟁보다는 평화를 원하시며 우리로 평화의 사도가 되라 명하십니다. 그는 정의를 기뻐하시고 불의를 미워하십니다. 이것은 분명한 하나님의 뜻이 아니겠습니까?

그렇다면 우리는 더불어 사는 사회, 차별 없는 사회, 인권이 존중되고 평화를 지향하며 정의를 이루는 사회를 추구해야 합니다. 우리 스스로 이런 가치를 좇아 살면서 또한 이런 사회를 만들도록 힘써야 합니다. 이런 성경적인 잣대로 이 사회를 질책하고 비판하며 이에 합당한 정치 지도자를 선출해야 합니다.

그리스도인은 세상에서 이러한 복음의 가치들을 실천하면서 복음에 합당하게 살아가야 합니다. 그럴 때 세상은 우리가 전하는 복음에 귀 기울일 것입니다. 우리의 선한 행실을 보고 하나님께 영광을 돌리게 될 것입니다.

우리가 먼저 주의 말씀에 복종합시다! 부부간에 그리고 자녀양육과 부모공양에 있어서 하나님의 가르침에 복종합시다. 일터에서 당장 눈앞의 이익을 좇기 보다는 하나님의 뜻을 앞세웁시다. 국가의 영역에서는 어떤 이념이나 지역주의에 종속되지 말고 정의와 평화를 이루시려는 하나님의 뜻을 실현해갑시다.

우리가 주의 뜻에 복종할 때에 아직 복종치 않고 있는 세상이 우리를 보면서 복종을 배우게 될 것입니다. 그리고 주님의 통치를 받게 될 것입니다. 그러면서 하나님 나라는 확장되어 갑니다.

그러므로 교회는 세상의 희망입니다. 교회의 지체되는 우리 하나하나가 바로 세상의 희망입니다. 구원과 축복의 통로입니다. 가정과, 직장 그리고 이 사회의 희망입니다.

이런 신실한 제자 한 사람 한 사람이 모여서 세상의 희망인 교회가 되는 것입니다. 그런 교회를 세워가는 우리 모두가 되기를 바랍니다.

(2016년 12월 4일 / 롬 12:1-2)

옛사람과 새사람

"그러므로 너희가 그리스도와 함께 다시 살리심을 받았으면 위의 것을 찾으라 거기는 그리스도께서 하나님 우편에 앉아 계시느니라 위의 것을 생각하고 땅의 것을 생각하지 말라 이는 너희가 죽었고 너희 생명이 그리스도와 함께 하나님 안에 감추어 졌음이라 우리 생명이신 그리스도께서 나타나실 그때에 너희도 그와 함께 영광 중에 나타나리라 그러므로 땅에 있는 지체를 죽이라 곧 음란과 부정과 사욕과 악한 정욕과 탐심이니 탐심은 우상 숭배니라 이것들로 말미암아 하나님의 진노가 임하느니라 너희도 전에 그 가운데 살 때에는 그 가운데서 행하였으나 이제는 너희가 이 모든 것을 벗어 버리라 곧 분함과 노여움과 악의와 비방과 너희 입의 부끄러운 말이라 너희가 서로 거짓말을 하지 말라 옛 사람과 그 행위를 벗어 버리고 새 사람을 입었으니 이는 자기를 창조하신 이의 형상을 따라 지식에까지 새롭게 하심을 입은 자니라 거기에는 헬라인이나 유대인이나 할례파나 무할례파나 야만인이나 스구디아인이나 종이나 자유인이 차별이 있을 수 없나니 오직 그리스도는 만유시요 만유 안에 계시니라"(골 3:1-11)

예수님을 믿는 사람에게는 성령님이 와 계십니다.

성령이 오신 것은 우연한 일이 아니라 오래 전 요엘 선지자를 통한 예언의 성취였습니다.

"하나님이 말씀하시기를 말세에 내가 내 영을 모든 육체에 부어 주리니 너희의 자녀들은 예언할 것이요 너희의 젊은이들은 환상을 보고 너희의 늙은이들은 꿈을 꾸리라"(행 2:17)

이 말씀에 의하면 성령이 오셨다는 것은 이미 말세가 시작되었다는 것을 의미합니다. 그렇습니다. 우리는 종말시대를 살아가고 있습니다.

종말에는 항상 깨어 준비하고 있어야 합니다. 이 종말의 끝이 언제 올지 아무도 알 수 없기 때문입니다.

'여기 눌러 앉아 정착하려 하지 말고, 언제든지 짐 싸놓고 떠날 준비를 해라. 세상에 정붙이거나 집착하지 말고 항상 하늘을 소망하며 살아라.'

우리는 늘 이런 생각을 하면서 살아야 합니다.

하나님의 영이 부어지는 것은 인간에게 있어서 최고의 큰복입니다. 그 성령이 오셔서 하는 일이 무엇입니까?

우선 하나님의 깊은 진리로 우리를 인도하십니다. 우리로 권능을 받아 예수의 증인되게 하십니다. 또한 신령한 은사들을 받아 누리게 하시기도 합니다. 그 외에도 우리의 기도를 돕고 인도하고 위로하는 보혜사가 되십니다. 정말 성령이 하시는 일은 셀 수 없이 많습니다.

그러나 그 중에서 가장 중요한 일이 있습니다. 그것은 바로 우리를 거듭나게 하신다는 것입니다. 모든 것은 이 거듭남에서 출발합니다. 예수님이 말씀하셨습니다.

"진실로 진실로 네게 이르노니 사람이 물과 성령으로 나지 아니하면 하나님의 나라에 들어갈 수 없느니라"(요 3:5)

"성령으로 난 사람도 다 그러하니라"(요 3:8 하)

예수를 믿고 성령을 받은 사람은 기독교라는 종교를 갖고 있는 사람, 교회 다니는 사람, 기쁨과 평안을 얻고 기도 응답을 경험한 정도의 사람이 아닙니다. 성령의 사람은 다시는 되돌아갈 수 없는 죽음의 강을 건너 새롭게 태어난 사람입니다. 이렇게 거듭남으로 비로소 하나님 나라에 들어가게 됩니다.

거듭나지 않은 사람은 아직 그리스도인이 아닙니다. 이 죽음과 삶의 과정은 그냥 상징이 아닙니다. 단지 신비로운 영의 세계에서 일어나기에 우리의 오감으로 경험할 수 없을 뿐이지 그것은 틀림없이 실재합니다. 이 과정을 상징처럼 재현한 의식이 바로 세례입니다. 세례는 우리의 옛사람이 예수와 함께 죽었고, 또한 예수와 함께 살아났음을 고백하는 의식입니다. 성경 본문도 죽음과 삶을 말하고 있습니다.

"이는 너희가 죽었고"(3 상)

"너희가 그리스도와 함께 다시 살리심을 받았으면"(3:1 상)

여기 사용된 동사는 모두 과거형입니다. 너희는 죽어야 한다가 아닙니다. "너희는 이미 죽었다. 이미 살았다"입니다. 신앙생활은 여기서 시작합니다. 믿음은 이 사실을 인정하는 것입니다.

이런 메시지는 성경에 많이 있습니다.

"내가 그리스도와 함께 십자가에 못 박혔나니 그런즉 이제는 내가 사는 것이 아니요 오직 내 안에 그리스도께서 사시는 것이라"(갈 2:20 상)

「죽는다」는 것을 생각해 봅시다. 보통 일이 아닙니다. 그냥 개과천선했다거나 새로운 세계를 경험했다는 것과는 전혀 다른 차원입니다. 죽음은 자신이 속했던 모든 것으로부터의 완전한 단절입니다. 누군가 죽으면 모든 곳에서 제명됩니다. 호적에서도 지워집니다. 더 이상 가정의 일원도 아니고 국가의 국민도 아닙니다. 교회 명부에서도 지워집니다.

그가 속했던 조직이나 모임에서 다 지워집니다. 그는 더 이상 이 세상 그 무엇에 속한 자가 아니게 됩니다.

우리가 그러합니다. 우리는 본래 이 땅에 속한 자였는데 죽음으로 세상과 완전히 단절되었습니다. 그리고 이제 위에 속한 자가 되었습니다.

우리는 더 이상 땅의 시민이 아니라 하늘의 시민이 되었습니다. 세상나라에 속한 자가 아니라, 하나님나라에 속한 자입니다.

"이는 너희가 죽었고 너희 생명이 그리스도와 함께 하나님 안에 감추어졌음이라"(3)

우리의 참 생명은 하나님 안에 감추어져 있습니다. 그리고 주님이 다시 오시는 날 그 영원한 생명이 나타나 시작될 것입니다. 이처럼 우리를 거듭나게 하시면서, 성령은 두 가지 철저한 삶의 변화를 우리에게 명령하십니다.

1. 세상을 떠나라

"옛 사람과 그 행위를 벗어 버리고"(9 하)
"너희는 유혹의 욕심을 따라 썩어져 가는 구습을 따르는 옛사람을 벗어 버리고"(엡 4:22)

'더 이상 옛사람으로 살지 말라'는 이 말은 "이 땅, 옛 세상을 떠나라!"라는 분명한 메시지입니다. 그 땅과 세상은 어떤 곳입니까? 죄로 오염된 곳입니다. 온갖 죄의 요소들로 가득 차 있습니다. 우리가 소속된 가정도 직장도 국가도 다 놀라울 만큼 죄로 깊이 물들어 버렸습니다.

그렇다면 어떤 죄의 모습들이 있습니까?

"그러므로 땅에 있는 지체를 죽이라 곧 음란과 부정과 사욕과 악한 정욕과 탐심이니 탐심은 우상 숭배니라"(5)

"이제는 너희가 이 모든 것을 벗어 버리라 곧 분함과 노여움과 악의와 비방과 너희 입의 부끄러운 말이라 너희가 서로 거짓말을 하지 말라"(8-9 상)

여기에는 11가지나 되는 죄의 양상들이 소개됩니다.

음란, 부정, 사욕, 악한 정욕, 탐심, 분함, 노여움, 악의, 비방, 더러운 말, 거짓말… 이런 죄가 없는 곳이 어디입니까? 이런 것으로 오염되지 않은 곳이 과연 어디에 있습니까? 가정인가요? 아닙니다. 가정은 더 이상 에덴 같은 파라다이스가 아닙니다. 많은 가정들이 사랑에서 출발했지만 지금은 오히려 여기 11가지 죄의 양상으로 가득 차 있습니다. 그러기에 가정에서 행복과 위로를 받아야 할 사람들이 도리어 그곳에서 불행과 상처를 입게 되는 경우가 허다합니다.

직장도 마찬가지입니다. 노동의 순전한 가치와 즐거움은 사라지고 돈을 중심으로 돌아가는 탐욕의 시장터로 전락해 버렸습니다. 그리고 온갖 부정, 거짓과 속임, 악의와 비방과 혈기로 얼룩져 있습니다. 그 변두리에 숨겨진 음란 문화는 이미 드라마의 단골 소재가 된지 오래입니다.

또 국가는 어떠합니까?

가정과 직장 등 모든 문화를 포괄하는 이 복합 집단이야말로 복마전과 같은 곳입니다. 정의와 공평으로 다스리도록 주어진 정사와 권세를 가지고 국민들을 억누르고 속이고 타락시키는 주범이 되고 있습니다. 그리고 그 선두에는 권력욕으로 가득 차서 온갖 거짓과 술수, 악의와 비방으로 정치 세계를 진흙탕으로 만드는 정치꾼들이 있습니다. 이 국가 집단 속에서 사람들은 인종, 민족, 지방색, 종교, 이념 등 온갖 차이를 앞세우며 서로 분열하고 대립하고 증오하고 배제하다가 결국에는 크고 작은 분쟁과 전쟁의 소용돌이로 휘말려 들어갑니다. 이것은 비단 어제오늘의 일이 아닙니다. 지난 역사 속에서 수도 없이 반복되어 왔던 일입니다.

종합해 본다면, 비록 하나님이 만드신 세상이고 그가 세우신 가정과 직장과 국가지만 그 모든 것이 죄로 오염되어 있고 그 안에서 사람들은 하나님과 단절된 채로 살아가는 것입니다. 성령은 이 모든 것에서 우리를 끄집어내셨습니다. 어떤 방법으로 하셨습니까? 바로 죽음을 통해서입니다. 그분은 우리들이 이 세상에 대하여 죽게 하셨습니다. 우리는 죄에 대해서만 죽은 것이 아닙니다. 죄에 오염된 이 세상에 대해서도 죽은 것입니다.

"그리스도로 말미암아 세상이 나를 대하여 십자가에 못 박히고 내가 또한 세상을 대하여 그러하니라"(갈 6:14 하)

그러면서 성령은 "너는 더 이상 이 세상에 속한 자가 아니다. 너는 이 죄로 왜곡된 세상을 좇아서 살아갈 자가 아니다. 그러므로 거기서 떠나라!"라고 명령하십니다. 아브라함이 그 아비와 친척, 고향을 떠난 것처럼 우리의 신앙은 떠남에서 시작합니다. 죄로 왜곡된 세상에 머물지 말고 떠나기를 바랍니다.

2. 세상을 섬기라

앞서 우리는 세상을 떠나라는 명령에 대해 살펴보았습니다. 그러나 그것은 이 세상과의 단절을 의미하는 것이 아닙니다. 이 세상에 살되 세상의 가치관으로부터 떠나라는 것입니다. 우리의 삶은 죽고 떠나는 것이 끝이 아닙니다. 헌 옷을 벗는 것이 다가 아닙니다. 그 다음이 있습니다. 그것은 바로 이제 새 옷을 입는 것입니다.

이는 새사람이 되려고 노력하라는 의미가 아닙니다. 이미 성령이 우리를 새 사람이 되게 하셨습니다.

그렇습니다. 우리는 새 피조물, 새사람이 되었습니다. 이 새사람은 하늘의 사람입니다. 땅에 속한 자가 아니라 위에 속한 자입니다. 그러기에 이 땅과는 구별된 하나님 나라의 원리와 가치로 무장해야 합니다. 하늘에 속한 사람은 세상에 대해 자유로운 자입니다. 그는 이 세상의 가치, 전통, 이념에 매이지 않습니다. 이런 것에 매이지 않기에 또한 새로운 문화도 얼마든지 받아들일 수 있습니다. 바로 이런 자유인, 의와 거룩으로 무장한 자유인으로 우리는 다시 세상으로 돌아가야 합니다. 세상에 속한 자로서가 아니라 하늘에 속한 자로서 세상으로 파송되는 것입니다.

이제 세상과 우리는 새로운 관계를 맺게 되었습니다. 세상은 더 이상 우리가 속한 곳이 아니라 책임을 갖고 섬겨야 할 영역이 된 것입니다. 세상 사람처럼 세상의 종으로서가 아니라 하나님의 종이 되어 세상을 하나님의 말씀으로 섬기기 위해 다시 돌아가는 것입니다.

먼저 주님은 우리에게 가정을 사역지로 하락하셨습니다. 그리스도인은 가정에 대해 책임의식을 갖고 그곳을 하나님의 말씀으로 다시 세워야 합니다. 분노와 혈기, 증오와 반항, 탐욕과 집착에 의해서가 아니라 순종과 공경, 사랑과 인내, 긍휼과 용서로 가족을 섬겨야 합니다. 우리는 이제 가족 어느 누구도 주님보다 더 사랑하지 않습니다. 그것은 사랑이 아니라 우상숭배입니다. 우리는 주님을 사랑하기에 그분의 뜻을 따라 가족들을 사랑하고 섬기는 것입니다. 좋은 가정을 세우는 것이 성령의 사람들의 사명입니다.

주님은 또한 직장을 우리의 사역지로 허락하셨습니다.

인생의 반 이상을 보내는 직장이 더 이상 탐욕과 부정과 음란의 온상이 되어서는 안 됩니다. 우리는 그곳에서 노동의 즐거움을 찾고 정직을 실천해야 합니다. 그리고 노동한 것에 합당한 이윤을 얻으면서 동료들을 사랑으로 섬기며 행복한 일터가 되도록 노력해야 합니다. 그렇게 될 때, 직장은 세상 일이 아닌 하나님의 일을 하는 곳이 됩니다. 그러므로 우리는 그곳에서 사람에게 하듯 하지 않고 모든 일을 주께 하듯 성실하고 충성스럽게 감당해야 합니다. 진실로 주님은 이러한 삶을 기쁘게 받으십니다.

아울러 주님은 국가를 우리의 사역지로 허락하셨습니다.

국가의 일에 무관심하고, 책임의식이 없는 것은 그릇된 신앙입니다. 저는 지금까지 목회 속에서 무엇보다도 전인격적이고 통전적인 복음을 강조했고, 이에 따라 공공신학적 신앙을 가르쳐왔습니다. 우리의 신앙은 교회만이 아니라 삶의 모든 영역에서 실천되어야 하기 때문입니다. 특별히 죄로 오염된 국가를 하나님의 말씀으로 바르게 세워가는 것은 모든 그리스도인들의 신앙적 책무입니다. 그러므로 모든 그리스도인은 정치적인 책임감을 가져야 합니다.

그런데 다른 한편으로 우리는 교회의 정치화도 유의해야 합니다. 우리는 이 세상에 속한 세상 사람들과 달리, 어떤 특정 정당이나 정치 이념에 종속된 자들이 아닙니다. 교회가 어떤 특정 정당이나 정치인을 지지하는 것은 교회를 정치화하는 결과를 낳게 됩니다. 그러면 교회는 하늘의 것이 아니라 땅의 것으로 전락하고 맙니다.

저는 지금까지 진보당이든 보수당이든 간에 정치인 사무소를 개설하면서 예배를 드리러 와달라는 부탁을 여러 번 받았지만 한 번도 응하지 않았습니다. 또한 선거철만 되면 교회에 후보자들이 찾아오지만, 한 번도 교인들에게 소개하거나 인사를 시킨 일이 없습니다.

당연히 우리 중에는 신앙의 양심을 가지고 좀 더 보수적인 눈으로, 또는 좀 더 진보적인 눈으로 정치를 바라보고 나라를 염려하는 분들이 있습니다. 그것은 자연스러운 일입니다. 성경은 보수적인 가치와 진보적인 가치 모두를 담고 있기 때문입니다. 그러나 엄밀한 의미에서 하늘에 속한 우리는 모두 같은 당에 속한 사람들입니다. 그 당은 바로 예수당입니다.

그렇습니다. 우리는 모두 예수당원입니다. 그러므로 우리의 기준은 오직 하나님의 말씀이 되어야 합니다. 그 말은 세상의 모든 정치를 상대화해야 한다는 것입니다. 이 세상 정치에서 주장하는 것들은 조금 더 낫거나, 조금 더 못한 것에 불과합니다. 이 세상 나라 중에는 마귀 나라도 없고 하나님 나라도 없습니다.

우리는 어느 정당이나 이념에 매여 있는 사람이 되어서는 안 됩니다. 그러기에 자신과 다른 정치적인 성향을 가진 사람을 증오하고 마귀처럼 취급하는 것은 정말 해서는 안 될 일입니다. 이것은 정치를 종교화하는 우를 범하는 것이기 때문입니다. 어떤 정치적인 확신으로 인해 폭력을 행사하거나 가짜뉴스를 만들고 배포하는 일은 그리스도인의 신앙양심을 철저히 배반하는 일입니다. 그렇게 하는 것은 하늘에 속한 사람들의 모습이 아니라 땅에 속한 옛사람의 모습일 뿐입니다.

과거 기독교인들은 그런 우를 많이 범했었습니다. 근래에 일어난 발칸 전쟁에서 크로아티아와 세르비아 역시 마찬가지였습니다. 양쪽의 기독교도들은 예수당이 아니라 크로아티아민족당, 세르비아민족당의 충성된 당원이 되어 서로를 마귀로 여기면서 상대를 향해 총부리를 겨누었습니다. 이들의 신앙 양심은 마비되었고 옳고 그름을 분별하는 판단력도 기능을 상실해 버렸습니다. 그 원인이 무엇일까요? 그럴듯하게 포장하고 있지만 사실은 위의 것이 아닌 땅의 것들에 매여 있기 때문 아닐까요? 온통 부정과 사욕, 분함과 노여움, 악의와 비방과 거짓말에 매여 있었기 때문에 그들은 신앙의 이름으로 이 땅의 것들을 관철시키기 위해 무자비한 폭력과 불화를 만들었던 것입니다.

성령은 우리를 새사람으로 변화시켜 주셨습니다. 그 새사람은 하나님의 형상을 닮아가면서 세상과 구별된 참 지식으로 무장하게 됩니다. 예를 들면, 사도 바울 당시 세상은 인종이나 민족이나 성이나 신분에 차별을 두었고 이 차별이란 것이 국가내의 다양한 제도와 관습을 형성하는 중요한 요소가 되어있었습니다. 그러나 바울은 이런 것과 정반대되는 하나님 나라에 대한 지식을 말합니다.

"거기에는 헬라인이나 유대인이나 할례파나 무할례파나 야만인이나 스구디아인이나 종이나 자유인이 차별이 있을 수 없나니 오직 그리스도는 만유시요 만유 안에 계시니라"(골 3:11)

한마디로 차별 없는 사회를 주장한 것입니다. 이 얼마나 파격적인 가르침입니까? 만왕의 왕이신 예수 그리스도는 이처럼 하나님 나라의 원리로 우리를 무장시켜서 세상으로 다시 파송하십니다. 거기서 우리는 세상에 속한 자가 아니라 오직 예수 그리스도께 속한 자로서 그의 주되심을 증거해야 합니다. 하나님의 말씀으로 이 병든 세상을 치유해가야 합니다. 그것이 곧 가정과 직장과 국가를 섬기는 일이며, 그것이 곧 하나님을 섬기는 일입니다.

그리스도인의 삶은 그렇게 이 세상이 추구하는 것들을 뒤로하며 하늘의 가치로 세상을 섬기는 것입니다. 그리고 그 삶을 살면서 동시에 주님이 다시 오시는 그날을 소망하면서 살아야 합니다. 이것이 바로 성령의 사람이 사는 방식입니다. 이런 성령의 사람으로 살아갑시다.

(2018년 5월 20일)

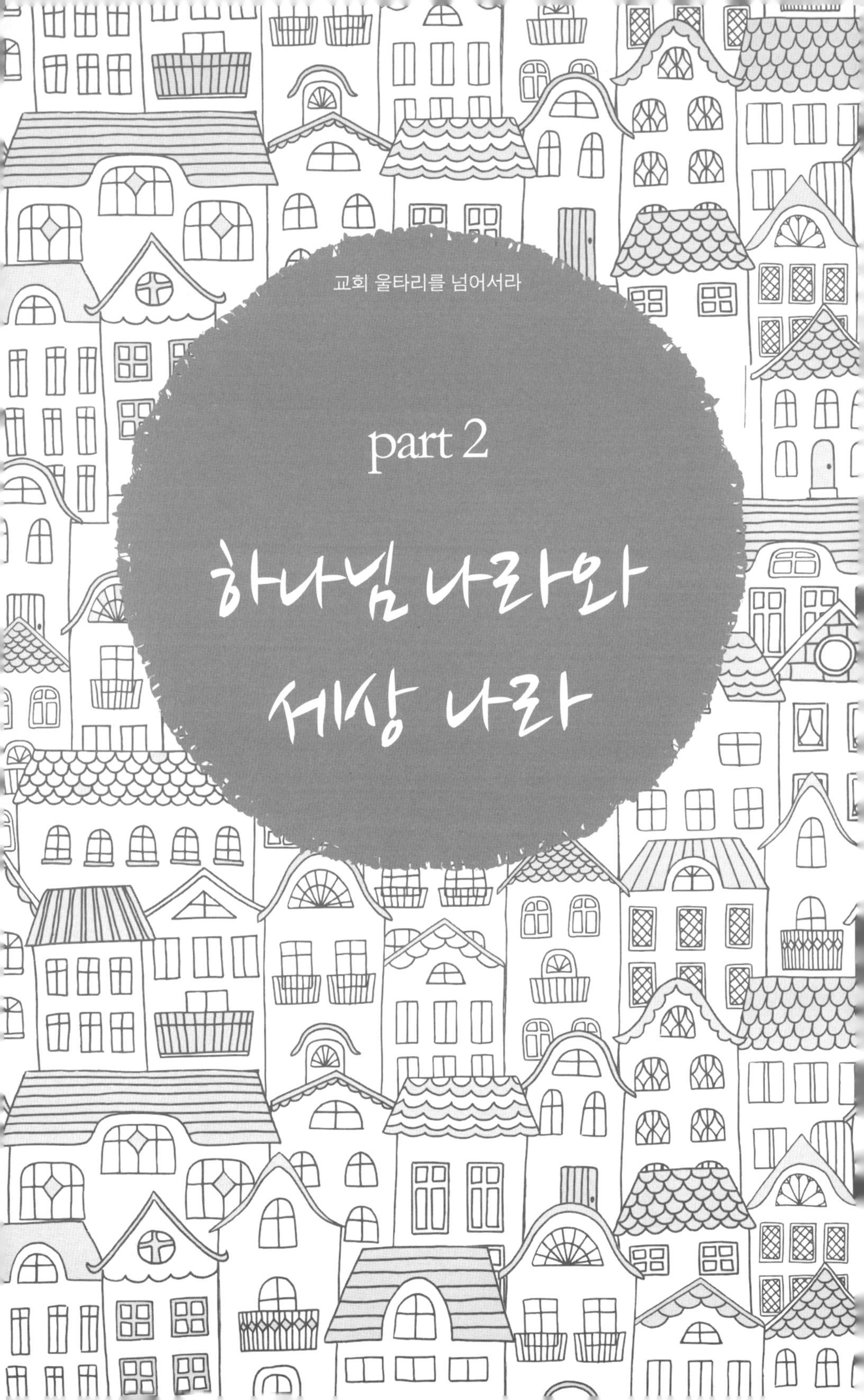

교회 울타리를 넘어서라

part 2

하나님 나라와
세상 나라

교회의 머리 세상의 주

"그의 능력이 그리스도 안에서 역사하사 죽은 자들 가운데서 다시 살리시고 하늘에서 자기의 오른편에 앉히사 모든 통치와 권세와 능력과 주권과 이 세상뿐 아니라 오는 세상에 일컫는 모든 이름 위에 뛰어나게 하시고 또 만물을 그의 발 아래에 복종하게 하시고 그를 만물 위에 교회의 머리로 삼으셨느니라 교회는 그의 몸이니 만물 안에서 만물을 충만하게 하시는 이의 충만함이니라"(엡 1:20-23)

 우리 교회와 또 교회의 지체인 우리들이 이 시대에서 서야 할 자리는 어디이며, 시대적인 사명이 무엇일까요?

교회와 성도가 해야 할 시대적 사명은 무엇입니까?

물론 우리는 부지런히 전도해야 합니다. 복음 증거는 그리스도께서 당신의 몸 된 교회에 주신 지상 명령임은 두말할 필요가 없습니다. 그뿐만이 아닙니다. 기도와 성경을 통한 개인 경건과 교회를 세워가는 일, 이것의 중요성은 아무리 강조해도 지나치지 않습니다.

방금 말씀드린 것들이 교회의 중요한 사명이라는 사실에는 한국교회가 다 공감할 것입니다. 그러나 이것만일까요? 기도만 하고 전도만 하면 우리의 사명이 끝나는 것일까요? 그렇지 않습니다. 어쩌면 이러한 것들만 강조한 결과 한국교회는 균형감을 상실한 채 절름발이처럼 걷고 있는 것은 아닌지 모르겠습니다.

최근 그리스도인들이 모인 연말 모임에서 한 교수가 핵발전소의 문제점을 일목요연하게 설명했습니다. 그러자 어느 목사님이 이렇게 질문했습니다.

"잘 알지 못했던 것을 알게 되었고 핵발전에 대한 변화가 필요하다는 것을 공감합니다. 그런데 들으면서도 갈등하는 것은 '그런 것들이 우리의 신앙과 무슨 연관성이 있는가? 다시 말하면 그런 일들이 영생과 무슨 상관이 있는가?'라는 점입니다."

단순해 보이지만 사실은 답이 쉽지 않은 질문입니다. 그리고 복음적인 신앙을 갖고 있으면서 조금이라도 의식 있는 분이라면 누구나 고민하는 질문이기도 합니다. 이 사회를 더 나은 사회로 만드는 것이 과연 우리 신앙인들이 해야 하는 일일까요? 불에 타서 없어지게 될 이 세상을 변화시켜가는 것이 과연 우리의 과제인가요?

저 역시 그 질문을 갖고 많은 시간동안 씨름을 했습니다. 사실 저는 대학생 시절에는 이런 고민조차 하지 못한 사람입니다. 당시 캠퍼스는 데모와 최루탄 가스 냄새가 일상화되어 있었는데 그 가운데서 저는 한 번도 데모에 가담한 적이 없었습니다. 왜냐하면 저의 신앙 속에서 그런 일은 제가 할 일이 아니라고 생각했기 때문입니다.

오랜 시간이 지난 후 총신대 신학대학원에 입학했습니다. 그런데 그 해에 6.29선언이 있었습니다. 청년들 중에는 6.29가 뭔지 잘 모르는 사람이 있겠지만, 아주 오랜 세월 지속된 군사독재정권에 저항하여 전국적인 시위가 일어났고, 이에 굴복해서 나온 선언입니다. 그 핵심 골자는 체육관에 모여서 자기들끼리 뽑았던 대통령을 국민이 직접 선출하는 선거로 바꾸는 것이었습니다. 이는 오늘날 우리나라가 민주사회가 된 시발점이라 할 수 있습니다.

6.29 선언에 즈음해서 우리 총신대신학대학원생들도 데모를 하였고, 진압 경찰이 학내로 들어오기도 했습니다. 신대원에도 종종 데모가 있었지만 대부분 학내문제나 교단문제로 인한 것이었지, 사회정치적인 문제로 데모한 것은 극히 드문 일이었습니다. 저는 대학 때 한 번도 하지 않았던 데모를 목사가 되겠다며 입학한 신대원에서 결국 하게 된 셈입니다.

오랜 동토 끝에 찾아온 민주화의 봄은 사람들의 마음을 설레게 했습니다. 당시엔 사람들이 모이면 온통 정치를 소재로 이야기꽃을 피우곤 했습니다. 신학교에서도 그랬고, 교회에서 교역자들도 모이면 정치와 민주화라는 큰 이슈에 모든 관심이 쏠리곤 했었습니다. 모두가 그 지긋지긋한 독재정권이 물러나야 한다고 이야기 했습니다. 그리고 인권과 자유가 보장되고 법의 정의가 실현되는 민주주의 사회가 되어야 한다는데 이의를 달지 않았습니다.

그러나 문제는 이런 것들이 영생을 추구하는 우리 신앙과 무슨 상관이 있느냐 그것이었습니다. 분명히 옳은 것이지만, 또 그렇게 되어야 된다는데 의심의 여지가 없지만, 그것이 왜 우리가 신경써야할 일인가? 더 좋은 사회, 나은 세상? 그것은 세상에 속한 세상 사람들이 하는 일이지 왜 우리 일인가? 이런 생각을 많은 그리스도인들이 했을 것입니다.

저 또한 이 괴리감에서 많은 고민을 했습니다. 그리고 언젠가 이것으로 인해 제 목회가 벽에 부딪히게 될 것이라고 생각하기도 했습니다. 그래서 저는 유학을 결심했고, 그곳에 가서 계속 이 문제를 갖고 씨름했고 이 주제로 논문을 쓰기도 했습니다.

저는 그때까지 정말 철저히 이원론적인 신앙 배경을 갖고 있는 사람이었습니다. 세상과 교회를 철저히 구분했었습니다. 제가 보기에 세상과 신앙에는 아무런 연관성도 없는 것 같았습니다. "교회는 주님이 다스리는 곳이고, 세상은 마귀가 지배하는 악한 곳이다. 나는 예수를 믿고 세상에서 탈출해서 교회라는 방주에 올라탔다. 이제 곧 멸망하게 될 세상에서 우리가 할 일이란 전도밖에는 없다." 저는 그것이 신앙의 전부라고 믿고 살았던 것입니다.

제가 그런 신앙을 가졌던 이유는 무엇이었을까요?

아마 그 당시에 교회에서 그렇게 가르쳤기 때문 아닐까요? 대부분의 목회자들이 이런 식으로 생각했습니다. "세상은 마치 빙산에 부딪혀서 가라앉는 타이타닉호와 같다! 이 배는 곧 가라앉게 되어 있다. 배에 더 이상 신경 쓸 필요가 없다. 여기서 우리가 할 일은 하나밖에 없다. 구명보트에 사람들을 태워 구조하는 일이다. 늦기 전에 빨리 사람들을 배에서 실어내고, 물에 빠진 이를 건져내야 한다. 이들을 구조할 구조선은 교회이다. 주님은 그 배의 선장이다. 그래서 우리가 할 유일한 일은 전도해서 사람들을 구원하는 일이다. 침몰할 세상에 미련을 가지지 마라!"

정말 곰곰이 생각해 보니 제가 청년시절에 만났던 많은 목사님들이 그렇게 가르치셨다는 기억이 납니다.

"믿음이 좋은 사람은 백이면 백 모두 목사가 되어야 한다. 세상 직업을 갖고 세상일을 하면서 시간과 정력을 허비해서는 안 된다. 주님이 오실 날이 임박했는데, 안 믿는 사람을 구원 해야지 다른데 눈 돌릴 틈이 어디에 있는가!!" 이런 가르침을 들으며 신학교로 가는 행렬이 이어졌습니다.

그렇습니다. 이런 이원론적인 가르침이 당시 한국교회의 주류였습니다. 아니, 어쩌면 아직도 그렇다고 해도 과언이 아닐 것입니다.

그러나 이것은 하나님 나라를 선포하는 복음에 대한 편협한 이해입니다. 예수 그리스도는 세상을 버리기 위해서가 아니라 세상을 바로잡고 다스리기 위해 오셨습니다.

본문 말씀에 귀 기울여 봅시다.

에베소서 1장 20절에서 그리스도의 부활과 승천이 언급됩니다. 하나님의 능력이 그를 죽은 자들 가운데서 살려냈고 하늘에서 자기 오른편에 앉히셨습니다. 그 결과는 무엇입니까?

"모든 통치와 권세와 능력과 주권과 이 세상뿐 아니라 오는 세상에 일컫는 모든 이름 위에 뛰어나게 하시고"(엡 1:21)

이 말은 그리스도가 하늘과 땅의 권세를 받으셔서서 이 세상과 오는 세상의 모든 권세 위에 서신 것을 의미합니다. 본래 인간의 죄로 인하여 마귀에게 넘겨졌던 것인데, 이제 십자가의 죽음과 부활을 통해서 이 모든 것이 그에게 합법적으로 넘겨졌다는 것입니다.

마치 바로 왕이 요셉에게 모든 권세를 위임한 것과 같습니다. 애굽 안에서 그 어떤 자도 요셉에게 복종하지 않을 수 없었습니다. 이와 마찬가지로 하나님은 모든 권세를 예수께 위임하셨고 그 결과 그리스도께서는 세상의 왕이 되셨습니다. 그리고 이로 인해 하나님은 두 가지를 이루셨습니다.

"또 만물을 그의 발아래에 복종하게 하시고 그를 만물 위에 교회의 머리로 삼으셨느니라"(엡 1:22)

첫째는 온 세상을 그의 권세 아래서 복종하게 하셨다는 것입니다. 그리고 둘째는 그리스도를 교회에 주셨다는 것이지요.

성경은 "교회의 머리(head of church)로 삼으셨느니라"라고 했는데 이는 정확한 번역이 아닙니다. NASV는 이 본문을 "and gave Him as head over all things to the church"로 표현했습니다. 이를 번역하면 "그를 만물 위의 머리로서 교회에게 주셨다" 즉 '만물위의 머리'라는 의미입니다. 그러면서 교회를 정의합니다.

"교회는 그의 몸이니 만물 안에서 만물을 충만하게 하시는 이의 충만함이니라"(엡 1:23)

이 말씀을 잘 풀어보면 교회는 두 가지의 의미를 담고 있습니다. 하나는 그리스도의 몸이고 다른 하나는 그리스도의 충만입니다. 그렇다면 그리스도는 어떤 분이십니까? 바로 만물 안에서 만물을 충만하게 하시는 분이십니다. 그렇습니다. 교회는 그리스도의 몸으로 그가 충만한 곳입니다. 은혜와 진리가 가득 차 있습니다.

그러나 주께서는 교회만을 충만케 하시는 것이 아닙니다. 그리스도는 만물에 모든 것을 충만하게 채우시는 분이십니다. 이것을 독일어 성경에서는 '만물을 전적으로 통치하시는 분'으로 의역되어 있습니다. 이 성경이 말하려고 하는 바가 무엇일까요? 그것은 바로 우리가 주로 고백하는 그리스도는 교회의 머리일 뿐 아니라 세상의 주님이시라는 것입니다. 그는 세상을 마귀에게 내어 주신 분이 아닙니다. 오히려 우리의 죄로 인해 마귀에게 빼앗긴 세상을 찾아오신 분이십니다. 그리고 그 세상 속에 그분의 통치를 넓혀가는 것입니다.

이제 이 말씀에 근거해서 다시 배를 생각해 봅시다.

세상은 침몰되어 가는 타이타닉호가 아닙니다. 바다 위를 항해하는 큰 배와 같은 것입니다. 원래 이 배의 선장은 배에 탄 승객들을 억압하고 괴롭히는 불의한 독재자였습니다. 그 수하의 선원들도 그들을 괴롭혔습니다. 승객들은 사악한 선장의 힘 아래서 신음하고 있었고, 틈만 나면 이 악하고 더러운 곳에서 탈출할 생각만 하고 있었습니다.

그런데 배 안에서 전쟁이 일어났습니다. 헬기를 타고 날아온 의로운 선장이 선실을 장악하고 배를 통제하게 되었습니다. 그에게 쫓겨난 불의한 선장과 그 일당들은 배 밑 저 구석으로 숨었습니다.

이제 이 배는 새로운 세상을 만난 것입니다. 의로운 새 선장을 따르는 선원들은 이제 무엇을 해야 하겠습니까? 배를 버리고 다른 구조선으로 도망가야 하나요? 아닙니다. 사람들에게 선장이 바뀌었음을 알려야 합니다. 새로운 통치가 시작되었음을 외쳐야 할 것입니다. 그리고 그동안 배에서 관행처럼 시행되었던 낡고 불의한 시스템을 고쳐야 할 것입니다. 그리고 아직 새로운 선장에 복종치 않고 사람들을 미혹하려는 자들과 싸워야 할 것입니다. 그래서 이제 이 배를 보다 좋은 배로 만들어가야 합니다.

물론 이 배가 우리의 영원한 소망은 아닙니다. 언젠가 우리는 하나님이 예비하신 안식의 항구에 도달할 것입니다. 거기서 영원히 사는 것이 우리의 소망입니다. 그러나 이 배에서 여전히 주께 불순종하는 자들은 마지막 날 심판을 받게 될 것입니다.

저는 이것을 말씀드리고 싶은 것입니다. 하나님 나라가 도래했습니다. 예수 그리스도가 십자가에서 부활 승천하셔서 세상과 만유의 통치자가 되셨습니다. 본래 하나님 아버지가 만드신 온전한 세상이었으나 죄로 인해 너무도 왜곡되어 버렸습니다. 그리고 아직도 복종치 않는 자들도 있습니다.

"만물을 그 발아래에 복종하게 하셨느니라 하였으니 만물로 그에게 복종하게 하셨은즉 복종하지 않은 것이 하나도 없어야 하겠으나 지금 우리가 만물이 아직 그에게 복종하고 있는 것을 보지 못하고"(히 2:8)

이러한 상황 속에서 우리 그리스도인들의 역할은 무엇일까요? 그것은 세상이 악하다고 담을 쌓고 도피하는 것이 아닙니다. 세상을 그저 세상 사람에게 맡기는 것은 더더욱 아닙니다. 왜냐하면 그들은 자기와 이 세상의 참 주인을 알지 못하기 때문입니다. 그러니 그 주인의 뜻을 알 수도 없고 그 뜻대로 살 수도 없습니다. 그것을 아는 것은 바로 교회요, 그리스도인입니다. 만유의 주인이신 하나님의 뜻이 우리에게 계시되었습니다. 그리고 그 하나님의 뜻은 기록된 말씀, 곧 성경과 그 성경을 깨닫게 하시는 성령의 조명하심으로 볼 수 있습니다.

여기에 교회와 세상과의 관계가 있습니다.

세 개의 원을 생각해보십시오. 만물의 중심을 가리키는 가장 가운데 원에는 예수그리스도가 있습니다. 그는 교회의 머리요 세상의 주인이 십니다. 제일 바깥 원에는 그의 통치아래 있는 세상(국가)이 있습니다. 그리고 그 사이에 교회가 있습니다. 교회는 은혜와 진리로 충만한 곳이요, 세상과는 분명 구분된 곳입니다. 그러나 교회는 세상의 주인이 되시는 그리스도를 알리고 세상이 그의 통치를 받을 수 있도록 돕는 일을 해야 합니다. 그것이 바로 선지자의 사역입니다.

어떤 사람들은 이런 말을 할 것입니다. "이 세상은 언젠가 불에 타서 없어지게 되어있지 않은가?"라면서 베드로가 한 말을 떠올릴 것입니다.

"그날에 하늘이 불에 타서 풀어지고 물질이 뜨거운 불에 녹아지려니와"
(벧후 3:13)

맞습니다. 이 세상은 언젠가 불에 타서 풀어지고 녹아 없어질 것입니다. 그러나 그렇다고 해서 세상을 아무렇게나 대해도 되고, 무심해도 된다는 말은 아닙니다.

우리 몸을 생각해 봅시다. 이 몸이 영원히 살 몸입니까? 아닙니다. 분명히 조금 뒤면 흙으로 돌아가 썩어 없어질 것이 바로 우리의 몸입니다. 그렇다고 몸은 무가치하니 함부로 대해야 합니까? 그렇지 않습니다. 우리는 우리의 믿음과 가치도 소중히 가꾸고 지켜야 하지만 동시에 우리의 몸과 건강도 소중히 다루어야 합니다.

그러나 몸은 함부로 대해도 된다는 식으로 가르치는 사람들이 있습니다. 그것은 바로 헬라 철학의 이원론적인 가르침입니다. "몸은 유한

함으로 악하다. 그러니 곧 없어질 몸을 학대하여 영을 고결하게 하라"
라는 것입니다. 그러나 성경은 "아니다. 하나님이 주신 몸을 잘 보양하
고 관리하는 것이 그의 뜻이다"라고 말씀하십니다. 이처럼 세상도 언
젠가 불에 타 없어질 것이지만 그 세상을 소중히 보존하는 것이 우리
의 책임입니다.

그러므로 우리는 우리가 사는 환경도 보존해야 합니다. 유해한 물질
로 땅과 하늘이 오염되는 것을 막아야 합니다. 우리는 절제하는 삶을
통해 쓰레기양을 줄이고 에너지를 절약함으로 그런 일에 동참해야 합
니다. 황금만능주의에 사로잡히고 경제 논리를 앞세우는 왜곡된 가치
관에서 펼쳐지는 그릇된 정책을 반대해야 합니다.

우리 사회가 보다 정의로운 사회, 자유와 평등의 가치를 실현하는
사회가 되도록 힘씁시다. 그것이 하나님이 세상에 국가를 허락하신 가
장 중요한 목적이기 때문입니다. 나아가 남북이 대결하면서 전쟁의 위
기에 노출된 이 땅에서 평화로운 통일을 위해 우리가 해야 할 일이 무
엇인가를 찾고 할 수 있는 일을 해야 합니다.

이를 위해 우리는 성경도 열심히 읽고 세상도 바르게 배워가야 합니
다. 성경은 줄줄 암송하면서 세상이 어떻게 돌아가는지 모르는 사람은
참된 믿음의 사람이 아닙니다. 성경의 올바른 가르침을 통해 예수는 교
회의 머리이실 뿐만 아니라 세상의 주님이심을 믿는 그리스도인들이
많이 생겨나야 합니다. 그리고 그런 바른 믿음을 가진 성도들을 통해서
이 땅에 하나님의 나라, 그리스도의 통치가 더욱 확장되기를 바랍니다.

(2015년 1월 4일)

하나님 나라

"각 사람은 위에 있는 권세들에게 복종하라 권세는 하나님으로부터 나지 않음이 없나니 모든 권세는 다 하나님께서 정하신 바라 그러므로 권세를 거스르는 자는 하나님의 명을 거스름이니 거스르는 자들은 심판을 자취하리라 다스리는 자들은 선한 일에 대하여 두려움이 되지 않고 악한 일에 대하여 되나니 네가 권세를 두려워하지 아니하려느냐 선을 행하라 그리하면 그에게 칭찬을 받으리라 그는 하나님의 사역자가 되어 네게 선을 베푸는 자니라 그러나 네가 악을 행하거든 두려워하라 그가 공연히 칼을 가지지 아니하였으니 곧 하나님의 사역자가 되어 악을 행하는 자에게 진노하심을 따라 보응하는 자니라 그러므로 복종하지 아니할 수 없으니 진노 때문에 할 것이 아니라 양심을 따라 할 것이라 너희가 조세를 바치는 것도 이로 말미암음이라 그들이 하나님의 일꾼이 되어 바로 이 일에 항상 힘쓰느니라 모든 자에게 줄 것을 주되 조세를 받을 자에게 조세를 바치고 관세를 받을 자에게 관세를 바치고 두려워할 자를 두려워하며 존경할 자를 존경하라"(롬 13:1-7)

지금까지 지나오면서 우리나라는 엄청난 변화가 있었습니다. 보릿고개에서 세계 11대 경제 대국으로의 경이로운 경제 성장뿐 아니라, 후진국에서 반복되는 독재, 군사 구테타, 부정선거 등이 사라지고 민주적인 정권이 세워지는 등의 정치적인 발전도 있었습니다. 한마디로 미래가 없었던 가난의 나라가 이제는 세계 여러 분야에서 영향력을 가진 선진국으로 발돋움한 것입니다.

그런데 이런 변화와 발전의 과정 속에서 교회와 교인들은 다소 소극적인 자세를 취해왔습니다. 뭔가 우리 속에 '이것은 내 일이 아니다. 세상일이다.'라고 하는 생각이 있습니다. 적극적인 관심이나 책임의식은 갖지 않으면서도 좋은 결과는 마음껏 향유하고 있습니다. 이를 보고, '골비처'라는 신학자는 그리스도인은 세상 사람들의 희생과 피땀으로 이루어놓은 민주주의의 열매를 따먹는데 만족하고 있다고 꼬집고 있습니다.

사실 우리의 나라는 이 세상에 속한 것이 아닙니다.
"내가 세상에 속하지 아니함 같이 그들도 세상에 속하지 아니하였사옵나이다"(요 17:16)
우리는 하나님나라 백성이고, 우리의 시민권도 하늘에 있습니다.
그렇다면 하나님의 나라와 세상 나라는 어떤 관계가 있고, 우리 신앙 속에 국가는 어떤 의미를 가지고 있습니까?
이것은 사실 2천년 기독교 역사에서 끊임없이 반복되어온 질문입니다.
이런 질문에 대한 가장 보편적인 답은 바로 정교분리입니다. 정치와 종교는 분리된다는 것입니다.
"가이사의 것은 가이사에게로, 하나님의 것은 하나님에게로"라는 말씀대로 교회는 영적인 일을, 국가는 정치적인 일을 하는 것입니다. 그러므로 교회는 정치에 관여해서는 안 된다는 것입니다.

우리나라 교인들 밑바닥에는 바로 이 정교분리의 정신이 깊이 심겨져 있는데, 그 시작은 물론 우리에게 맨처음 복음을 전해 준 미국 선교사들입니다. 세계 열강들의 각축전이 벌어지고 나라의 국운이 기울어가고 있던 구한말, 선교사들은 교인들에게 정치에 관심을 갖거나 관여하지 말도록 가르쳤습니다.

그럼에도 불구하고, 우리나라의 초대교인들은 쓰러져가는 조국 조선의 문제를 외면할 수 없었습니다. 비록 교인들은 많지 않았지만, 교회에는 나라를 사랑하고 의식이 깨어있는 사회지도자들이 많이 있었습니다. 그리고 나라사랑의 정점이 바로 3·1운동이었습니다. 이 독립운동은 거의 기독교인들을 중심으로 이루어졌고, 그 결과 교회는 가장 많은 피해를 입게 되었습니다.

3·1운동이 참담하게 실패한 뒤, 정치현실의 높은 벽을 실감한 교회는 철저히 정교분리의 가르침으로 돌아갔습니다. 그러면서 교인들은 당면한 사회와 민족의 문제에 등을 진 채 개인화, 내면화, 내세화의 길을 걸었습니다.

"내가 구원받고, 내적으로 변화되고, 죽으면 천국에 간다."

이것이 신앙의 전부였습니다. 이런 경향은 일제시대 뿐 아니라, 해방된 뒤 거의 지금까지도 계속되어왔습니다.

자연히 교인들은 정치적인 무관심과 정치적인 무지를 오히려 경건의 미덕처럼 여기게 되었습니다. '정치는 땅의 일이고, 더러운 세상일이어서 내가 관여할 바가 아니다. 독재정권이건 민주정권이건 교회생활하고 전도하는데 방해하지만 않으면 좋은 정부다'라고 생각하는 것입니다.

한 예를 들어보겠습니다.

과거 동양방송국의 중견기자였던 안수집사님의 간증입니다. 교회

건축헌금을 약정했는데, 기한이 지나도록 내지 못하고 있어서 기도하고 있었습니다. 마침 그때, 언론 통폐합이 되면서 자신이 몸담고 있던 동양방송국이 없어지게 되었습니다. 그는 그 방송국에서 나올 수 밖에 없었고, 이 때 받은 퇴직금으로 건축헌금을 낼 수 있게 되었습니다.

그런데 언론 통폐합이 무엇입니까? 1980년 신군부가 언론통제의 목적으로 동아방송, 동양방송을 KBS에 통폐합한 사건이 아닙니까? 한국의 민주주의가 후퇴하고 가장 암울한 시절을 말해주는 사건인데 이 집사님에게는 그것이 할렐루야가 되고 말았습니다. 이런 신앙성향은 개인적으로는 참 착하고 좋은 믿음의 사람이라고 할 수 있을지는 모르지만, 사회적으로나 역사적으로는 본의 아니게 큰 죄인의 자리에 서는 사람을 만들게 됩니다.

오늘 읽은 로마서를 통해서 세상국가와의 건강한 관계를 살펴보겠습니다.

우리가 잘 아는 것처럼 로마서는 1장 ~ 11장까지 복음을 말하고 있습니다. 그리고 그 복음에는 순결무구하고 절대적인 하나님의 의가 나타나있는데, 이것을 죄인 된 우리 인간들에게 값없이 입혀주셨습니다. 누구든지 예수를 믿기만 하면 의롭다 함을 받을 수 있습니다. 이것이 복음입니다.

값없이 이 대속의 은혜를 입은 사람은 당연히 자기 몸을 하나님이 기뻐하시는 거룩한 산 제물로 드리고 싶어 합니다. 교회에서 뿐 아니라, 자신이 몸을 담고 있는 가정, 직장, 사회 등 모든 삶의 영역에서 하나님의 기쁘신 뜻을 따라 살아갑니다. 이것이 우리의 드릴 영적인 예배입니다. 하나님은 이러한 삶의 예배를 받기를 원하십니다.

그러므로 바울은 12장부터 복음의 은혜를 입은 사람들이 이 모든 영역에서 어떻게 살아야 하는가를 가르치고 있습니다. 그 가운데 오늘 본문은 국가에 대한 그리스도인의 자세를 가르치고 있습니다. 하나님께선 우리 성도들이 국가 속에서 어떤 삶의 자세를 갖기를 원하실까요?

1. 국가권력에 복종하는 것입니다.

"각 사람은 위에 있는 권세들에게 복종하라 권세는 하나님으로부터 나지 않음이 없나니 모든 권세는 다 하나님께서 정하신 바라"(1)

국가나 정치는 부패하고 왜곡되어 있음에도 불구하고 세상을 지켜가는 하나님의 도구입니다. 국가의 공권력을 가진 사람들은 교회의 사역자들과 마찬가지로 또 다른 영역에서 하나님의 사역자들입니다. "그는 하나님의 사역자가 되어 네게 선을 베푸는 자니라"(4) 하나님은 이들을 세상에 세워 일을 맡기시고 사용하시는 것입니다.

이것은 국가나 정치를 더러운 세상일로 보는 막연한 생각이 잘못된 것임을 말해줍니다. 그러므로 이런 일에 대한 무관심이나 무책임이 결코 바른 신앙이 아닙니다.

아울러 하나님이 세우신 국가권력을 대하는 우리의 기본자세는 무엇보다도 복종입니다. 국가 권위에 대한 시민의 복종, 이것이 바로 국가 존립의 근본입니다. 만일 국민 모두가 국가권력의 권위를 인정하지 않는다 합시다. 그것은 이미 국가가 아닙니다. 법을 세우지만 아무도 그 법을 지키려 하지 않습니다. 이것은 국가가 아닙니다. 경찰이 있고 재판관이 있지만, 아무도 그들을 두려워하거나 그 결정을 받아들이려 하지 않습니다. 이것을 국가라고 할 수 있을까요?

국가의 권세는 어디서 나옵니까?

"제비는 사람이 뽑으나 모든 일을 작정하기는 여호와께 있느니라"(잠 16:33)

오늘날 주권재민의 시대에 국민이 투표를 하지만, 모든 권세는 궁극적으로 하나님께로부터 나옵니다.

여기서 권세라고 하는 것은, 사람으로부터 나오는 것이 아니라 제도로부터 나오는 권위 그 자체를 말합니다. 가령 대통령을 생각해 봅시다. 그가 대통령이 되기 전에는 아무 것도 아니었습니다. 그러나 국민의 투표를 통하여 대통령의 자리에 앉게 되면서 대통령으로서의 권세를 합법적으로 누리게 되었습니다.

그가 권위가 있는 것이 아니라, 대통령이 권위가 있는 것입니다. 그러므로 권세는 개인적 차원의 것이 아니라 제도적 차원의 것입니다. 다시 말해 권세는 대통령이라는 직위로부터 나오는 것입니다.

오늘날 권위에 대한 우리 국민들의 태도는 바뀌어져야 합니다. 우리 사회는 그 사람이 마음에 맞지 않으면 그 정당한 권위조차 전혀 인정하려고 하지 않습니다.

예로 대통령의 이름, 별명, 욕 등 입에 차마 담지 못할 내용을 공공연히 떠들어댑니다.

최근, 초등학생이 조계사 방문록에 대통령을 욕하고 비방하는 글을 쓰고, 이것을 시민단체장이라는 사람이 동영상으로 인터넷에 유포시킨 것이 문제가 되었습니다. 일각에서는 소위 시민운동 하는 사람의 의식수준이 어디까지 와 있는가를 보여주는 사건이라고 말합니다. 반대로 지금의 대통령을 지지하는 사람들 중에는 이전 대통령에게 이런 안하무인의 태도를 취하는 사람들이 있습니다. 그러나 우리 그리스도인들은 결코 그런 태도를 가져서는 안 됩니다.

우리 국민들의 뿌리 깊은 반권위적 성향으로 인해 오늘날 우리 사회에 큰 폐단들이 나타나고 있습니다. 법을 어기는 것에 대해서 무감각합니다. 소위 관행이라는 말로 위법을 덮으려고 합니다. 공권력을 두려워하지 않습니다. 사실 유럽에서는 경찰서에서 행패를 부리거나, 경찰이 얻어맞는 일은 극히 드뭅니다. 이러한 불법적 행위들은 아주 무거운 징계로 다스려집니다. 그러나 우리나라는 법이나 공권력의 권위가 무너졌습니다.

한국 그리스도인의 사회적인 역할은 우선 이 사회의 무너진 공권력을 회복하는데 있습니다. 그것은 다른 누구가 아니라 먼저 그리스도인들이, 하나님의 말씀을 근거로 하여, 국가의 권위에 순종하는 자세를 갖는 것입니다.

순종하되 형벌이나 사람을 두려워해서가 아닙니다.

"그러므로 복종하지 아니할 수 없으니 진노 때문에 할 것이 아니라 양심을 따라 할 것이라"(5)

우리 양심이 하나님의 말씀으로 연단되고, 그 양심을 가지고 하나님을 경외함으로 순종하고 존중하는 것입니다.

이제 더 이상 독재국가가 아니고, 국민들의 정당한 투표를 통해서 세워진 국가의 권력자라면 나의 정치성향과 관계없이 먼저 그 권위를 존중하고 인정하는 자가 됩시다.

아울러 법이나 제도를 성실하게 지켜가는 자가 됩시다. 단순한 교통 신호등부터 시작해서 크고 복잡한 법에 이르기까지 지킬 수 있는 것은 최선을 다해서 지키는 습관을 갖도록 합시다.

아울러 국가에 마땅히 해야 할 책임을 성실히 감당합시다.

"모든 자에게 줄 것을 주되 조세를 받을 자에게 조세를 바치고 관세를 받을 자에게 관세를 바치고 두려워할 자를 두려워하며 존경할 자를 존경하라"(7)

이것이 책임 있는 시민으로 살아가는 것입니다. 지금의 정치적인 혼란과 국민 분열과 양극화는 위대한 지도자가 나타나고 내가 원하는 정당이 집권할 때 극복되는 것이 아닙니다. 자기 자리에서 주어진 책임을 성실하게 감당하는 시민들이 많을 때에 결국 우리나라는 건강한 나라가 되는 것입니다. 하나님을 경외하는 여러분이 바로 그러한 자리에 서기를 바랍니다.

2. 국가는 공의를 그 근간으로 합니다.

"선을 행하라 그리하면 그에게 칭찬을 받으리라 그는 하나님의 사역자가 되어 네게 선을 베푸는 자니라 그러나 네가 악을 행하거든 두려워하라 그가 공연히 칼을 가지지 아니하였으니 곧 하나님의 사역자가 되어 악을 행하는 자에게 진노하심을 따라 보응하는 자니라"(3-4)

여기서 바울은 하나님이 국가를 세우신 가장 중요한 목적을 단순하게 설명합니다. 선을 행하는 자에게 칭찬을, 악을 행하는 자에게 벌을 내리는 것입니다.

"혹은 그가 악행하는 자를 징벌하고 선행하는 자를 포상하기 위하여 보낸 총독에게 하라"(벧전 2:14)

이 말은 총독을 변호한다고도 볼 수 있지만, 다른 한편으로 총독에게 위임된 하나님의 사역이 무엇인가를 간접적으로 말해주고 있는 것입니다. 선을 선으로 악을 악으로 구분하고 여기에 맞는 보응을 하는 것, 이것이 바로 사회적 공의요 하나님이 국가에 부여하신 가장 중요한 사역입니다. 만일 총독이 악행하는 자를 선하다 하며 상을 주고 선행하는 자를 도리어 악하다 하면서 학대한다면 그는 자신을 보내고 권세를 주신 하나님을 거스르는 것입니다.

만일 나라의 지도자가 이처럼 하나님의 뜻을 거슬러 공의를 저버린다면 교회는 예언자적인 역할을 해야 합니다. 잘못된 것을 바르게 잡아주어야 합니다. 현 대통령이 기독교장로라고 해서 정치를 잘하고 공의를 세울 것이라고 생각한다면, 이것은 너무 안일한 생각입니다. 일부 대형교회 목사님들 중에 공공연히 한국교회를 현 대통령의 후견인인 것처럼 말하는 분들이 있는데, 이것 또한 아주 잘못된 것입니다. 대통령이 공의를 바르게 세운다면 성도들은 마땅히 종교와 상관없이 그의 후견인이 되어야 합니다. 그러나 불의한 정치를 행한다면 교회는 예언자적인 채찍을 휘둘러야 합니다. 그것이 바로 국가에 대한 우리 그리스도인들의 올바른 책임입니다.

마지막으로 이 본문에 대해 유진 피터슨은 재미있는 의역을 소개합니다.

"좋은 시민이 되십시오. 모든 정권이 하나님 아래 있습니다. 평안과 질서가 있다면 그것은 하나님의 뜻입니다. 그렇다면 시민으로서 책임 있게 사십시오. 당신이 국가에 무책임하다면 당신은 하나님께 무책임한 것입니다. 그리고 하나님은 당신이 책임 있는 사람이 되기를 원하십니다."

그렇습니다. 우리의 신앙은 개인적인 것, 내면적인 것, 내세적인 것에 머물러서는 안 됩니다. 국가는 바로 우리의 하나님이 세우신 것입니다. 그 안에서 책임 있는 시민으로 살아가는 것이 바로 우리 하나님의 뜻입니다. 그러한 사회적인 책임을 잘 감당하는 그리스도인들이 되기를 바랍니다.(2008년 8월 17일 / 롬 13:1-7)

위에서 주신 권세

"이에 빌라도가 예수를 데려다가 채찍질하더라 군인들이 가시나무로 관을 엮어 그의 머리에 씌우고 자색 옷을 입히고 앞에 가서 이르되 유대인의 왕이여 평안할지어다 하며 손으로 때리더라 빌라도가 다시 밖에 나가 말하되 보라 이 사람을 데리고 너희에게 나오나니 이는 내가 그에게서 아무 죄도 찾지 못한 것을 너희로 알게 하려 함이로라 하더라 이에 예수께서 가시관을 쓰고 자색 옷을 입고 나오시니 빌라도가 그들에게 말하되 보라 이 사람이로다 하매 대제사장들과 아랫사람들이 예수를 보고 소리 질러 이르되 십자가에 못 박으소서 십자가에 못 박으소서 하는지라 빌라도가 이르되 너희가 친히 데려다가 십자가에 못 박으라 나는 그에게서 죄를 찾지 못하였노라 유대인들이 대답하되 우리에게 법이 있으니 그 법대로 하면 그가 당연히 죽을 것은 그가 자기를 하나님의 아들이라 함이니이다 빌라도가 이 말을 듣고 더욱 두려워하여 다시 관정에 들어가서 예수께 말하되 너는 어디로부터냐 하되 예수께서 대답하여 주지 아니하시는지라 빌라도가 이르되 내게 말하지 아니하느냐 내가 너를 놓을 권한도 있고 십자가에 못 박을 권한도 있는 줄 알지 못하느냐 예수께서 대답하시되 위에서 주지 아니하셨더라면 나를 해할 권한이 없었으리니 그러므로 나를 네게 넘겨 준 자의 죄는 더 크다 하시니라 이러하므로 빌라도가 예수를 놓으려고 힘썼으나 유대인들이 소리 질러 이르되 이 사람을 놓으면 가이사의 충신이 아니니이다 무릇 자기를 왕이라 하는 자는 가이사를 반역하는 것이니이다 빌라도가 이 말을 듣고 예수를 끌고 나가서 돌을 간 뜰(히브리 말로 가바다)에 있는 재판석에 앉아 있더라 이 날은 유월절의 준비일이요 때는 제육시라 빌라도가 유대인들에게 이르되 보라 너희 왕이로다 그들이 소리 지르되 없이 하소서 없이 하소서 그를 십자가에 못 박게 하소서 빌라도가 이르되 내가 너희 왕을 십자가에 못 박으랴 대제사장들이 대답하되 가이사 외에는 우리에게 왕이 없나이다 하니 이에 예수를 십자가에 못 박도록 그들에게 넘겨 주니라"

(요 19:1-16)

 우리는 과거 사람들과 마찬가지로 많은 문제들을 안고 살아갑니다.

70년 전보다 훨씬 더 잘 살게 되었지만 현실은 여전히 빡빡하기만 합니다. 취업, 결혼, 주거, 자녀교육, 건강, 이제는 노후 문제까지, 수많은 문제들에 둘러싸여 살아갑니다. 정말 기도밖에는 답이 없는 경우들이 많습니다.

그러나 자기 문제에만 갇혀있고 자기 복만 추구하면서 가정이라는 울타리 안에만 머무르는 것은 십자가를 통과한 그리스도인의 올바른 자세가 아닙니다. 적어도 하나님 나라 복음을 깨달은 사람이라면 이 울타리를 넘어서서 이웃을 돌아보고 국가와 더 나아가 지구촌을 염려하며 궁극적으로 하나님 나라가 온 세상에 세워져가기를 염원하며 갈망하고 이에 대해 헌신해야 합니다. 이 나라의 그리스도인이라면 적어도 광복절이라는 역사적인 절기에는 우리나라를 돌아보고 함께 염려하고 기도해야 합니다.

국가라는 것은 공기와 비슷합니다. 공기가 없이는 5분도 살지 못할 만큼 중요하지만 평상시에는 그 존재 자체도 별로 의식하지 못합니다. 그러다가 공기를 의식할 때가 있습니다. 바로 대기오염이 심각할 때, 산소량이 부족할 때, 숨쉬기 힘든 병에 걸렸을 때입니다. 이럴 때는 공기에 매우 민감해집니다. 그러므로 건강할 때 평소 공기와 호흡기를 잘 관리해야 합니다.

국가도 그렇습니다. 평상시에는 관심조차 없다가 굉장히 민감하게 느껴지는 때가 있습니다. 쿠데타로 독재자가 집권하거나 국가 부도같이 경제적 위기가 찾아올 때, 전쟁의 위험에 처하거나 주권을 잃게 될 때 비로소 국가의 중요성을 실감하게 됩니다. 그러므로 평소 국가에 대한 관심과 책임 의식이 중요합니다.

국가는 교회와도 밀접합니다. 북한이나 이슬람 세계가 그러하듯이 과거 교회가 왕성했던 지역이 국가의 탄압으로 인해 교회가 자취를 잃어버리기도 합니다. 그런가하면 국가가 종교의 자유를 보장하는 가운데 교회의 부흥이 일어나기도 합니다. 뿐만 아니라 국가에 부정부패, 뇌물과 거짓이 만연하고 성적인 타락과 배금주의가 팽배하면 그 속의 교회도 물들기 쉽습니다. 소돔성에 들어간 롯처럼 그 심령이 죄에 오염되어 상하는 것입니다.

반면 그리스도인이 속한 국가가 정의롭고 청렴도가 높으면 자연히 교인들의 윤리도 고결해지게 됩니다. 국가가 영성에 있어서 얼마나 중요한 환경인지 알 수 있습니다. 따라서 그 환경을 잘 가꾸는 것이 우리 신앙에 중요합니다. 그러므로 국가는 신앙과 무관한 것이 아니라 대단히 중요한 것입니다.

본문 말씀은 국가의 역할과 문제를 생각하게 합니다. 유대인들이 최종 재판관에게 예수님을 고소하여 예수님은 빌라도 법정에 끌려왔습니다. 총독은 로마 황제를 대신해서 유대를 다스리는 최고의 통치자요 재판관이었습니다. 예수님은 지금 이 국가 권력 앞에 넘겨졌습니다. 그가 빌라도 앞에 선 것을 흔히 교회와 국가의 대면으로 이해합니다. 여기서 세상 국가에 대해서 세 가지로 돌아보겠습니다.

1. 국가의 권력은 위에서 옵니다.

빌라도는 예수님께 자신에게 주어진 권한이 무엇인지를 설명합니다.

"빌라도가 이르되 내게 말하지 아니하느냐 내가 너를 놓을 권한도 있고 십자가에 못 박을 권한도 있는 줄 알지 못하느냐"(요 19:10)

빌라도는 이 권한이 당연히 로마의 황제가 자신에게 부여했다고 생각했을 것입니다. 세상 지식은 권력이 국민에 의해서 주어지고, 왕과 대통령에게 부여받는다고 생각합니다.

그러나 국가의 권력은 보다 근원적인 데서 오는 것입니다.

"예수께서 대답하시되 위에서 주지 아니하셨더라면 나를 해할 권한이 없었으리니"(요 19:11 상)

이 권한은 가이사가 준 것이 아니라 위에 계신 하나님이 부여한 것입니다. 바울도 이것을 잘 표현했습니다.

"각 사람은 위에 있는 권세들에게 복종하라 권세는 하나님으로부터 나지 않음이 없나니 모든 권세는 다 하나님께서 정하신 바라"(롬 13:1)

국가 권력의 근원은 하나님이십니다.

이 말은 국가가 자연적으로나 인간들에 의해서 생겨난 세상 기관이 아니라는 말입니다. 국가는 하나님이 그의 필요에 의해서 세우시고 권세를 부여하신 하나님의 기관입니다. 국가의 통치자들은 곧 하나님의 사역자들입니다. 그러므로 우리는 하나님으로부터 온 국가의 권위를 존중하고 그 법과 질서에 순복하는 자세를 가져야 합니다. 교회는 하나님이 다스리고 세상은 마귀가 지배하며, 교회의 일은 하나님의 일이고 국가의 일은 세상일이라는 이원론은 성경적인 가르침이 아닙니다. 성도들은 국가를 하나님의 기관으로 고백하면서 그에 대한 책임의식을 분명히 하는 하나님의 사람이 되어야 합니다.

2. 국가는 구원의 도구가 되었습니다.

당시 유대 땅의 최고의 통치권을 갖고 있었던 총독 빌라도는 진리에 대해 무지한 사람이었습니다.

"빌라도가 이르되 진리가 무엇이냐 하더라"(요 18:38)

그는 예수를 왕으로 생각지 않았고 자기에게 통치권을 부여한 하나님에 대한 믿음도 없었습니다. 이처럼 국가는 영적인 지식, 진리의 세계에 대한 이해를 전혀 갖지 못합니다. 국가에 그것을 요구해서도 안 됩니다. 그럼에도 불구하고 국가는 하나님에 의해 복음을 위한 하나님의 귀한 도구로 사용됩니다. 우리가 이 장면을 조금 더 자세히 보겠습니다.

빌라도는 유대인들에게 예수님의 무죄를 주장했습니다.

"이는 내가 그에게서 아무 죄도 찾지 못한 것을 너희로 알게 하려 함이로라"(요 19:4 하)

"나는 그에게서 죄를 찾지 못하였노라"(요 19:6 하)

예수가 죄 없는 분이라는 증언을 이보다 더 확실하게 한 사람은 없었습니다. 십자가 처형장에서 빌라도 수하의 권력자인 백부장도 예수가 진정 의인이었음을 고백하기도 했습니다. 빌라도는 어떻게든지 이 무죄한 자를 놓아주려고 했습니다. 그러나 예수를 죽이려는 유대인들의 의지가 너무도 강경했습니다.

> "이러하므로 빌라도가 예수를 놓으려고 힘썼으나 유대인들이 소리 질러 이르되 이 사람을 놓으면 가이사의 충신이 아니니이다 무릇 자기를 왕이라 하는 자는 가이사를 반역하는 것이니이다"(요 19:12)

빌라도를 향한 유대인들의 최종 요구는 예수를 십자가에 처형하는 것이었습니다. 빌라도로서는 이해할 수 없는 일이었습니다. "어쩐 일이냐? 무슨 악한 일을 하였느냐?" 처음에는 이렇게 반박했습니다. 그러나 예수의 처형을 요구하는 유대인들이 거칠게 술렁이며 민란이 일어날 조짐까지 보이자 그는 이들을 달래기 위해 예수에게 십자가형을 언도했습니다.

예수의 무죄함에도 불구하고 그에게 최고의 극형을 언도하고 만 것입니다. 이것은 국가가 저지른 역사상 가장 불의한 재판입니다. 가장 미숙하고 왜곡된 국가의 모습입니다. 그럼에도 불구하고 이 불의한 판결은 우리 인간을 구원하기 위해 아들을 보내고 그의 죽음으로 죗값을 치르려 했던 하나님의 은혜의 섭리를 성취하는 길이었습니다.

만약에 빌라도가 그에게 부여된 '예수를 놓을 권한'과 '십자가에 못 박을 권한' 중 '예수를 놓을 권한'을 사용해서 이 의인을 방면하기 위해 온몸으로 유대인과 싸웠다면 십자가도 없고 대속도 구원도 없고 결국은 교회조차 존재하지 않았을 것입니다. 그러나 빌라도는 '예수를 놓을 권한'이 아닌 '십자가에 못 박을 권한'을 사용했습니다. 그래서 이 판결을 통해 악한 유대인들이 승리한 것 같았고 예수를 따르는 자들은 낙담했지만 그 판결은 오히려 하나님의 은혜의 승리였던 것입니다. 빌라도를 통해 국가는 하나님의 구속 사역의 중요한 구원의 섭리를 이루는 도구로 사용되었습니다.

이후 국가는 세계 역사 속에서 그의 정의나 불의와 상관없이 교회를 세우고 정결하게 하는 도구의 역할을 하였습니다. 우리는 2천 년 역사에서 그와 같은 수많은 사건들을 보았습니다. 국가의 모진 박해가 도리어 교회를 정결하게 하고 강하게 만들기도 했습니다. 16세기 터키족의 침공이 종교개혁을 도왔던 역사의 아이러니도 있습니다.

우리는 종종 국가나 국제 사회 속에서 불의해 보이는 현실을 보면서 답답할 때가 있습니다. 그때에도 주님이 그의 선한 섭리를 이루기 위해 국가를 사용하시며 그리하여 세상의 역사가 주님의 뜻 가운데 흘러간다는 사실을 잊어서는 안 됩니다.

물론 주의할 것이 있습니다. 하나님이 국가를 구원의 섭리로 사용하시는 것에 너무 심취한 나머지 현재 국가나 국제 사회에서 일어나는 일들을 하나님의 뜻으로 함부로 재단하고 정당화하는 우를 범해서는 안 됩니다.

3. 국가를 바르게 세울 책임이 우리에게 있습니다.

빌라도는 예수를 십자가형에 처했지만 그것으로 끝난 것이 아닙니다. 하나님은 십자가에 죽기까지 복종하신 예수 그리스도를 높이셔서 모든 정사와 권세로 그 앞에 무릎을 꿇게 하셨습니다.

그는 죽음에서 부활하고 승천하여 하나님 우편에 앉으심으로 하늘과 땅의 권세를 갖는 만유의 왕이 되셨습니다. 그리스도는 이제 교회의 머리일 뿐 아니라 세상의 주님이십니다. 이것이 우리의 참된 고백입니다. 그러므로 그의 제자 된 우리들은 그가 머리 되신 교회를 세우고 그가 주권자 되시는 세상 국가를 바르게 세우도록 노력해야 합니다.

빌라도의 판결이 예수를 십자가에 못 박았고 그것이 우리의 구원이 되었다고 해서 그의 판결이 정당할 수는 없습니다. 그것은 분명 불의한 판결이며 불의한 통치 행위였습니다. 교회에 대한 박해가 교회를 정결하게 했다고 해서 그 박해가 정당할 수는 없는 것과 같은 이치입니다.

우리는 이 세상에서 과거 빌라도가 보여준 국가의 변질과 왜곡을 무수히 보게 됩니다. 하나님이 권세를 주셔서 선을 포상하고 악을 형벌하도록 국가를 세웠지만 왜곡된 국가는 주어진 임무와 반대되는 일을 많이 하고 있는 것이 현실입니다. 왜곡된 국가는 죄 없는 자에게 사형을 선고하고 사악한 살인자를 무죄하다고 판결한 일이 비일비재합니다. 위에서 주신 권세로 힘없는 자를 보호하고 고아와 과부를 돌보는 하나님의 정의를 행해야 함에도 불구하고 오히려 힘 있는 자들 편에 서서 이들을 억압하고 억울하게 하는 불의한 도구가 되었습니다. 이것은 모든 국가의 머리 되시는 주님의 뜻이 아닙니다. 그러므로 왜곡된 국가를 향한 그리스도인들의 사명과 역할이 있습니다. 그것은 바로 국가가 하나님의 정의를 실현하는 의(義)의 도구가 되도록 돕는 것입니다.

대한민국이 보다 정직하고 청렴하고, 보다 자유와 인권이 보장되는 나라가 되고, 궁극적으로는 정의가 강같이 공법이 하수같이 흘러가는 나라로 가야 할 책임이 우리 성도들에게 있습니다. 믿지 않는 세상 사람보다도 세상의 왕이신 주님의 제자들에게 더욱 무거운 책임이 있습니다. 이 사명을 겸손하고 진지하게 실천해 가기를 바랍니다.

(2016년 8월 14일)

가이사의 것과 하나님의 것

"그들이 예수의 말씀을 책잡으려 하여 바리새인과 헤롯당 중에서 사람을 보내매 와서 이르되 선생님이여 우리가 아노니 당신은 참되시고 아무도 꺼리는 일이 없으시니 이는 사람을 외모로 보지 않고 오직 진리로써 하나님의 도를 가르치심이니이다 가이사에게 세금을 바치는 것이 옳으니이까 옳지 아니하니이까 우리가 바치리이까 말리이까 한대 예수께서 그 외식함을 아시고 이르시되 어찌하여 나를 시험하느냐 데나리온 하나를 가져다가 내게 보이라 하시니 가져왔거늘 예수께서 이르시되 이 형상과 이 글이 누구의 것이냐 이르되 가이사의 것이니이다 이에 예수께서 이르시되 가이사의 것은 가이사에게, 하나님의 것은 하나님께 바치라 하시니 그들이 예수께 대하여 매우 놀랍게 여기더라"(막 12:13-17)

 기독교 역사에서 이 본문만큼 많은 영향을 미친 것도 드물 것입니다.

근대 역사의 아버지라 불리는 역사학자 '랑케'(Leopold von Ranke)는 "우리가 예수 그리스도로부터 받은 수많은 탁월한 말씀 중에 '가이사의 것은 가이사에게, 하나님의 것은 하나님에게'라는 가르침보다 더 중요하고 영향력이 컸던 말씀은 없을 것이다"라고 했습니다. 그런 만큼 이 본문은 다양한 해석과 많은 논쟁을 일으켰습니다. 오늘 이 말씀 속에 담겨있는 가르침이 무엇인지 함께 찾아보도록 합시다.

먼저 말씀은 "그들이 바리새인과 헤롯당 중에서 사람을 예수님께 보내었다"라는 구절로 시작됩니다. 여기서 '그들'은 11장 27절에 성전에서 예수께 나왔던 대제사장들과 서기관들과 장로들, 즉 산헤드린 공회원들을 가리킵니다. 그들은 예수님께 나와서 "무슨 권세로 이런 일을 하느냐?"라고 따져 물었다가 "세례요한의 세례가 하늘로부터냐 사람으로부터냐"라는 예수님의 역질문으로 백성들 앞에서 낭패를 보고 말았습니다.

이후 그들은 작전을 바꾸었습니다. 아랫사람들을 보내어 교묘하고 어려운 질문을 통해 그를 책잡고자 한 것입니다. 전략대로 바리새인과 헤롯당은 예수님께 가서 먼저 부드럽게 말을 겁니다.

"선생님이여 우리가 아노니 당신은 참되시고 아무도 꺼리는 일이 없으시니 이는 사람을 외모로 보지 않고 오직 진리로써 하나님의 도를 가르치심이니이다"(막 12:14 상)

물론 어설픈 아부의 말이었고 마음에도 없는 말이었습니다. 그러면서 꺼낸 그들의 본론은 바로 이것입니다.

"가이사(로마 황제)에게 세금을 바치는 것이 옳으니이까 옳지 아니하니이까 우리가 바치리이까 말리이까"(막 12:14 하)

이것은 그 당시 공적인 자리에 있는 사람이라면 대답을 꺼리는 어려운 질문이었습니다. 어떤 대답이든 화를 부를 수 있는 그야말로 함정과 같은 질문이었기 때문입니다.

이 세금과 관련하여 역사적인 정황을 이해할 필요가 있을 것 같습니다.

예수님이 태어날 때 팔레스틴을 다스리던 헤롯이 죽은 뒤 그의 유언에 따라 세 아들이 유대를 나누어 통치했습니다. 맏아들 아켈라오는 예루살렘이 있는 유대 본토 대부분을, 그의 동생 헤롯 안디바는 갈릴리를, 그리고 빌립은 그 외 변방을 다스렸습니다.

유대 본토를 통치하던 아켈라오는 포악하고 무능한 통치로 민심을 잃어 9년 만에 폐위되었고 그 후 로마는 총독을 파견하여 이곳을 직접 통치하였습니다. 총독은 총감독자로서 중요한 사건을 재판하고 주둔 군을 통솔 지휘하는 권세 있는 직책이었는데, 실상 그의 가장 중요한 임무는 통치 지역의 민중에게 세금을 부과하여 징수하고 그것을 직접 황제 가이사에게 보내는 일이었습니다.

예수님이 태어나는 이야기도 이 세금과 관련이 있습니다. 당시 로마는 모든 유대인들에게 정한 기한까지 고향으로 돌아가 호적을 하도록 명했고, 나사렛 사람 마리아는 임신한 몸을 끌고 요셉의 고향 베들레헴으로 갔다가 거기서 해산하게 된 것입니다. 이 호적은 다름 아니라 순전히 세금을 징수하기 위한 목적이었습니다. 당시 세금이란 모든 성인들에게 받는 소위 인두세를 가리키는 것이었기에 인구 조사가 중요할 수밖에 없었습니다.

의식이 있는 유대인들은 침략국인 로마의 이러한 정책에 거부감을 갖고 저항했습니다. 유대 역사가인 요세푸스에 의하면 첫 총독인 코포니우스 재직 당시 갈릴리에서 유다라는 자가 폭동을 일으켰습니다. 이 사건은 사도들을 없애버리려던 공의회와 원로들 앞에서 가말리엘이 한 연설 가운데도 잠깐 언급이 되고 있습니다.(행 5:37) 그들은 하나님 외에 다른 통치자를 인정하면서 로마에 세금을 내는 자는 반역자라고 선포하였습니다. 물론 그 폭동은 곧 제압되었지만, 저항운동은 열심당을 통해서 이어져갔습니다. 그리고 유대인들은 세금에 대한 반감으로 세리들을 유대 공동체에서 내쫓아 이방인 취급을 하게 됩니다.

이런 상황에서 예수님께서 뭐라고 대답해야 할까요? 만일 "세금을 내라"고 답한다면 민심에 반하는 것이고, "내지 말라"고 한다면 황제의 반역자가 되는 것이었습니다. 그들의 위선과 간교한 의도를 아신 예수님은 그들에게 데나리온 하나를 가져오라 명하셨습니다. 데나리온은 당시 노동자의 하루 품삯에 해당되는 동전으로 로마제국 전역에서 세금을 낼 때 사용된 동전이었습니다. 그들이 동전을 내밀었을 때 주님은 그 동전을 가리키면서 이 형상과 글이 누구의 것이냐고 물었고, 사람들은 동전에 새겨진 대로 가이사의 것이라고 대답했습니다. 그러자 예수님은 이렇게 말씀하셨습니다.

"가이사의 것은 가이사에게, 하나님의 것은 하나님께 바치라"(막 12:17 상)
이 대답은 듣는 이들을 매우 놀라게 하였습니다.

생각해 봅시다. 세금을 내라는 말입니까? 아니면 내지 말라는 말입니까? 답이 명료하게 느껴집니까? 만일 거기 있던 모든 사람들에게 답이 명료하게 인식되었다면 예수님은 어느 편에서든지 공격의 대상이 되었을 것입니다. 그러나 예수님의 대답은 모두에게 모호하게 느껴졌습니다. 그러므로 사람마다 제각각 해석을 내릴 수 있었습니다. 다시 말하면 예수님은 질문한 사람들에게 해답의 열쇠를 다시 넘겨준 것입니다. 기가 막힌 대답이었습니다. 그에게서 참된 해답을 듣고자 하던 자들도, 그를 덫에 걸리게 하려던 자들도 모두 입을 벌리지 않을 수 없었습니다.

이 말씀을 놓고 후대 사람들 역시 자신들의 성향에 따라 다르게 해석했습니다. 보수적인 사람들은 예수님이 혁명에 반대함을 공언한 것이라고 해석했고, 진보적인 사람들은 "예수님의 이 말씀은 황제의 머리에 씌워진 왕관을 후려치는 곤봉과 같은 것이었다"라고 해석했습니다.

그렇다면 우리는 이것을 어떻게 이해해야 할까요? 세 가지로 정리해 볼 수가 있습니다.

1. 우리가 국가에 대한 의무를 다해야 한다는 것입니다.

여기 세금에 관한 질문은 곧 국가에 대한 신앙인의 태도에 대한 질문입니다. 예수님 당시 열심당원들은 로마에 세금을 내고 황제의 통치를 인정하는 것은 하나님에 대한 배도라고 주장했습니다. 그들은 오직 하나님의 통치만을 받겠다는 것입니다.

2천여 년 기독교 역사에서도 이러한 생각을 가진 부류들이 종종 있었습니다. 그들은 자신들이 오직 하나님 나라에 속해 있다고 하면서 불의한 통치를 거절했습니다. 대부분 종말론자였던 이들은 임박한 종말을 앞두고 성경에 입각한 하나님 나라를 이 땅에 세우려고 했습니다. 그리고 이런 급진적인 혁명은 비참한 종말로 끝나고 말았습니다.

이런 극단적인 경우는 아니더라도 우리의 시민권이 하늘나라에 있다는 이유로 성도들 중에는 세상 국가에 대해 강한 이질감 또는 거부감을 갖기도 합니다. 눈에 보이는 나라는 내 나라가 아니라는 인식이 깔려 있다 보니 국가의 일에 무관심하거나 소극적이 되고 국가에 대한 의무를 소홀히 하게 됩니다. 또는 성경을 앞세워 국가의 법을 경시하는 태도를 합리화하기도 합니다.

하지만 우리의 삶의 기준은 성경이고 우리는 성경의 가르침을 따르는 자들입니다. 그리고 이 성경의 원 저자이신 예수님은 분명히 말씀하십니다.

"가이사의 것을 가이사에게 바치라."

이것은 가이사를 인정하라는 것입니다. 이미 구원받았지만 아직 몸이 구속되지 못한 이 세상에서 우리는 하나님 나라의 시민임과 동시에 세상 국가의 시민입니다. 국가의 권세 역시 하나님으로부터 온 것입니다. 그러므로 베드로는 당시 로마의 박해 아래 살아가는 성도들에게 이렇게 가르칩니다.

"인간의 모든 제도를 주를 위하여 순종하되 혹은 위에 있는 왕이나 혹은 그가 악행하는 자를 징벌하고 선행하는 자를 포상하기 위하여 보낸 총독에게 하라"(벧전 2:13-14)

바울 또한 국가에 대한 의무를 충실히 이행할 것을 가르치고 있습니다.

"모든 자에게 줄 것을 주되 조세를 받을 자에게 조세를 바치고 관세를 받을 자에게 관세를 바치고 두려워할 자를 두려워하며 존경할 자를 존경하라"(롬 13:7)

2. 국가는 숭배의 대상이 아니라는 것입니다.

세금 문제를 질문 받으면서 "하나님의 것은 하나님께 바치라"라고 덧붙이신 이유는 무엇입니까?

물론 "십일조는 하나님의 것이니 하나님께 바치라"라고 볼 수도 있습니다. 그러나 여기서는 보다 깊은 뜻을 갖고 있습니다. 2세기 때 변증가 저스틴은 이 말씀을 "그리스도인은 황제와 국가에게는 세금을 바치고 충성해야 하나, 예배는 오직 하나님께만 드려야 한다"라고 해석했습니다.

여기 예수님이 가리키신 데나리온을 생각해 봅시다. 거기에는 가이사의 흉상이 그려져 있었고 그의 머리에는 신을 상징하는 월계관이 씌워져 있었습니다. 그리고 거기에 이런 글이 쓰여 있었습니다. '신 아우구스투스의 아들 티베리우스 가이사르 아우구스투스' 그리고 뒷면에는 황제의 어머니 리디아가 신의 보좌에 앉아있는 모습이 하늘 평화의 성육신을 상징하고 있었습니다. 한마디로 가이사는 단순히 국가의 통치자가 아니라 절대적인 존재, 숭배의 대상이었던 것입니다.

인간 역사에서 왕을 신과 동일시하거나 신성시하려고 하는 시도는 어느 나라에나 있어 왔습니다. 왕의 시조는 신의 아들이거나 신의 정기를 받고 태어난 사람으로 간주되었습니다. 초대교회 당시에도 제국 내의 모든 시민들은 황제를 신으로 숭배하고 예배를 드려야 했고, 이를 거절한 많은 성도들은 순교의 제물로 바쳐졌습니다.

이것은 먼 고대 사회에서만 일어나는 일이 아닙니다. 최근까지도 일본은 왕을 천황이라 부르면서 현인신(現人神-인간의 모습을 한 신)이라는 뜻의 '아라비토카미'라 했습니다. 천황에 대한 숭배를 강요하면서 신사 참배를 거절했던 많은 신앙인들을 옥에 가두고 죽였던 역사가 한국교회사 가운데에도 아픈 기록들로 지금까지 남아있습니다. 지금으로부터 불과 60여 년 전, 2차 세계대전 패전의 날 히로히토가 "나는 신이 아니라 사람이다"라고 고백했을 때, 이를 들은 일본 사람들이 충격에 휩싸이며 눈물바다를 이루었다는 것을 상상할 수 있겠습니까?

이렇게 볼 때 여기 "가이사의 것은 가이사에게 하나님의 것은 하나님께 바치라"는 말씀을 달리 표현한다면 "가이사의 것만을 가이사에게 드려라! 하나님의 것을 가이사에게 드려서는 안 된다. 하나님의 것은 반드시 하나님께 바쳐야 한다" 즉 사람이건 국가건 세상의 어떤 것도 숭배와 예배의 대상이 될 수 없다는 것입니다.

3. 국가와 교회는 뒤섞여도, 분리되어서도 안 된다는 것입니다.

이 말씀은 역사 속에서 국가와 교회를 구별 짓는 중요한 말씀으로 이해되었습니다.

기독교회는 중세를 거치면서 국가와 극심한 권력 다툼을 벌였고, 이 과정에서 국가와 교회의 역할이 뒤섞이고 말았습니다. 왕이나 제후가 영적인 일에 관여하고 교회의 감독은 군대를 갖고 무력으로 사람들을 다스렸습니다. 그래서 루터와 칼빈 등 종교개혁자들은 이것을 바로 잡으려고 했습니다.

그들은 하나님이 세상을 섬기도록 한 두 개의 기관이 있다고 가르쳤습니다. 하나는 공권력을 갖고 세상을 다스리는 국가이고 다른 하나는 영적인 사역을 맡은 교회로서 국가는 법과 이성을 따라 운영되고, 교회는 하나님의 말씀을 따라 행한다고 했습니다.

이후 이 둘은 그 본질과 역할에서 서로 다른 것으로 이해되었습니다. 그래서 국가는 영적인 일에 간섭해서는 안 되고 교회는 정치 세력이 되어서는 안 된다는 것입니다. 가이사의 것과 하나님의 것이 분명히 나뉜 것입니다.

이처럼 이 말씀은 정교 분리의 근거가 되기도 했습니다. 그러나 이런 단순한 분리는 또 다른 부작용을 낳았는데 그것은 바로 그리스도인들이 갖는 국가에 대한 무관심과 무책임이었습니다.

그러므로 여기에 또 다른 면이 있음을 간과해서는 안 됩니다. 국가 역시 하나님의 주권과 통치 아래 있는 것입니다. 그러므로 국가는 하나님이 세우신 뜻에 합당한 정의로운 모습을 가져야 합니다. 그리고 이것을 교회가 도와주어야 합니다.

때로는 기도하면서, 때로는 격려로, 때로는 책망하고 비판하면서 국가가 하나님의 종으로서의 올바른 길을 가도록 도와야 합니다. 이것이 세상 속에서 가져야할 그리스도인의 선지자적인 사명이고 정치적인 책임입니다.

우리 주님은 '가이사의 것을 가이사에게, 하나님의 것을 하나님께 바치라'고 가르치셨습니다. 이 말씀의 정신을 따라 이 사회에서 우리에게 주어진 본분에 충실하면서, 동시에 하나님 나라의 제사장이요 선지자요 청지기로서의 직분을 잘 감당하는 우리 모두가 되기를 바랍니다.

(2011년 9월 25일)

어게인 1919

"각 사람은 위에 있는 권세들에게 복종하라 권세는 하나님으로부터 나지 않음이 없나니 모든 권세는 다 하나님께서 정하신 바라 그러므로 권세를 거스르는 자는 하나님의 명을 거스름이니 거스르는 자들은 심판을 자취하리라 다스리는 자들은 선한 일에 대하여 두려움이 되지 않고 악한 일에 대하여 되나니 네가 권세를 두려워하지 아니하려느냐 선을 행하라 그리하면 그에게 칭찬을 받으리라 그는 하나님의 사역자가 되어 네게 선을 베푸는 자니라 그러나 네가 악을 행하거든 두려워하라 그가 공연히 칼을 가지지 아니하였으니 곧 하나님의 사역자가 되어 악을 행하는 자에게 진노하심을 따라 보응하는 자니라 그러므로 복종하지 아니할 수 없으니 진노 때문에 할 것이 아니라 양심을 따라 할 것이라 너희가 조세를 바치는 것도 이로 말미암음이라 그들이 하나님의 일꾼이 되어 바로 이 일에 항상 힘쓰느니라 모든 자에게 줄 것을 주되 조세를 받을 자에게 조세를 바치고 관세를 받을 자에게 관세를 바치고 두려워할 자를 두려워하며 존경할 자를 존경하라"(롬 13:1-7)

몇 해 전 드라마 '응답하라 1997!'이 방영돼 큰 히트를 쳤습니다.

1990년대에 20,30대를 보낸 사람들에게는 추억을 불러일으키는 드라마였습니다. 이에 방송사는 인기에 힘입어 다시 '응답하라 1994!'를 제작, 방영했습니다.

한국의 개신교인들에게도 '응답하라' 시리즈와 같은 추억을 불러일으키는 사건이 있습니다.

그것은 세계 교회사에 길이 남을 만큼 강력한 성령의 역사가 나타났던 1907년 평양대부흥운동입니다. 한국교회는 그때처럼 성령의 강력한 역사가 반복되기를 갈망하게 되었습니다. 그런 이유로 평양대부흥운동 100주년을 맞이하는 2007년 '어게인 1907'을 외치면서 많은 집회가 열렸고, 지금도 집회 때마다 '어게인 1907'을 부르짖습니다.

실로 엄청난 사건이었던 이 1907년의 성령운동은 성결운동과 전도운동으로 이어졌습니다. 그 결과 교인수가 급증하고, 교회가 성장하면서 기독교가 한국에 뿌리내리는데 결정적인 계기가 되었습니다.

그러나 이러한 부흥운동은 교인들로 하여금 당면한 현실에 무관심하고 역사에 등을 돌리게 하면서 탈역사운동으로 흘러가기 쉽게 합니다. 근간에 성령운동을 하는 이들 중 많은 사람들이 이원론적인 신앙이 빠져있음을 보게 됩니다. 그들은 개인의 체험과 초월적인 신앙에 몰입하면서, 역사와 사회 문제에는 무관심한 신앙을 추구하며 또 그것이 옳다고 가르치고 있습니다.

그러나 대부흥운동을 경험한 한국교회는 이처럼 한쪽으로 치우치지 않는 균형 잡힌 교회가 되었는데, 그렇게 되도록 이끈 사건이 바로 1919년에 일어난 3·1운동입니다. 우리나라에 여러 역사적인 절기들이 있지만 특별히 3·1절에 주목하는 것은, 이 분명한 사회운동에 교회와 교인들이 적극적으로 참여했기 때문입니다.

3·1만세운동은 전국적이며 동시다발적인 운동이었습니다.

당시 교회는 이 운동의 전초기지가 된 만큼 기독교인들의 희생이 컸고, 많은 교회들이 파괴되는 어려움을 겪기도 했습니다. 다수의 기독교 지도자들이 이 만세운동에 앞장섰습니다. 괄목할 만한 사실은 이들 중에는 평양대부흥운동 당시 주도적인 역할을 했던 사람들이 많았다는 것입니다. 그 대표적인 사람이 바로 길선주 목사입니다. 우리는 길선주 목사를 빼고 부흥운동을 말할 수 없습니다.

1907년 평양의 장대현교회에 1,000명 이상이 모인 집회에서 당시 장로였던 길선주는 죽은 친구가 부인에게 전해달라고 맡긴 돈 중 10만 원 가량을 빼돌린 자신의 죄를 자복했습니다. 이 일은 회개운동의 단초가 되면서 평양대부흥운동이 들불같이 일어나게 되었습니다. 그리고 3년 뒤인 1910년 제4회 노회에서 그는 백만 구령운동을 제창하면서 온 교회에 전도의 열정을 불러일으켰던 주인공이 됩니다.

이처럼 부흥운동의 주역이면서 영혼구원을 부르짖었던 길선주는 몰역사적인 부흥강사가 아니었습니다. 이미 1897년 세례를 받으면서 안창호 등과 함께 독립협회 평양지부를 조직하여 독립운동을 활발하게 벌였습니다. 이런 정치활동으로 일본경찰에 주목을 받던 중, 평양대부흥운동 5년 뒤인 1912년, 105인 사건에 연루되어 옥고를 치러야 했습니다. 그리고 1919년 3·1운동 때 기독교인을 대표해서 독립선언서에 서명했고 이로 인해 2년 간 또다시 옥고를 치르게 됩니다. 이때 독립선언서에 서명한 민족대표 33인 중 기독교인이 16명이었습니다.

길선주에게 성령 충만은 내면의 신앙에만 머문 것도, 현실과 유리된 무슨 신비한 체험세계만을 추구한 것도 아니었습니다. 단지 자기 주변을 정화시키는 개인 윤리운동에만 국한된 것은 더더욱 아니었습니다. 그에게 있어서 성령 충만한 신앙은 그릇된 삶에서의 돌이킴, 그리고 복

음을 전하려는 열정과 아울러 역사와 민족의 문제에 대해 책임 있게
행동하는 신앙이었습니다. 길선주 목사의 행보를 통해 드러난 이것이
진정한 성령 충만이요, 하나님 나라 운동입니다.

그러므로 진정으로 구원받은 자, 진정한 성령의 은혜를 받는 자라면
역사에서 도피할 것이 아니라 역사 앞에 서야 합니다. 교회생활, 개인
윤리 차원에만 머무르지 않고 사회 구조적인 문제에까지 나아가는 것
입니다. 그런 의미에서 우리는 무엇이 진정한 성령 충만한 것인지 성경
을 통해 확인해 보아야 할 필요가 있습니다.

로마서 12장 1~2절은 로마서의 분수령입니다.

로마서의 전반부인 1~11장은 어떻게 하면 구원받는가의 문제를 다
루는 반면에, 후반부인 12장 이후는 구원받은 자로서 어떻게 살아가야
하느냐의 문제를 다루고 있기 때문입니다. 다시 말해 전반부에서는 교
리와 믿음을, 후반부에서는 윤리와 행위에 대해서 가르치고 있다고 할
수 있습니다.

먼저 3~13절에서는 하나님의 은혜를 입은 그리스도인이 세상에서
어떻게 살아야 하는지에 대해서 다루고 있습니다. 그 내용은 그리스도
인이 속하고 누려야 할 교회 공동체에서의 삶입니다. 그리고 14-21절
은 개인윤리에 관한 지침입니다.

"너희를 박해하는 자를 축복하라 축복하고 저주하지 말라"(롬 12:14)

원수를 친히 갚지 말고 하나님께 맡기라 등, 불신 세상 속에서 어떤
태도로 살아야할까에 관한 교훈입니다. 한국교회의 많은 설교들은 교
회생활을 어떻게 해야 하는가에 주로 집중하고 있고, 종종 이런 개인윤

리 문제를 곁가지 정도로만 다루는 경우가 많이 있습니다.

그러나 로마서는 여기서 끝나지 않습니다. 13장으로 넘어가면서 국가에 대한 문제를 다루며, 국가문제는 개인윤리가 아닌 사회구조적인 문제에 있다고 말하고 있습니다.

3·1운동은 개인적인 윤리운동이 아니었습니다.

'일본인이 박해자이고 원수이지만, 그리스도인은 이들을 미워하지 말고 사랑해야한다'는 성경의 가르침입니다. 그러나 일본인들을 사랑으로 친절히 대하는 것과 일제에 저항하여 독립운동을 하는 것은 분명히 다릅니다. 이들은 불법적으로 조선의 주권을 빼앗았고, 무력으로 우리 민족을 착취하는 불의한 정권입니다. 그러므로 이 불법적이고 불의한 통치에 대해 비폭력 저항운동을 하며 독립을 선포하는 것은 그 누구도 부정할 수 없는 정당한 것입니다. 우리 중 누가 거기에 의문을 제기하겠습니까?

이처럼 우리 모두가 3·1운동을 정당하다고 생각할진대, 구원받은 자, 하나님 나라의 백성이 된 자들이 자신이 속한 국가의 사회구조적인 문제, 정치문제에 무관심하고 무책임한 것이 올바른 신앙이 아님을 누가 부인하겠습니까?

특별히 그리스도인들이 국가의 문제에 책임을 가지는 것은 그 국가권력의 근원이 바로 우리가 믿는 하나님께 있기 때문입니다. 국가의 핵심은 주권 곧 통치권입니다. 선거에서 선출된 대통령에게 나라를 다스릴 통치권이 주어지며 그의 리더십 아래서 정부가 내린 결정이나 국회에서 결정된 법과 제도는 공권력을 갖고 나라 전체에 시행됩니다. 이 권력이 어디서 나온 것입니까? 국민에게 나온 것입니까? 인간의 자율적인 계약에 의해서 세워진 것입니까? 물론 그렇습니다. 그러나 성경은 그보다 더 근본적인 근원에서 나온 것임을 가르쳐줍니다.

하나님이 그 다스리는 권세를 허락하셨습니다. 다시 말해서 국가는 하나님이 세우신 것이며, 하나님은 교회 공동체의 머리일 뿐 아니라, 국가 공동체의 주권자이십니다. 그러므로 믿음을 가진 사람들의 가장 기본적인 태도는 국가 권력에 대한 복종입니다. 나라가 세운 법과 제도, 그리고 권력자에게 주어진 권력을 존중해야 합니다.

그러나 성경은 여기서 끝나지 않습니다.

이 말씀은 국가 권력의 목적을 단순하게 기술하고 있습니다. 악을 벌하고 선을 포상하는 것입니다. 통치자와 정치인들은 모두 이 일을 위해 세우신 하나님의 사역자입니다.

님의 사역자가 되어 악을 행하는 자에게 진노하심을 따라 보응하는 자니라(롬 13:4)

여기 '사역자'는 교회에서 집사로 통칭하는 디아코노스(diakonos)입니다.

하나님이 그의 몸 된 교회에 사역자들을 세우듯이 국가에도 사역자가 필요합니다. 그들은 악행하는 자를 보응하고 선을 행하는 자에게 선을 베풀어야 합니다. 그러므로 그리스도인들은 국가와 통치자의 역할을 소중하게 알고 그들에게 복종하며 그들을 위해 기도해야 합니다. 통치자들에게 하는 복종과 그들을 위한 기도는 통치 권력자를 향한 두려움에서가 아니라 양심에 의해서 합니다. 즉 사람을 두려워해서가 아니라, 하나님을 경외함으로 하는 것입니다.

아울러 그리스도인은 국가에 대한 의무를 충실히 이행해야 합니다. "모든 자에게 줄 것을 주되 조세를 받을 자에게 조세를 바치고 관세를 받을 자에게 관세를 바치고 두려워할 자를 두려워하며 존경할 자를 존경하라"(롬 13:7)

악을 징벌하고 선을 포상하는 것만큼 가장 간결하고도 분명하게 국가의 역할을 표현한 것은 없을 것입니다. 국가는 죄가 만연한 세상 속에서 선과 악을 잘 분별해야 하고, 이를 통해 하나님의 뜻을 따라 악행한 자를 형벌하고, 선행하는 자는 선한 것으로 베풀어야 합니다. 한마디로 말하면 정의를 실행해야 합니다. 국가는 정의로워야 하며 이것이 국가를 허락하신 하나님의 분명한 뜻입니다.

이 단순한 말씀을 뒤집어 보십시오.

무슨 뜻이 되겠습니까? 만일 국가나 다스리는 자가 선과 악을 거꾸로 해서 선한 자를 악하다 판결하고 악한 자를 선하다 판결한다면 어떻게 되겠습니까? 죄 없는 자들을 온갖 거짓증거를 만들어 감옥에 가두고 악하고 불의한 자는 무죄로 방면하여 대로를 활보하게 만들 것입니다. 만약에 그런 정치를 한다면, 정의로우신 하나님의 통치를 대변하지 못하는 것이고 세상에 국가를 허용한 하나님의 뜻과는 상반되는 것입니다.

그럴 때 우리는 어떻게 해야 합니까? 국가가 불의를 행하고 정의를 상실했을 때에 그저 침묵하고 맹종하거나 나와는 상관없는 일로 여기며 돌아서야 합니까? 아닙니다. 우리에게는 국가를 바로잡을 책임이 있습니다. 선과 악에 누구보다도 예민한 그리스도인의 양심은, 불의한 통치를 간과할 수 없는 것입니다. 그것은 하나님을 향한 선한 양심에 역행하는 것입니다. 그러므로 하나님의 말씀을 잣대로 하여 우리는 현실 정치의 잘못을 목소리 내어 지적해야 합니다. 이것이 그리스도인의 예언자적인 사명입니다. 하나님과 세상국가를 무관한 것이라 생각하지 않고, 국가의 권력이 하나님으로부터 온 것임을 고백하면서 국가가 그 하나님의 정의를 실현하기를 강청하는 것입니다.

그리고 이 모든 예언자적인 행위는 사랑으로 실천되어야 합니다(롬 13:8-10).

세상 사람들처럼 미움과 분파주의, 폭력이나 사사로운 이익에 근거해서는 안 됩니다. 오직 사랑에서 시작해야 합니다. 때론 그것이 비록 저항과 항거로 이어질지라도 오직 사랑의 행위가 되어야 합니다.

국가의 법과 질서, 공권력에 대한 복종은 그리스도인의 근본윤리입니다. 그러므로 우리는 하나님이 허락하신 권세에 복종해야 합니다.

그러나 그와 동시에 우리에게는 하나님이 허락하신 존귀한 권세가 거짓으로 왜곡되고, 불의를 행함으로 하나님의 영광을 가릴 때에 그것을 바르게 잡을 책무가 있습니다. 이러한 예언자적인 책무는 이신칭의를 앞세운 종교개혁자 마틴 루터보다도, 하나님 주권사상을 앞세운 종교개혁자 칼빈에게서 더욱 강조되었고, 그의 제자인 존 낙스를 통해서 스코틀랜드 혁명을 성공시키는 원동력이 되었습니다. 혁명에 성공한 후 1560년 채택한 스코틀랜드 신앙고백서는 또한 개혁주의 장로교의 전통이 되었습니다.

우리에게 불의한 정권에 대한 저항운동인 3·1운동의 역사가 있다는 것이 얼마나 감사한 일인지 모릅니다. 무엇보다도 그 중심에 우리 복음주의적인 그리스도인들이 있었고 이는 그 당시 교회가 건강하고 균형 있게 살아있었음을 보여주는 사건이었기에 더욱 감사하고 기념할 만한 일입니다. 우리는 믿음의 선배들이 걸어갔던 아름다운 이 전통을 회복해야 합니다.

그러나 3·1운동에서 실패한 이후, 한국교회는 세상에서 한 발짝 물러나고 말았습니다. 정교분리를 앞세우며 국가의 문제에 일절 관여하지 않았고, 교회의 공적인 태도뿐 아니라, 교인들에게도 나라의 일은 믿음의 일과 상관없다고 가르쳤습니다. 한국교인들의 에너지는 영혼을 구원하거나 교회를 열심히 섬기고 부흥시키는 일에만 집중되었습니다. 그리스도인의 윤리는 그저 세상 속에서 나름 정직하게 남에게 해

끼치지 말고 살라고 하는 개인 윤리에만 한정되었습니다. 이런 불균형적인 가르침으로 현대의 교회는 사회 역사와 무관한 집단, 세상과는 분리된 집단이 되고 말았습니다.

이런 몰역사성의 대가는 컸습니다. 교회의 지도자나 교인들은 사회 구조적인 문제에 무지하고 현실 정치에 어둡다 보니 정치적인 분별력을 잃으면서 오히려 민주화와 정치 발전에 저해요소가 되기도 했습니다. 아울러 교회는 자기도 모르게 독재자나 정치인들의 정치도구가 되고 말았습니다. 정의를 외치지 못하고 침묵할 뿐만 아니라 때로는 불의한 일들에 무지함으로 동조하며 살기도 했습니다. 그 결과 교회의 이미지는 점점 추락했고 이는 고스란히 전도와 교회 성장의 큰 장애요인이 되고 말았습니다.

우리에게는 언제나 '어게인 1907'이 필요합니다. 1907년의 대부흥운동은 언제나 계속되어야 합니다. 그러나 그 못지않게 우리에게 필요한 것은 '어게인 1919'입니다. '교회가 교회답다'는 것이 무엇인지를 우리는 3·1운동을 통해서 다시 배워야 합니다. 그리고 그 소중한 전통을 다시 회복하고 실천하는 일에 힘을 다할 수 있어야 합니다.

(2014년 3월 2일)

이 나라의 빛과 소금

"너희는 세상의 소금이니 소금이 만일 그 맛을 잃으면 무엇으로 짜게 하리요 후에는 아무 쓸 데 없어 다만 밖에 버려져 사람에게 밟힐 뿐이니라 너희는 세상의 빛이라 산 위에 있는 동네가 숨겨지지 못할 것이요 사람이 등불을 켜서 말 아래에 두지 아니하고 등경 위에 두나니 이러므로 집 안 모든 사람에게 비치느니라 이같이 너희 빛이 사람 앞에 비치게 하여 그들로 너희 착한 행실을 보고 하늘에 계신 너희 아버지께 영광을 돌리게 하라"(마 5:13-16)

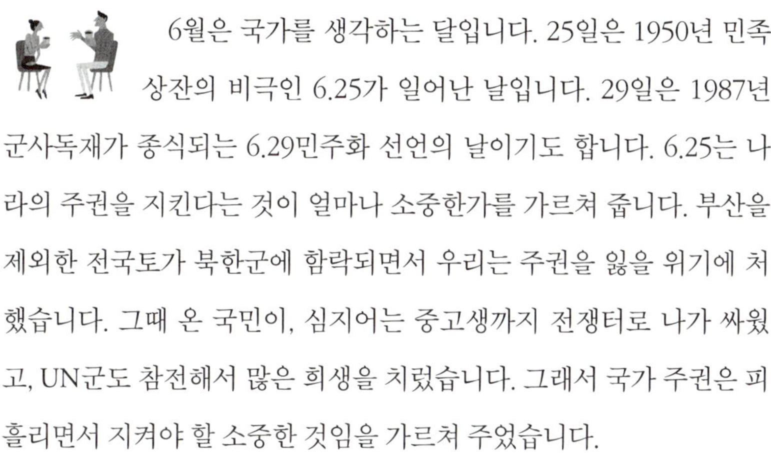

6월은 국가를 생각하는 달입니다. 25일은 1950년 민족 상잔의 비극인 6.25가 일어난 날입니다. 29일은 1987년 군사독재가 종식되는 6.29민주화 선언의 날이기도 합니다. 6.25는 나라의 주권을 지킨다는 것이 얼마나 소중한가를 가르쳐 줍니다. 부산을 제외한 전국토가 북한군에 함락되면서 우리는 주권을 잃을 위기에 처했습니다. 그때 온 국민이, 심지어는 중고생까지 전쟁터로 나가 싸웠고, UN군도 참전해서 많은 희생을 치렀습니다. 그래서 국가 주권은 피 흘리면서 지켜야 할 소중한 것임을 가르쳐 주었습니다.

6.29는 주권을 지키는 것만으로는 부족하다는 것을 가르쳐 주었습니다. 오랜 독재 아래서 우리 국민은 인권이 유린되고, 불의한 재판, 억압과 폭력이 난무하는 나라는 진정 국민을 위한 나라가 아님을 깨달았습니다. 그래서 많은 국민들이 불의한 권력에 저항해서 일어섰습니다.

이를 통해 민주화와 사회 정의는 희생을 치르면서 쟁취해야 할 가치가 있는 것임을 깨닫게 되었습니다.

국가는 이 죄가 관영하는 세상을 보존하기 위해서 세우신 하나님의 기관입니다. 그러므로 그리스도인은 누구보다도 국가에 대한 책임의식을 가져야 합니다. 교회를 하나님의 말씀에 근거한 건강한 교회로 세우기를 힘쓰듯이, 국가를 하나님의 말씀에 근거한 건강한 국가로 세우기 위해 노력해야 합니다. 이것이 우리 믿음의 일입니다.

예수님은 제자들을 향해 "너희는 세상의 소금이고 빛이다"라고 선포하셨습니다.

빛과 소금이라는 것은 세상 속에서 교회의 역할이 무엇인지를 알려 줍니다. 우리가 사는 이 세상은 부패하기 쉽습니다. 부패하기 쉬운 세상을 위해 주님은 그 세상 속에 소금을 뿌렸습니다. 그것이 바로 교회입니다. 우리는 어두운 세상을 위해 빛을 주시고 그 빛을 등경 위에 두셨다. 그것이 바로 교회입니다. 우리는 우리의 거룩함으로 세상의 빛과 소금이 될 수 있습니다.

"너희는 택하신 족속이요 왕 같은 제사장들이요 거룩한 나라요 그의 소유가 된 백성이니"(벧전 2:9)

교회는 세상과 구별된 거룩한 공동체입니다. 이 거룩함이 곧 교회의 생명입니다. 여기에 빛이 있고 소금이 있습니다. 이것이 어둠을 밝히고 짠맛을 내는 근원입니다. 교회의 거룩함이 어떤 점에서 국가를 바르게 세우는지 몇 가지로 돌아보겠습니다.

1. 도덕적인 순결입니다.

국가를 무너뜨리는 무서운 적은 밖에 있지 않고 안에 있습니다. 그 중 가장 무서운 것은 바로 도덕의 붕괴입니다. 사람들 속에 도덕률이 흐트러지고 양심이 무뎌지면서 온갖 부도덕한 일들을 자행하게 됩니다. 오늘날 우리 사회는 바로 그러한 위기에 직면해 있습니다. 우리나라가 동방예의지국이라는 말은 먼 과거의 이야기가 되고 말았습니다. 모든 타락의 선봉에는 색욕과 성적 타락이 서 있습니다. 우리가 사는 시대는 정말 음란한 시대입니다.

몇 해 전에 간통죄가 폐지되었습니다. 그러면서 불륜과 관련된 산업의 주가가 치솟았습니다. 간통죄 폐지가 불륜을 부추기겠지만, 이미 간통죄를 폐지할 만큼 사회에 불륜이 만연하게 되었다는 방증이기도 합니다. 이제는 이러한 현실을 두고 불륜공화국이라는 말이 나오기도 합니다. 다양한 음란산업들은 주택가까지 파고 들어와 독버섯처럼 자라나고 있습니다. 음란물은 TV나 인터넷은 물론이고 손안의 스마트폰에까지 침투했습니다. 어린 아이들이 이런 것들에 노출되기 쉬운 환경이 무섭습니다. 이렇게 왜곡된 성문화에 접한 아이들이 장성했을 때에는 우리 사회에 성폭행이나 강간 범죄가 훨씬 많게 될 것입니다.

그러나 이제는 불륜이 문제가 아닙니다.

그보다 훨씬 더 심각한 동성애가 벌써 사회 이슈가 되어버렸습니다. 이 왜곡된 성문화가 여러 갈래로 사회에 서서히 스며들고 있습니다. 먼 훗날 손자가 결혼할 짝을 데리고 오는데, 여자가 아닌 남자를 데리고 온다고 생각하면 정말 충격일 것입니다.

이처럼 사회의 도덕이 무너져갈수록 교회의 책임은 더욱 커집니다. 교회가 우리 사회의 도덕과 윤리의 보루입니다. 성도로 부르심 받은 우리는 거룩한 삶을 살아야 합니다. 세대의 풍조가 아니라, 하나님의 뜻을 좇아가는 것입니다.

"하나님의 뜻은 이것이니 너희의 거룩함이라 곧 음란을 버리고 각각 거룩함과 존귀함으로 자기의 아내 대할 줄을 알고 하나님을 모르는 이방인과 같이 색욕을 따르지 말고 이 일에 분수를 넘어서 형제를 해하지 말라"(살전 4:3-5)

하나님이 정하신 결혼은 남자와 여자가 한 몸을 이루는 것입니다.

"이러므로 남자가 부모를 떠나 그의 아내와 합하여 둘이 한 몸을 이룰지로다"(창 2:24)

이것이 성경의 가르침입니다. 앞의 말씀에 비추어 부부사이의 성생활은 하나님이 주신 축복입니다. 그러나 그 축복의 울타리를 넘으면 안 됩니다. 하나님을 모르는 이방인과 같이 불륜, 색욕, 동성애는 좇지도 말고, 그 이름이라도 부르지 말아야 합니다. 성폭행, 성추행… 이것은 이웃에게 가장 큰 상처를 주는 일입니다. 우리는 이런 유혹이 강한 시대를 살아가고 있습니다. 정신을 차리지 않으면 우리도 또한 범죄 하기 쉽습니다. 혹 간음한 다윗과 같이 실수를 저질렀을 때는 그 죄를 인정하고 돌이켜야 합니다. 그러나 "남도 다 하는데 뭐, 그럴 수 있지"라며 자신의 행위를 정당화하거나 그 일을 반복하는 것은 정말 큰 죄입니다.

교회 공동체는 교회의 거룩함을 지키기 위해서 이런 성적인 범죄에 단호해야 합니다. 교회야말로 이 음란한 세대에 순결함의 보루가 되어야 합니다. 우리가 명심해야 할 것은 그리스도인들은 이 시대에 도덕적인 소수가 될 수밖에 없습니다. 그러나 다수가 가는 길을 거스르며 우리의 거룩함을 지킬 때에 그것이야말로 이 사회의 어두움을 밝히는 빛이고, 부패를 막는 소금이 될 것입니다. 부패를 막는 소금의 거룩함을 지켜가길 바랍니다.

2. 거짓 없는 진실입니다.

얼마 전 일본의 한 신문이 '한국인은 숨 쉬는 것처럼 거짓말 한다'는 기분 나쁜 기사를 냈습니다. 이 신문은 2013년 우리나라 통계를 실례로 실었습니다. 그 해 위증죄 3,420명, 무고죄 6,244명, 사기죄 291,128명으로, 이는 일본에 비해 66배 더 많으며 인구비례로 본다면 무려 165배에 달하는 수치입니다. 또 기사에 소개된 사기 피해액은 43조 원에 이르는 등 한국은 세계 제일의 사기 대국이자 뇌물로 찌든 부패 대국이라는 것입니다. 이 신문에 다소 과장이 담겨있을지는 모르나 정말 우리 사회에 거짓말이 난무한다는 사실만큼은 부인할 수 없는 현실입니다.

몇 년 전의 세월호 사고, 대우조선 사태 등을 보더라도 엄청난 사고와 부실의 밑바닥에는 거짓에 물든 우리의 심성이 숨겨져 있습니다. 위조서류, 거짓조작, 사실은폐, 탈세, 횡령 등이 부실을 만들면서 대형 사고를 키우는 것입니다. 한마디로 정직하지 않은 사회입니다.

거짓은 마귀로부터 시작됩니다. 마귀는 아주 교묘한 거짓으로 때로는 두려움을 조장하고 때로는 유혹합니다. 그러나 하나님은 정반대입니다. 정직, 진실 이것이 바로 거룩하신 하나님의 속성입니다. 그러므로 거룩은 거짓을 용납하지 않습니다.

"네 이웃에 대하여 거짓 증거 하지 말라"(출 20:16)는 십계명 중의 하나로 기록되어 있고 "그런즉 거짓을 버리고 각각 그 이웃과 더불어 참된 것을 말하라"(엡 4:25)는 그리스도인의 윤리로 기록되어 있습니다. 그러므로 우리 몸에 밴 거짓말하는 습관을 버려야 합니다. 작은 거짓말도 심각하게 생각하며 조심해야 합니다. 그렇지 않으면 누구라도 예외 없이 거짓말에 익숙한 교인이 될 수밖에 없습니다. 어떤 이는 목적이 옳으면 그것을 위한 거짓말은 정당하다고 생각하기도 합니다. 기독교를 지키기 위해, 교회를 지키기 위해, 심지어는 하나님의 영광을 위해서 하는 거짓말은 용납될 수 있다고 생각하는 것입니다.

어느 날 아는 분에게서 충격적인 카톡을 받았습니다.

많은 무슬림들이 모여 있는 사진과 함께, 기도를 요청하는 글이 적혀 있었습니다. 내용은 김해에 한 교회가 새로 건축하고 옮기면서 옛 교회를 건축업자에게 팔았습니다. 그런데 이슬람교도들이 그곳에 몰려와서 십자가를 뜯어내고 이슬람 상징물을 달고 교회를 팔라며 매일 데모를 한다는 것이었습니다. 그러면서 "이제 무슬림들이 중소도시까지 점령하고 있습니다. 이 사진은 다른 나라가 아닌 우리나라 현장에서 농성하는 이슬람들입니다"라고 설명했습니다.

이 카톡을 받고 읽었다면 무슬림들이 교회를 강탈하려 한다는 느낌이 자연스레 들 것입니다. 그러나 이것은 새빨간 거짓말이었습니다. 사실은 이 지역에서 일하는 외국노동자 중 무슬림들이 여기 저기 작은 그룹으로 모이다가 이슬람 축제일에 다 같이 모이기를 협의했습니다. 그래서 김해시에 장소를 부탁했고, 이곳을 소개받았습니다. 옛 교회 건물은 이미 다 철거된 공터였습니다. 거기서 무슬림들이 평화롭게 무슬림 축제를 가졌습니다. 그런데 누군가 이슬람에 대한 경각심을 조성하려는 목적으로 이런 거짓말을 하고, 이슬람에 대한 증오감정을 부추긴 것입니다. 이 카톡을 받은 사람들은 그대로 믿고 연신 퍼 나르면서 거짓의 공범자가 되었습니다. 이슬람에 대해서 경각심을 가져야 하는 것은 사실이지만, 과연 이렇게 대응하는 것이 옳은 일인지 다시 한 번 생각해 보아야 합니다.

유감스럽게도 지금 우리나라의 열성적인 많은 교인들이 자신이 믿는 바를 관철하기 위해 사실을 비틀고 거짓말 하는 습관에 물들어 있습니다. 거짓말과 모함으로 다른 종교 또는 기독교 교리에 반하는 이들에 대한 증오감정을 부추기는 것입니다. 그것이 진리를 사수하고 하나님께 영광 돌리는 우리의 사명인지, 하나님의 뜻에 합당한 것인지 우리는 돌아보아야 할 때입니다.

우리의 초대교회 선조들은 그렇게 하지 않았습니다. 그들은 오히려 당시 거짓말을 일삼는 사람들에 의해서 모함당하고 억울한 박해를 받았습니다. 그러나 거짓과 궤휼로 대항하지 않고 정직한 양심을 지켰습니다. 이것이 초대교회의 신앙이었습니다. 그렇게 할 때에, 사람의 눈으로는 교회가 위축되고 선교가 막히는 것 같아 보이지만, 실상은 그렇지 않았습니다. 우리 믿음의 선배들은 묵묵히 감내하며 오히려 자신들을 속이고 때리는 상대방의 양심을 일깨우고 핍박하는 그에게 감동을 주면서 하나님께 돌아오게 했습니다.

우리의 신앙의 힘은 사람들을 선동해서 여론을 유리하게 만들고, 기독교세를 앞세우면서 정치인을 협박하고 압력을 가하는 데 있는 것이 아니었습니다. 우리의 힘은 정직에 있습니다. 정직이 그리스도인들의 무기입니다. 그리스도인의 정직이 거짓에 물든 우리 사회를 치유하고 건강한 국가를 세워갈 수 있기를 바랍니다.

3. 정의로움입니다.

국가의 강함은 어디에 있는지 생각해 보겠습니다.

예를 들어 북한이 핵무기를 가졌다고 강한 나라로 생각하는 사람은 없을 것입니다. 최첨단의 방어시스템을 갖추었다고 견고한 나라가 되는 것도 아닙니다. 성경에서 말하는 강한 나라는 "왕은 정의로 나라를 견고하게 하나 뇌물을 억지로 내게 하는 자는 나라를 멸망시키느니라"(잠 29:4)라고 말씀하고 있습니다. 나라는 정의로 견고해집니다. 정의에 서 있는 나라가 단단한 나라입니다. 나라의 정의가 서려면 권력자와 관료들이 청렴해야 합니다. 재판이 공정해야 하며 취업도 뒷배경이 아니라 정당한 실력으로 되어야 합니다.

큰 기업부터 노점상에 이르기까지 강탈을 당하거나 억울함을 당하지 않는 나라, 가난한 사람들이 국가의 보호와 돌봄을 받는 나라, 그런 나라가 정의로운 나라고 강한 나라입니다. 하나님은 세상 국가가 이런 정의를 실현하도록 끊임없이 요구합니다.

"통치자들아 너희가 정의를 말해야 하거늘 어찌 잠잠하냐 인자들아 너희가 올바르게 판결해야 하거늘 어찌 잠잠하냐"(시 58:1)

하나님께서 세상 국가에 정의를 요구할 수 있는 것은 이 땅에 국가를 허락하신 하나님이 의로우신 분이기 때문입니다. 그는 의와 공의를 사랑하시는 분이십니다. 그러므로 믿는 우리들에게 먼저 의를 선물로 주셨습니다. 우리는 값없이 의롭다 함을 받고 의인의 신분이 되었습니다. 하나님께 의를 선물 받은 우리 의인들은 누구보다도 의에 민감하고 정의감으로 충만해야 합니다. 교회에서뿐 아니라, 가정과 직장과 사회 구석구석에서 정의를 추구하는 것입니다.

어디서나 불의를 용납하지 않고 굽어진 세계를 바르게 펴려고 노력해야 합니다. 뇌물을 받지 않고, 판결을 굽게 하지 않고, 뒷돈이나 백으로 문제를 해결하려고 하지 않고, 부정한 돈에 손을 대지 말아야 합니다. 불의한 방법으로 이득을 남기느니 차라라 정의롭게 처신하여 손해를 보는 것이 하나님을 기쁘시게 하는 것을 알고 행해야 합니다.

불의한 관행에 동조하여 그들과 한편이 되기보다는 오히려 정의의 편을 들어 왕따 당하는 자리에 설 수 있는 용기가 필요합니다. 그렇게 우리에게는 도덕적 소수가 될 용기가 있어야 합니다. 우리 그리스도인들이 그처럼 의의 편에 서서 고난을 당할 때 그것이 바로 부패하는 사회에 소금이 되고 어두운 사회에 빛이 되는 것입니다.

우리는 우리 나라의 빛과 소금입니다. 이것을 잊지 말아야 합니다. 우리의 거룩함을 통해 이 나라가 보다 하나님의 말씀에 합당한 건강하고 강한 나라로 세워지기를 바랍니다.(2016년 6월 26일)

교회 울타리를 넘어서라
part 3
세상의 소망인 교회

다시 갈망하는 종교개혁

"요한이 잡힌 후 예수께서 갈릴리에 오셔서 하나님의 복음을 전파하여 이르시되 때가 찼고 하나님의 나라가 가까이 왔으니 회개하고 복음을 믿으라 하시더라"(막 1:14-15)

종교개혁은 1517년 마틴 루터가 면죄부를 반박하는 95개 조문을 비텐베르크성 교회 정문에 박으면서 시작되었습니다. 당시 가톨릭은 교황청의 지도 아래 면죄부를 팔면서, 이것을 구입하는 사람의 사망한 가족은 그 영혼이 지옥에 있더라도 천당으로 옮겨가게 된다고 가르쳤습니다. 교회가 얼마나 돈에 눈이 멀었는가를 여실히 보여주는 타락상입니다. 이 면죄부를 판 돈으로 지었다는 바티칸의 베드로성당은 건축학적, 예술적으로는 가치 있을지 모르나 사실은 교회의 부패를 상징하는 상징물입니다.

이 모든 부패의 근본 원인은 교회가 복음을 잃어버렸기 때문이었습니다.

돈으로 구입한 증서가 구원의 방편이라는 가르침은 상상할 수 없을 만큼 타락한 교리입니다. 이러한 영적, 윤리적 타락으로 인해 당시 교회는 사람들 속에 신뢰를 잃었습니다. 그리고 교회를 불신했던 많은 사람들이 종교개혁에 동참하면서 개혁운동이 성공하였고 마침내 개신교가 시작된 것입니다.

루터의 종교개혁은 교회로 하여금 다시 복음의 진리로 돌아오게 하는 것이었습니다. 그렇다면 복음이 무엇입니까? 이 말씀을 봅시다.

우리가 어떻게 죄 용서를 받고 의롭다 함을 받습니까? "오직 의인은 믿음으로 말미암아 살리라"함과 같이 돈이나 면죄부로 받는 것이 아닙니다. 우리의 선행이나 그 어떤 종교예식도 아닙니다. 오직 하나님의 은혜와 우리 죄를 위해 대속의 죽음을 당하신 예수 그리스도에 대한 믿음만이 구원의 길입니다. 종교개혁은 이 찬란한 복음의 빛을 높이 드러내어 어두운 세상을 밝혔던 사건이었습니다.

그런데 종교개혁 후 500년이 흐른 지금, 개신교는 또 다른 상황에 놓이게 되었습니다. 특히 한국의 개신교 성적표는 주목해 볼 만합니다.

2010년 종교 신뢰도 통계에서 '가장 신뢰하는 종교 단체 두 개를 꼽아 달라'는 질문에 가톨릭(57.6%), 불교(50.0%), 개신교(26.4%)의 순으로 응답이 집계되었습니다. 가톨릭이 개신교의 2배입니다. 이것은 2012년도 비슷합니다.

2015년 불교계에서 조사한 통계는 더 열악합니다. 천주교(39.8%), 불교(32.8%), 개신교(10.2%)로 가톨릭이 개신교의 3배로 개신교에 대한 신뢰도는 더 나빠졌음을 확인할 수 있습니다. 성직자에 대한 신뢰도도 이에 비례하여 신부가 51.3%, 스님 38.7%, 목사 17% 순으로 나타났습니다. 뿐만 아니라 2013년 기윤실(기독교윤리실천운동본부) 조사에서 '한국교회를 신뢰하는가?'라는 질문에 신뢰한다 19.4%, 불신한다 44.6%로 응답이 기록되었습니다. 한마디로 낙제점입니다. 한국사회가 보는 개신교는 종교개혁 당시 신뢰를 잃었던 가톨릭과 많이 닮았습니다.

그렇다면 도대체 어디에 원인이 있을까요? 무엇보다도 교회가 복음의 다른 면을 놓쳤기 때문입니다. 물론 복음은 이신칭의(오직 믿음으로 구원받는다)입니다. 그러나 우리는 너무 이신칭의에 매달려 있습니다. 이신칭의란 말 그대로 '우리가 어떻게 구원을 받느냐?'에 대한 답입니다. 그것은 또한 '죽은 뒤에 어떻게 천국에 가서 영생하느냐?'라는 질문이기도 합니다. 그러므로 자연히 개인적이고 내세적인 신앙에 초점을 맞추게 됩니다. 그러다 보니 자연스럽게 예수 믿고 구원받아 천국 가는 것이 신앙의 전부인 것처럼 생각하게 됩니다.

물론 한 개인의 구원과 거듭남과 성화의 과정은 정말 중요합니다. 그리고 전도하고 교회를 세워가는 것 역시 우리의 사명입니다. 하지만 이것이 전부가 아닙니다. '예수 천당'이 복음의 전부가 아닙니다. 이런 단순화는 교회와 교인의 힘을 한 쪽으로 집중시켜 교회 성장을 가능하게 했습니다. 그러나 극단으로 치우쳐 많은 것을 놓치게 만들기도 했습니다. 바로 교인들을 '자기 구원과 교회'라고 하는 울타리 안에 가두어 버린 것이 그것입니다. 그리고 이 교회 중심의 신앙에서 교회 울타리 밖의 세상은 나와는 상관없는 세상 일로 치부됩니다. 결국 교회는 사회에 속해 있으면서도 사회에 무관심하고 무책임한 집단이 되어가고, 그것은 사회에서 지탄의 대상이 되는 부메랑으로 돌아오게 되는 것입니다.

오늘날 우리는 다시금 종교개혁을 갈망합니다. 이 시점에서 우리에게 주어진 과제는 무엇보다 '복음으로 돌아가야 한다'는 것입니다. 그동안 '복음=예수 천당'에 집중된 메시지를 들어왔다면 이제 복음에 대한 다른 메시지를 들어야 할 때입니다. 본문은 예수님이 공생애 가운데 첫 번째로 선포하신 말씀입니다.

여기서 예수님이 전하신 하나님의 복음은 무엇입니까? '때가 되어서 이제 하나님의 나라가 가까이 왔다'는 것입니다. 여기서 쓰인 '엥기켄'이라는 동사는 완료형으로 '가까이 왔다'이며 동시에 '이미 이르렀다'는 뜻입니다. 그러므로 '이 세상 나라와는 전혀 다른 나라가 여기 이 땅에 임했다'라는 것이 복음입니다. 그것은 '이제 돌이켜서 이 복음을 믿고 받아들이는 것이 신앙'이라는 뜻이기도 합니다. 이런 차원에서 볼 때 신앙은 영혼 구원의 차원만이 아니라 동시에 하나님 나라의 차원임을 알 수 있습니다.

그렇다면 하나님 나라가 임한 복음의 의미가 무엇인지 생각해 봅시다. 하나님이 다스리시는 영원한 나라는 지금 이 땅에 있는 부패하고 오염된 세상 나라와는 구별된 진짜 나라입니다. 이 참된 나라가 오니 그 앞에서 이 세상이 얼마나 거짓되고 왜곡되었는가가 드러납니다.

보다 쉽게 설명해 보겠습니다. 요즘 대한민국 형편이 엉망입니다.

실로 온 국민이 분노하고 있다고 해도 과언이 아닐 것입니다. 한 번은 모 국회의원이 "이건 나라가 아니다"라는 발언을 해서 국민들의 공감을 얻기도 했습니다. 이 말의 의미를 잘 생각해 보면 '합법적인 민주국가가 지켜야 할 최소한의 기준과 선이 있는데 지금 이 나라는 거기서 너무도 벗어나있다'는 의미로 와닿습니다.

이런 왜곡된 국가 현실 앞에서 어떤 이는 자기와는 아무 상관없는 일이라 생각할 수도 있을 것입니다. "내 일은 공부하고 취직하고 결혼해서 행복한 가정을 가꾸는 것이다. 나라가 어떻게 흘러가든 그것은 내 알 바가 아니다"라는 사고방식을 가진 사람들이 얼마든지 있을 수 있습니다. 하지만 이것이 올바른 태도라고 할 수는 없습니다. 만약 이것을 나 자신의 일로 여긴다면 어떻겠습니까? 지금 이 나라를 왜 나라가 아니라고 하는지, 무엇이 잘못된 것인지를 따져 물을 것입니다. 그것을 위해서는 먼저 올바른 민주국가의 기준이 무엇인지를 알아야 할 것이고 잘못된 걸 바르게 잡으려고 할 것입니다.

이와 같습니다. 이 세상 나라는 한마디로 나라가 아닙니다. 본래 하나님이 그분의 창조세계에 허락하신 국가의 모습이 아닙니다. 모든 것이 죄로 오염되어 왜곡되었습니다. 그릇된 가치관이 세상을 뒤덮고 있는데 사람들은 그것이 잘못인지도 모르고 좇아 살아갑니다. 그런데 하나님 나라가 임하니 세상의 참모습이 드러납니다. 사람들이 하나님 나라를 알면 알수록 무엇이 잘못인지를 깨닫게 됩니다.

그래서 예수님의 가르침은 무엇보다도 하나님 나라에 집중되어 있습니다. '하나님 나라(천국)는 마치 이와 같다'로 귀결되는 대부분의 비유들은 이 땅에 임한 천국을 설명해 주는 비유입니다. 거기서 세상과 구별된 하나님 나라의 원리를 배우는 것입니다. 그 말씀을 통해 하나님 나라를 이해한 사람은 무엇을 회개하고 돌이켜야 할지 알게 됩니다.

지금까지 살아왔던 이 세상의 방향에서 돌이켜 복음을 받아들이고 하나님 나라 방향으로 가는 것입니다. 이것이 회개이고 복음 신앙입니다. 그렇다면 더욱 분명해 집니다. 신앙은 이 세상을 떠나 교회로 들어가 담을 쌓고 거기에 갇히는 것이 아닙니다. 도리어 복음을 통해 계시된 하나님나라의 지혜로 세상의 참 모습을 정확하게 분별하는 것입니다. 그렇다면 무엇이 다릅니까? 그 가장 중요한 줄기를 생각해 봅시다.

우리 사회에 10년 전 '학벌 없는 사회'라는 단체가 세워졌습니다. 그리고 그들은 '우리 사회가 건강하게 되려면 학벌이 없어져야 한다'는 취지로 열심히 활동했습니다. 실제로 학벌이 얼마나 무섭습니까? 학벌이 우리의 모든 것을 결정짓는다 해도 과언이 아닙니다. 취직은 말할 것도 없고, 결혼하는데도 학벌이 중요하게 작용합니다. 동문으로 얽히고 선후배로 설켜 평생을 가게 됩니다.

나름 열심히 공부해서 실력이 뛰어나도 학벌이 좋지 않으면 성공하기 어려운 것이 현실입니다. 얼마나 불공평합니까? 그런데 이 단체가 최근 자진 해산하게 되었습니다. 이유는 학벌보다 더 무서운 것이 나왔기 때문입니다. 그것은 바로 요즘 유행하는 말로 금수저와 흙수저입니다. 어떤 부모에게서 태어나느냐에 따라서 세상 살아가는 운명이 결정되고 말더라는 것입니다. 가난한 부모에게서 태어난 사람은 평생 그 가난에서 벗어나지 못하고 가난이 대물림되는 반면에, 부유하고 권세 있는 부모에게서 태어난 사람은 별다른 노력 없이도 앞길이 쫙 열리더라는 '수저론'이 보편화되면서, 학벌을 두고 갱신을 외치는 운동이 별 의미가 없어졌음을 느끼며 해산한다는 것입니다.

이 모든 것이 여기저기서 관찰되는 우리 사회의 병적인 모습입니다. 왜 이런 학벌이니 금수저니 하는 말들이 유행합니까? 그것의 뿌리에는 '홀로 잘 살겠다'는 이기심이 자리 잡고 있습니다. '나만 잘해서 1등해서 금메달 따고, 우리 가족만 행복하면 된다'라고 생각하는 사람이 대부분입니다.

홀로 상 타겠다고 달음박질하는 사람에게는 다른 사람이 보이지 않습니다. 중간에 넘어지는 사람, 소아마비로 다리를 저는 사람, 힘이 없어 달리지 못하는 사람을 보지 못합니다. 오히려 무시하고 업신여기고, 나아가 비교우위 속에서 행복을 느끼려고 할 것입니다. 든든한 배경 있고 능력 있는 사람은 경쟁에서 이겨 잘 살게 되고, 그런 배경이 없고 무능한 사람은 소외되어 소위 말하는 루저가 되는 세상이 현실입니다. 정도의 차이가 있지만 세계 어디에나 마찬가지입니다. 이런 것이 이 세상 나라의 왜곡된 흐름입니다.

바로 이 세상 흐름에 하나님 나라를 선포하신 예수님은 도전장을 내미십니다.

그분은 완전히 거꾸로 가는 삶의 모습을 보이셨습니다. 세계 대제국 로마가 아니라, 그 식민지 유대 베들레헴의 한 마구간에서 태어나셔서 말구유에 누우셨습니다. 그리고 부와 권력의 80%가 몰려있는 예루살렘이 아닌 저 변방 갈릴리 나사렛의 가난한 목수의 아들로 자라나셨습니다.

사역을 시작하면서는 갈릴리 해변 가버나움에서 사셨습니다. 그곳은 사망의 땅이었으며 그곳 사람들은 흑암에 앉은 백성이고 그늘에 앉는 자들이었습니다. 예수님은 그들 곁을 찾아가신 것입니다. 예수님은 언제나 죄인과 세리들의 친구가 되시고, 병들고 가난한 자들에 둘러싸였습니다. 주님은 이들을 소자(小子)라고 불렀습니다. 그들은 유대 공동체에서 쫓겨난 사람들, 한마디로 사회에서 왕따를 당한 사람들이었습니다.

주님은 이렇게 사회에서 버림 당한 소자들을 향해 "너희가 하나님 나라에서는 가장 큰 자"라고 높이셨습니다. 이것을 통해서 보여주시고 가르치신 하나님 나라의 삶은 자기만 잘 사는 삶이 아니라 더불어 사는 삶입니다. 주님은 어느 누구도 소외되는 것을 원하지 않으셨습니다. 그들뿐만이 아니었습니다. 유대인으로부터 인종차별을 당했던 사마리아인들의 친구가 되시면서 그의 비유 가운데서 선한 주인공이 되게 하셨습니다. 또 이방인들의 믿음을 칭찬하고 높여주시기도 하셨습니다.

우리가 여기서 무엇을 배웁니까?

모두가 더불어 같이 살기 위해서는 어떻게 해야 할까요? 큰 자가 작은 자를 섬기고, 가진 자가 없는 자를 섬겨야 합니다. 이것이 하나님 나라의 삶입니다. 그러므로 성령 충만 했던 초대교회는 이 하나님 나라의 가치를 좇아갔습니다.

예루살렘교회는 교인들 서로가 자발적으로 재산을 나누어 핍절한

자가 없도록 했고, 최초의 이방교회 안디옥교회는 예루살렘에 기근이
오자 재빨리 구제금을 보내기도 했습니다. 바울이 세웠던 유럽과 아시
아의 교회들 역시 구제금을 잔뜩 모아 가난한 유대교회로 보냈습니다.
이것이 바로 더불어 살게 하고 평균케 하시는 하나님의 뜻을 실천하는
것이었습니다.

이처럼 신앙인들이 이 땅에 임한 하나님 나라를 영접하고, 오직 자
기만 잘 살려고 하던 삶에서 회개하고 돌이켜서 이 복음의 가치를 실
현하려고 노력한다면 예루살렘교회처럼 교회 공동체가 살아날 뿐 아
니라, 교회가 사람들로부터 칭송을 받으면서 복음은 힘 있게 증거 될
것입니다. 그리고 이처럼 빛과 소금이 되는 교회가 서 있는 사회는 더
불어 사는 건강한 사회가 될 것입니다.

우리는 다시 예수님이 선포하신 복음으로 돌아가야 합니다. 이 땅에
하나님 나라가 이미 임했습니다. 오직 믿음으로 그 나라에 들어가 천국
백성이 됩시다. 그리고 그 하나님 나라의 원리를 좇아 더불어 사는 삶
을 실천합시다. 그래서 많은 영혼을 구원하고 세상을 변화시키는 그리
스도인이 되기를 바랍니다.(2016년 10월 30일)

세상의 빛과 소금인 교회

"너희는 세상의 소금이니 소금이 만일 그 맛을 잃으면 무엇으로 짜게 하리요 후에는 아무 쓸 데 없어 다만 밖에 버려져 사람에게 밟힐 뿐이니라 너희는 세상의 빛이라 산 위에 있는 동네가 숨겨지지 못할 것이요 사람이 등불을 켜서 말 아래에 두지 아니하고 등경 위에 두나니 이러므로 집 안 모든 사람에게 비치느니라 이같이 너희 빛이 사람 앞에 비치게 하여 그들로 너희 착한 행실을 보고 하늘에 계신 너희 아버지께 영광을 돌리게 하라"(마 5:13-16)

옛날 우리가 어렸을 때에는 전기 사정이 안 좋아 갑자기 불이 나가는 경우가 참 많았습니다. 정전이라도 되면 서울 변두리였음에도 정말 사방이 깜깜해졌습니다. 이집 저집에서 "초 어디 있어? 성냥 가져와!"라는 소리들이 들렸습니다. 우리 집도 이때를 대비해서 초를 넣어두는 서랍이 있었는데, 성냥을 그어 초에 불을 붙일 때면 순식간에 그 숨 막힐 듯한 어둠이 물러나는 것이 참 인상적이었습니다. 작은 촛불의 위력은 실로 대단했습니다.

소금의 경우는 어떤가요?

프라이팬에 기름을 붓고 달걀을 깨뜨려 넣습니다. 그런데 아뿔싸 소금이 다 떨어진 것을 몰랐습니다. 소금을 치지 않은 달걀 프라이의 그 닝닝한 맛! 틀렸습니다! 거기에 소금이 뿌려져야 제 맛이 납니다. 손톱만큼의 소금의 위력이란 것이 대단하지 않습니까?

빛과 소금만큼 우리의 일상에 중요한 것은 없을 것입니다. 우리 한 사람 한 사람의 인생이 이 세상에서 촛불이나 소금과 같은 존재라면 얼마나 좋을까요? 우리가 몸담고 있는 교회가 세상의 빛과 소금이 된다면 바랄 것이 무엇이 있겠습니까?

교회는 세상 속에서 이와 같아야 합니다. 이것이 예수님의 선포입니다.

빛이 되라! 소금이 되라! 가 아닙니다. 예수님의 선포가 명령어라면 될 수도 있고 안 될 수도 있지만, 우리는 이미 빛과 소금으로 세워진 존재입니다. 주님이 이미 그의 피로 사셔서 우리를 그렇게 만드신 것입니다.

그러나 동시에 주님은 조건을 다십니다. 소금은 소금인데 그 소금이 짠맛을 잃는다면 도대체 무엇으로 음식의 간을 맞출 수 있겠느냐? 그렇다면 그 소금은 어떻게 되겠느냐?

"후에는 아무 쓸 데 없어 다만 밖에 버려져 사람에게 밟힐 뿐이니라"

소금이 짠맛을 잃을 수 있습니까? 보통 화학적으로 불가능할 것입니다. 그러나 이런 경우를 생각할 수는 있습니다. 소금을 밖에 적치하다가 그만 물에 젖어서 못쓰게 되는 것입니다. 실제로 당시 사해에서 나오는 소금 중 1/3만이 식염으로 사용되었습니다. 그 귀한 소금이 상품 가치가 없어지면서 밖에 버려지고 사람들이 밟고 가는 것입니다.

빛은 어떤가요? 등불 하나면 온 방을 밝힐 수 있습니다. 그러나 그 등불을 큰 그릇으로 덮어둔다면 방안은 여전히 어두울 것입니다. 등화

관제라는 것이 있습니다. 전쟁 중에는 적의 공습을 피하기 위해 불을 끄거나 커튼을 완전히 닫는 것입니다. 등화관제를 하면 각 집안의 빛들이 차단되어 온 마을이 캄캄해집니다.

예수님의 가르침은 이것입니다. 너희는 분명 소금이다. 빛이다. 그러나 조심해라! 맛을 잃은 소금, 감추어진 빛이 될 수 있다.

오늘 날 우리나라에 6만 개에 이르는 교회들이 있습니다. 만일 이 교회들 모두가 세상을 밝히는 빛이 되고 짠맛을 내는 소금이 된다면 우리 사회는 어떤 모습이 될까요?

주님은 그의 몸 된 교회를 세상 속에 세우셨습니다. 우리 각 지역교회도 주께서 세우셨습니다. '교회를 유지하는 것'이나 '교회를 성장시키는 것'이 우리의 목적이 아닙니다. 세상의 빛이 되고 소금이 되는 것이 교회의 목적입니다. 어떻게 이 사명을 잘 감당할 수 있겠습니까? 두 가지를 생각해야 합니다.

1. 세상으로 내려가야 합니다.

교회는 자칫 세상과 분리되어 자기 세계 속에 안주하기 쉽습니다. 사실 그것이 편합니다. 그래서 교회 안에는 불이 환하게 켜져 있지만 등화관제를 잘하다 보니 그 빛은 바깥세상을 밝히지 못합니다. 성도들이 빛을 비춰야 하는 곳은 세상입니다. 그것을 비추기 위해서는 산 아래 세상으로 내려가야 합니다.

어떻게 세상으로 내려가야 합니까? 먼저 그들과 눈높이를 같이 하는 것입니다. 그들과 같은 옷을 입고 같은 모양을 해야 합니다. 그렇게 해서 그들과 같이 되는 것입니다. 이것은 참 어려운 일입니다. 이것이 우리가 흔히 말하는 인카네이션(Incarnation 성육신)이라고 합니다.

이 성육신의 본을 예수님이 먼저 보여주셨습니다. 그는 근본 하나님의 본체시오, 하나님과 동등하신 분이 아닙니까? 영이시고 말씀이신 하나님께서 우리와 같은 종의 형체로 세상에 오셨습니다.

그것도 깨끗하고 화려한 왕궁이 아니라 가장 지저분한 마구간에서 태어나셨고 매우 불결한 구유에 누이셨습니다. 주님은 할례도 받고 죄인이 받는 세례도 받으셨습니다.

목수라는 직업을 갖고 사람들과 똑같이 사셨습니다. 광야에서 40일을 금식하신 후에는 다시 사람들이 사는 곳으로 가셨습니다. 에세네파처럼 죄악된 세상으로부터 자신들을 분리하여 광야나 수도원에서 사신 것이 아닙니다. 마을과 도시 안에서 사람들과 함께 먹고 마시면서 그들의 친구가 되셨습니다. 경건한 사람들뿐 아니라 죄인들과도 어울리셨습니다.

오늘, 한국의 교회는 너무 세상과 유리되어 있습니다. 교회는 은혜로운데 너무 산속 깊은 곳에 떨어져 있습니다. 그러다 보니 교인들이 세상으로 내려가기를 싫어합니다. 죄로 오염된 세상이라며 발을 딛기를 꺼려 합니다.

죄는 피해야 하지만 세상을 피해서는 안됩니다.

우리는 세상 속에서 사람들과 함께 살아가야 합니다. 그들과 함께 가정을 세워가고, 함께 노동하고, 함께 선거하고, 정치하면서 보다 좋은 나라를 만들어가야 합니다. 이런 것들이 우리가 세상 사람들과 함께 더불어 해 나가야 하는 일들입니다. 모든 삶의 영역에서 하나님을 모르는 사람들과 생각을 공유하는 것입니다. 거기서 복음을 실천하며 전해야 합니다.

교인뿐 아니라 교회도 마찬가지입니다. 신앙양심을 거스르는 것이 아닌 한, 사회의 법과 제도 그리고 질서를 잘 지켜야 합니다. 교회는 더 이상 게토(Ghetto)같이 세상과 단절된 세계가 아닙니다. 우리끼리만 통하는 법을 앞세우거나 종교라는 특권 뒤에 숨어서는 안 됩니다.

주님은 죄의 문제가 아니거나 하나님의 뜻에 거스르지 않는 한, 모든 문화와 사회규율, 율법을 존중하셨습니다. 하나님의 아들이라는 특권의식을 내세우지 않으셨습니다.

당시 가버나움으로 가는 길목에 통행세를 내는 곳이 있었습니다. 세를 받는 이들이 베드로에게 "너희 선생은 내지 않느냐"고 물었습니다. 이를 듣고 주님은 말씀하셨습니다.

"시몬아 네 생각은 어떠하냐 세상 임금들이 누구에게 관세와 국세를 받느냐 자기 아들에게냐 타인에게냐 베드로가 이르되 타인에게니이다 예수께서 이르시되 그렇다면 아들들은 세를 면하리라"(마 17:25-26)

세상의 왕이신 하나님의 아들은 사실 세금을 낼 필요가 없습니다. 그러나 어떻게 하셨습니까? 저들이 실족치 않도록 낚시해 잡은 고기의 입에서 한 세겔을 꺼내서 주님과 베드로의 통행세로 바쳤습니다.

몇 해 전 부산 기윤실(기독교윤리실천운동) 주최로 우리교회에서 교회의 세금과 고용문제를 다루었습니다. 이제 교회는 높은 산에서 내려와 세상의 눈높이로 낮아져야 합니다.

우리 모두가 솔직하게 돌아봅시다. 대부분의 경우, 교회가 사회의 질서와 법을 잘 지키지 않는 것은 그것이 신앙양심에 저촉되기 때문이 아닙니다. 교회의 이익을 앞세우거나 돈이 아깝기 때문입니다. 사회법을 거스르거나 심지어 나쁜 관행을 답습하면서까지도 헌금을 아끼고 교회의 이익을 지키는 것이 하나님을 위한 일이라고 생각합니다. 정말 그렇습니까?

교회 안에서 통용되는 전통이라고 하여 다 거룩한 것이 아닙니다. 종교개혁 당시 가톨릭이 앞세우는 전통은 면죄부였습니다. 돈을 주고 구원을 사는 것입니다. 당연히 교회는 이를 통해 부정한 수입을 올리고 싶었던 것입니다. 이것은 전혀 복음이 아니었습니다.

개신교회도 500년의 역사와 전통을 이어가면서 역시 그런 오류를 답습하고 있습니다. 교회가 스스로 저 높은 곳에 서 있는 것 같지만, 세상의 잣대로 볼 때 뭔가 부정하고 이기적이고 후진적인 집단이라는 인식을 주게 된다면 이것이야 말로 교회의 위기입니다.

교회가 세상을 비추는 빛이 되려면 먼저 세상이라는 프리즘을 통과하는 것이 필요합니다. 적어도 교회가 세상 사람들의 법보다는 더 높은 윤리의식을 갖고 있다는 믿음을 세상 사람들에게 주지 못한다면 세상은 교회를 빛이라고 생각지 않을 것입니다.

우리는 세상으로 내려가야 합니다. 그들과 삶을 공유하려고 해야 하고 같은 눈높이로 내려가야 합니다. 그래야 우리가 전하는 복음이 받아

들여질 것입니다.

이것은 결코 세상과 타협하는 것이 아닙니다. 예수님이 몸소 보여주신 인카네이션 즉 성육신의 길을 따르는 것입니다.

2. 세상과 구별되어야 합니다.

우리는 세상의 문화 속에서 죄와는 무관한 것과 죄의 요소를 충분히 내포한 일들을 구분해야 합니다. 가령 TV보는 것을 죄라고 하면서 장롱 속에 집어넣을 필요는 없습니다. 컴퓨터나 인터넷도 죄의 도구가 아닙니다. 이런 것들은 다 문명의 이기에 불과합니다. 죄의 도구로도 의의 도구로도 쓰여 질 수 있는 양면성을 갖고 있습니다. TV나 인터넷을 통해서 폭력적이고 선정적인 내용을 접할 수도 있고, 우리의 상식과 정서와 신앙에 유익한 내용을 얻을 수도 있습니다. 앞으로도 새로운 형태의 문명은 계속해서 등장할 것입니다.

그러나 우리는 세상 속에 어둠이 가득 차 있음을 잘 알고 있습니다. 가정에도 직장에도 국가에도 죄의 요소들이 많이 있습니다. 죄의 관습이나 왜곡된 관행 그리고 죄로 오염된 가치들이 숨겨져 있습니다. 우리는 이것들로부터 우리를 구별해야 합니다.

우리 자신을 사회생활이나 문화로부터 분리하는 것이 아닙니다. 이것은 그릇된 이원론적인 삶입니다. 신앙은 그런 사회나 문화에 숨겨진 죄악 된 요소들로부터 자신을 분리하는 것입니다.

이것은 치열한 싸움입니다. 우리는 세상 사람들과 많은 영역에서 삶을 공유하고 어울리지만 동시에 이들이 추구하는 죄의 가치를 단호히 거절해야 합니다. 죄를 죄라고 말하고 거기서 돌아서는 결단이 필요합니다.

'아담 클라크'는 젊을 때 포목 상점에서 일했습니다. 당시 아담은 가난했고 일자리가 귀했습니다. 하루는 주인이 "손님에게 물건을 팔 때는 포목을 힘껏 당겨서 치수를 맞추라"라며 요령을 가르쳐 주었습니다. 그러면 90cm를 1m로 만들 수 있다는 것이지요. 그러자 아담은 말했습니다.

"주인님, 이 포목은 당겨서 늘릴 수 있지만 제 양심은 그렇게 못합니다."

그 후 아담은 포목 상점에서 쫓겨났습니다. 그러나 하나님은 이 정직한 아담을 귀하게 쓰셔서 훗날 성경주석을 집필하는 훌륭한 사역자로 세우셨습니다.

이처럼 세상과 구별되는 삶은 경제적인 손실을 줄 수도 있고 자기를 쳐서 복종시키는 아픔도 있을 수 있습니다. 또는 사람들 속에서 왕따를 당하는 위기를 만날 수도 있습니다.

그러나 그런 것이 두려워서 죄의 길에 동참하고 머문다면 짠맛을 잃은 소금과 같이 되는 것입니다. 세상에서 아무 쓸모없는 그리스도인이 될 뿐입니다.

그러므로 신앙은 순간순간의 결단입니다. 결단이 없는 신앙은 성장할 수 없습니다. 결단을 두려워하고 타협하는 것에 머문다면 쓸모없어 버려진 소금처럼 사람들이 밟고 다니는 존재가 될 것입니다.

말씀을 맺겠습니다! 주님은 교회가 무엇인지를 분명히 말씀하고 계십니다. 소금은 자기를 위한 소금이 아닙니다. 음식에 간을 하기 위한 소금입니다. 빛 역시 자신을 비추기 위한 빛이 아닙니다. 어둠을 밝히기 위한 빛입니다. 이와 같이 교회도 자기를 위한 교회가 아니라 세상을 위한 교회입니다. 그러므로 이제 사회와 역사를 의식하여 세상을 바르게 섬기는 교회가 되기를 바랍니다.(2012년 12월 2일)

이 시대 교회의 힘

"몸은 하나인데 많은 지체가 있고 몸의 지체가 많으나 한 몸임과 같이 그리스도도 그러하니라 우리가 유대인이나 헬라인이나 종이나 자유인이나 다 한 성령으로 침례를 받아 한 몸이 되었고 또 다 한 성령을 마시게 하셨느니라 몸은 한 지체뿐만 아니요 여럿이니 만일 발이 이르되 나는 손이 아니니 몸에 붙지 아니하였다 할지라도 이로써 몸에 붙지 아니한 것이 아니요 또 귀가 이르되 나는 눈이 아니니 몸에 붙지 아니하였다 할지라도 이로써 몸에 붙지 아니한 것이 아니니 만일 온 몸이 눈이면 듣는 곳은 어디며 온 몸이 듣는 곳이면 냄새 맡는 곳은 어디냐 그러나 이제 하나님이 그 원하시는 대로 지체를 각각 몸에 두셨으니 만일 다 한 지체뿐이면 몸은 어디냐 이제 지체는 많으나 몸은 하나라 눈이 손더러 내가 너를 쓸 데가 없다 하거나 또한 머리가 발더러 내가 너를 쓸 데가 없다 하지 못하리라 그뿐 아니라 더 약하게 보이는 몸의 지체가 도리어 요긴하고 우리가 몸의 덜 귀히 여기는 그것들을 더욱 귀한 것들로 입혀 주며 우리의 아름답지 못한 지체는 더욱 아름다운 것을 얻느니라 그런즉 우리의 아름다운 지체는 그럴 필요가 없느니라 오직 하나님이 몸을 고르게 하여 부족한 지체에게 귀중함을 더하사 몸 가운데서 분쟁이 없고 오직 여러 지체가 서로 같이 돌보게 하셨느니라 만일 한 지체가 고통을 받으면 모든 지체가 함께 고통을 받고 한 지체가 영광을 얻으면 모든 지체가 함께 즐거워하느니라 너희는 그리스도의 몸이요 지체의 각 부분이라"(고전 12:12-27)

이 시대에 교회의 힘은 무엇입니까?

세상에 선한 영향을 미칠 수 있는 교회의 힘은 무엇일까요? 주님은 교회의 머리이시면서 동시에 세상의 주님, 곧 왕이십니다. 그러므로 교회에 충만하신 주님은 동시에 세상을 충만하게 하시는 분이십니다. 다시 말해서 교회의 머리로서 교회의 몸과 지체를 유기적으로 세우시는 주님은 동시에 세상의 주로서 세상을 통치하십니다. 그렇다면 그분은 어떻게 세상을 통치하시는 것일까요? 그것은 바로 교회를 통해서입니다.

교회는 먼저 하나님의 말씀을 계시 받은 영적 공동체로서 그리스도와 세상 사이에서 그의 사신이 되어 '세상을 변혁시키는 힘'입니다. 그래서 교회를 세상의 빛과 소금이라고 하셨습니다. 그렇다면 교회는 어떻게 해야 할까요? 세상에 나가서 전도하고 선교하고 정의와 평화를 부르짖는 일을 해야 합니다. 동시에 중요한 것은 교회가 교회 되는 것입니다. 교회는 세상의 가치(the worldly point of view)를 근거로 세워지는 것이 아니라, 하나님의 말씀(the word of God)을 근거로 세워지는 것입니다. 이 세상과 근본적으로 다른 가치관과 삶의 방식이 세상에 줄 수 있는 가장 강력한 교회의 힘입니다. 오늘날 교회가 세상에서 외면을 당하는 것은 무엇을 하지 않아서가 아닙니다. 교회가 '참 교회'의 모습을 잃어버렸기 때문입니다.

본문 성경은 교회가 가져야 할 가장 중요한 성격을 보여주고 있습니다. 그것은 바로 '다양성(variety) 속의 하나됨(unity)'입니다. 교회는 하나라는 데서 시작됩니다.

"몸이 하나요 성령도 한 분이시니 이와 같이 너희가 부르심의 한 소망 안에서 부르심을 받았으나 주도 한 분이시오 믿음도 하나요 세례도 하나요 하나님도 한 분이시니 곧 만유의 아버지시라 만유 위에 계시고 만유를 통일하시고 만유 가운데 계시도다"(엡 4:4-6)

삼위일체 하나님께서 우리를 한 몸으로 부르셨습니다. 우리는 여기서 출발합니다. 내 손가락에 물집이 생기고 발바닥에 티눈이 박혀서 고통을 주어도, 내 손이요 내 발입니다. 때로는 애를 먹이는 교인이 있고, 또 교인들 간에 갈등이 있다고 해도 우리가 한 몸임에는 변함이 없습니다. 우리는 이 하나됨을 잘 지켜가야 합니다.

그렇다면 하나됨이란 어떤 것일까요?

어떤 이는 하나가 되려면 한 유니폼을 입어야 한다고 생각합니다. 이것은 '획일화(uniformity)'이지 '하나됨(unity)'이 아닙니다. 오히려 유니폼이 하나됨의 가장 큰 장애물이 될 수 있습니다.

성경은 다양성 가운데 하나됨을 말하고 있습니다. 교회는 다양한 사람들로 구성됩니다. 이미 세상에서 다양한 외모와 성향을 가진 사람들이 교회 안에 들어와 서로 다른 영적인 은사와 직분을 갖게 됩니다. 이 많은 다름과 다양함에도 불구하고 하나를 이루어가는 것, 그것이 참교회가 되는 길입니다. 그러나 이것은 결코 쉬운 일이 아닙니다. 하나됨은 절대 거저 이루어지는 것이 아닙니다. 그렇다면 하나가 되기 위해 우리는 어떤 노력을 기울여야 할까요?

1. 서로 다른 것을 이해하고 받는 것입니다.

15절은 하나됨을 가로막는 생각이 어떤 것인지를 이야기합니다.
"만일 발이 이르되 나는 손이 아니니 몸에 붙지 아니하였다 할지라도 이로써 몸에 붙지 아니한 것이 아니요"

발이 나는 손이 아니라고 하는 말 속에는 다분히 기분 나쁜 감정이 담겨 있습니다. "무슨 저런 놈이 다 있어? 난 저런 놈하고는 차원이 달라. 저런 놈과 내가 같은 몸이라고? NO!!" 발은 자기 관점에서 손을 보면서 자신과 손이 하나라는 생각을 전혀 갖지 않습니다.

조선에 처음 서양인들이 들어왔을 때 얼마나 놀랐겠습니까?

우리는 사람이라고 하면 그저 우리처럼 생겨야 한다고 생각했습니다. 코는 납작하고 피부는 누렇고! 이웃나라 중국과 일본 사람들도 우리처럼 생겼으니까 사람은 다 이렇게 생겨야한다고 생각했습니다. 그런데 서양인들은 코도 오뚝하고 피부도 하얗습니다. 그래서 그들이 사람으로 안 보이고 귀신처럼 보였습니다. 서양귀신! 우리뿐만이 아닙니다. 18세기까지는 미국의 백인들도 흑인을 정상적인 사람이라고 생각하지 못했습니다. 지금 생각하면 정말 말도 안 되는 이야기입니다.

그런데 어쩌면 100년쯤 뒤 우리 후손들에게는 전혀 말도 안 되는 그런 생각들을 지금 우리는 진리라고 우겨대고 있는지도 모를 일입니다. 내가 모범교본이고 나와 다른 것은 다 틀렸다고 하는 생각이 크면 클수록 그럴 가능성은 더욱 높을 것입니다.

특히 우리 사회에는 자기 논리에 갇힌 사람들이 많습니다.

몇 년전 갤럽이 조사한 바에 의하면 우리나라 사람 약 98%가 자신을 '진보' 혹은 '보수' 중 하나라고 명확하게 정의했다고 합니다. 반면에 이스라엘 사람들은 50.6%가 자신을 매우 유연한 '중도'라고 생각하고 있다고 합니다.

이처럼 우리 사회에는 양 극단에 서서 자기 생각을 절대화하는 사람들이 많습니다. 그렇다보니 어떤 갈등이 생길 때마다 타협과 합의보다는 다툼과 분열로 끝나는 경우가 비일비재합니다.

나처럼 안하면 적이라고 여깁니다. 그러다 보니 자신과 다른 문화, 이념, 사고방식을 '다르다'라고 생각하기 보다는 '틀렸다'고 생각하며 받아들이지 못하는 것입니다.

교회는 이러한 갈등들을 치유하는 자리에 서야 합니다.

교회가 어떤 곳입니까?

"우리가 유대인이나 헬라인이나 종이나 자유인이나 다 한 성령으로 세례를 받아 한 몸이 되었고 또 다 한 성령을 마시게 하셨느니라"(고전 12:13)

그 당시 유대인과 헬라인의 관계는 지금 남한과 북한과의 관계보다 훨씬 더 갈등과 반목이 심했습니다. 유대인은 헬라인을 부정하게 여겼고, 헬라인은 유대인을 미개하게 여겼습니다. 또 종이나 자유인은 어떻습니까? 그 둘의 신분은 말 그대로 하늘과 땅 차이였습니다. 그런 유대인과 헬라인, 종이나 자유인이 서로 어깨를 나란히 한다는 것은 상상조차 할 수 없었던 것이 당시 사회의 당연한 관념이었습니다.

그런데 이런 것들이 어디서 무너졌습니까? 바로 교회 공동체에서 무너졌습니다. 성령이 유대인뿐만 아니라 이방인에게도 임했습니다. 종도 세례를 받고 자유인과 같이 그리스도 안에서 한 몸이 되었습니다.

주님은 세상이 당연시하는 차별의 고리를 끊으시고 그들 모두를 동등한 지체로 여겨주셨습니다. 이것이 교회입니다. 사회에서 용납될 수 없는 민족과 신분의 벽을 뛰어넘어 하나 되게 하는 힘이 교회에 있습니다. 교회에는 이 '다름'을 품을 수 있는 겸손과 온유와 인내와 사랑의 힘이 있습니다.

전라북도 김제시 금산교회에서 있었던 유명한 일화 하나를 소개해 드립니다.

1904년, 호남선교 7인 중 한 명인 데이트(L.B.Tate, 최의덕) 선교사가 순회 선교활동을 하며 전주에서 정읍으로 가던 중 조덕삼이라는 거상을 만나게 됩니다. 그는 중국으로 홍삼 등을 판매하던 무역상이었는데 마방도 함께 운영을 하고 있었습니다. 그런데 데이트 선교사가 말을 타고 다니다 보니 우연히 조덕삼을 만나게 된 것입니다. 데이트 선교사는 조덕삼에게 복음을 전했고, 예수님을 영접한 조덕삼은 자신의 사랑채를 예배 처소로 내어주었는데 그렇게 시작된 교회가 바로 금산교회입니다.

세월이 흐르고 교세가 커지자 금산교회는 장로 선출을 하게 됩니다. 많은 사람들이 교회 설립자이고 거상이며 교회 운영에도 많은 후원을 하고 있었던 조덕삼이 장로가 될 것으로 예상했습니다. 그러나 정작 장로로 선출된 사람은 조덕삼이 아니라 조덕삼의 머슴이자 마방의 마부인 이자익이었습니다. 한 명은 주인, 한 명은 머슴이었는데 머슴이 장로가 된 것입니다.

강한 신분제가 유지되고 있던 당시 우리나라의 상황에서 주인이 떨어지고 종이 장로가 되었으니 신도들뿐만 아니라 장로 선출에 참석한 선교사들도 매우 놀랐습니다. 그런데 더 놀라운 일이 일어났습니다. 장로 선출에 탈락한 조덕삼이 발언권을 얻어 교회 앞에서 이렇게 말했습니다.

"우리 금산교회 교인들은 참으로 훌륭한 일을 해냈습니다. 저희 집에서 일하고 있는 이자익 영수는 저보다 신앙의 열의가 대단합니다. 이런 분이 장로가 되어 참으로 감사합니다. 나는 하나님의 뜻을 겸허히 받아들여 이자익 장로를 잘 받들고 교회를 더욱 잘 섬기겠습니다."

이 말대로 조덕삼은 자신보다 15살이나 어리며 머슴인 이자익을 장로로 잘 섬겼습니다. 뿐만 아니라 후일 이자익을 평양신학교에 보내 학비 전액을 지원해 주며, 그가 목사가 되는 과정에 큰 도움을 주었습니다. 그리고 훗날 자신이 장로가 되었을 때 자신의 종이며 마부출신 이자익을 금산교회의 목사로 초빙해서 담임목사와 장로로 함께 교회를 섬기는 모습을 보여주었습니다. 어떻게 이런 일이 가능합니까? 바로 이것이 교회의 진정한 힘이기 때문에 가능한 것입니다.

성령은 끊임없이 교회에 가르치십니다.

이 말씀에 순종하는 마음으로 우리 모두가 다른 누군가를 용납하는 사람이 된다면 우리는 우리가 속한 가정이나 직장, 사회에서 '평화를 만드는 사람'(Peacemaker)이 될 것입니다. 교회가 편협하고 옹졸한 사람이 아니라 'Peacemaker'를 만들어갈 때 사회를 변혁시키는 큰 힘을 발휘하게 됩니다. 서로를 받아주고 이해하고 용납하는 우리 모두가 되기를 바랍니다.

2. 서로 다른 가치를 존중하는 것입니다.

우리 몸에서 눈이 얼마나 이쁩니까?

보통 "발가락이 아름답네요!"라는 말은 안 해도 "눈이 참 아름답군요!"라는 말은 많이 합니다. 그런데 만약 몸의 모든 지체들이 눈을 부러워하며 모두가 눈이 되고 싶어 한다고 생각해 봅시다. 어찌 되겠습니까? 눈이 열 개, 스무 개가 넘는 괴물이 되지 않겠습니까? 모두가 동일한 가치와 생각을 추구하며 사는 것이 그렇게 좋은 것만은 아닙니다.

"만일 온 몸이 눈이면 듣는 곳은 어디며 온 몸이 듣는 곳이면 냄새 맡는 곳은 어디냐"(고전 12:17)

이 말씀처럼 획일화 된 가치관은 문제가 있습니다. 모든 사람들이 서로 원하고 목표하는 것이 꼭 같으면 어떻게 되겠습니까? 극심한 경쟁 사회가 되지 않겠습니까? 우리 사회가 심한 경쟁구도에 빠져 있는 것은 시스템 때문이라기보다 먼저 사람들의 가치관에 그 원인이 있습니다.

모두가 소중하다고 생각하며 추구하는 것이 비슷합니다. 대부분의 학생들이나 부모들 머릿속에 최고의 가치는 공부 잘해서 좋은 대학에 가는 것입니다. 그것이 출세와 행복의 지름길이라고 생각하기 때문입니다. 좋은 고등학교의 기준은 '얼마나 훌륭한 인간을 만드느냐'가 아니라, '일류대학에 몇 명을 보내느냐'가 된지 오래입니다.

고등학교만의 문제가 아닙니다. 신문사들은 서울대학교에 몇 명을 보냈는가를 공개하면서 고등학교 순위를 매깁니다. 이 순위에 밀리는 학교의 교장과 교사들은 엄청난 스트레스를 받을 것입니다. 그래서 그 소중한 미술과 음악, 체육시간에 몰래 영어와 수학을 가르치는 학교도 있었습니다. 이런 획일적인 가치가 지배하는 곳에서는 공부 못하면 열등한 사람이 됩니다. 행복을 성적순으로 규정해 버리니 행복하게 살기가 얼마나 힘들겠습니까.

제가 독일에 갔을 때 아주 멋있게 생긴 독일 사람을 만났습니다.

교양이 있고 신사적이며 클래식을 좋아하는 분이었습니다. 교회의 장로이기도 한 그에게는 남다른 품격 같은 것이 있어보였습니다. 저는 속으로 생각했습니다. "이 사람은 어느 대학에 나왔을까, 전공이 뭘까?" 그런데 나중에 알고 보니까 그는 대학 문턱에도 가보지 못한 사람이었습니다. 대학은커녕 어릴 적부터 너무 공부를 못해서 성적이 아주 낮은 학생들이 가는 학교에 들어갔다고 합니다.

그런데 거기서는 공부를 못한다고 뭐라고 하는 사람이 없었습니다. 오히려 공부 말고 잘 할 수 있는 다른 것이 무엇인지 각자의 재능과 적성에 맞는 일들을 찾아 그 일을 배우게 했습니다.

그는 거기서 액자 만드는 일을 했다고 합니다. 그리고 나중에는 액자 만드는 마스터가 되었습니다. 저는 그분과 대화하면서 너무나 부럽고 부끄러웠습니다. 그 사람은 너무 건강해 보였고, 저는 너무 병든 사람처럼 여겨졌습니다. 그리고 이런 생각이 들었습니다. '만약 그가 한국에 살았다면 공부 못한다고 얼마나 주눅 들며 힘들게 살았을까? 너는 왜 공부도 못하고 무능하냐는 소리를 들으며 얼마나 불행하게 살았을까?' 갑자기 한국에 있는 모든 학생들이 불쌍하다는 생각이 들었습니다.

그 분뿐만이 아니라 독일에는 그런 사람들이 많습니다. 각자가 다양한 영역에서 자신에게 맞는 일을 하며 행복을 누리며 살고 있습니다. 그리고 그 다양성을 인정하고 존중해 줍니다. 그러나 우리는 모두가 공부 잘해야 인간 구실한다는 생각을 갖고 있습니다. 이러한 왜곡된 세상을 치유할 책임이 교회에 있습니다. 교회의 머리 되신 주님은 그런 획일적인 가치로 사람을 판단하지 않으십니다.

"그러나 이제 하나님이 그 원하시는 대로 지체를 각각 몸에 두셨으니"(고전 12:18)

교인 한 사람, 한 사람이 하나님의 뜻 가운데 세워진 소중한 지체입니다. 그들에게 주어진 모든 직분과 은사는 각각 고유한 가치와 기능을 가지고 있습니다. 그러므로 거기에는 높고 낮음이 없습니다.

그러나 이러한 주님의 뜻에 순종하지 않고 세상 가치관에 오염된 교회는 경쟁과 시기로 얼룩지기 마련입니다. 직분은 무슨 감투나 명예로 전락하고, 여기에 선출되지 못한 사람은 경쟁에서 낙오된 사람마냥 큰 시험에 들게 될 것입니다. 이 모든 것이 획일적인 가치관에 경도된 세상의 모습입니다. 이런 교회가 무슨 세상에 빛과 소금이 된단 말입니까? 교회는 경쟁하는 곳이 아닙니다. 경쟁심은 다른 사람의 실패와 불행을 자기의 기회와 행복으로 여기게 만듭니다. 그리고 연약한 자를 루저라 부르며 따돌리기도 합니다. 교회는 그런 경쟁의 가치관을 심어주는 곳이 아닙니다. 교회는 더불어 사는 공동체입니다. 남의 넘어짐을 함께 아파하고 연약한 자를 긍휼히 여기며 서로 돕는 공동체가 바로 교회입니다. 교회를 세우시는 하나님의 행위를 주목해 보십시오.

그렇습니다. 우리 눈에 덜 귀중하게 생각되는 지체는 보다 귀중한 것을 입히십니다. 이 얼마나 기가 막힌 하나님의 사랑입니까? 또한 교회 안에서 가난한 사람에게 더 큰 영적인 부요함을 부어주시고, 약한 사람에게 오히려 더 큰 능력을 입혀주십니다. 하나님의 목표는 몸을 고르게 하는 것입니다. 그분은 평균케 하시는 분이십니다. 그래서 몸 가운데 분쟁이 없이 서로 같이 돌보게 하십니다. 그래서 이 교회로 하여금 창조 시부터 하나님이 원하셨던 인간다운 공동체를 만드시는 것입니다.

'높고 낮음, 귀하고 천함이 없이 모두가 다 하나님 앞에서 동일한 존귀함과 가치를 갖고 서로를 섬기고 돕는 유기적인 공동체!'

이것이야말로 세상이 가질 수 없고 경험할 수 없는 교회의 특권인 것입니다. 교회는 그렇게 되어야 합니다. 그렇게 성령이 하나 되게 하신 것을 지키려고 힘써야 합니다. 그리고 이러한 교회의 모습이야말로 이 시대에 선한 영향력을 미칠 수 있는 힘이 되는 줄로 믿습니다. 우리 모두 이런 교회를 세워나갈 수 있기를 바랍니다.(2015년 1월 11일)

더불어 사는 공동체

"믿는 사람이 다 함께 있어 모든 물건을 서로 통용하고 또 재산과 소유를 팔아 각 사람의 필요를 따라 나눠 주며 날마다 마음을 같이하여 성전에 모이기를 힘쓰고 집에서 떡을 떼며 기쁨과 순전한 마음으로 음식을 먹고 하나님을 찬미하며 또 온 백성에게 칭송을 받으니 주께서 구원 받는 사람을 날마다 더하게 하시니라"(행 2:44-47)

우리는 언론을 통해 안타까운 사연들을 접하곤 합니다.

몇 해 전의 신문 기사 중 아직도 기억나는 것 두 개가 있습니다. 하나는 1960년대 고교 야구시절 각광받던 강타자였던 한 전직 야구선수가 한겨울 서울의 장충 리틀야구장 선수 대기실에서 웅크려 누운 상태로 동사되어 발견되었는데 가족들조차 그가 노숙하고 있었던 것을 전혀 몰랐다는 사실입니다.

또 하나는 부산 해운대의 한 아파트에서 35세 여자가 자살한 지 무려 7개월 만에 미라처럼 말라있는 상태에서 발견됐다는 것이었습니다. 그녀는 15년 전부터 가족들과 관계를 끊고 살았다고 합니다. 이 외에도 자살 등과 같은 안타까운 사건, 사고는 매일 언론에 보도됩니다.

이런 안타까운 죽음의 원인을 개인에게서 찾는 경우도 있습니다. 내성적이고 고립된 성향 등 성격적이고 정신적인 원인이 있을 것이고, 또 역기능가정에서 자란 영향도 무시할 수 없을 것입니다. 그러나 조금 더 시야를 넓혀 들여다보면 다른 원인이 보입니다. 급격한 경제 성장 속에서 우리 사회가 잃어버린 것이 있는데 '더불어 사는 공동체성'이 바로 그것입니다.

어느 사회 집단이나 경쟁이 없을 수는 없습니다. 경쟁은 필요하나 지나친 것이 문제입니다. 또 경쟁으로 인한 부작용을 잘 보완하는 것이 병행되지 않으면 경쟁은 무서운 사회의 독이 됩니다. 온통 경쟁을 부추기는 사회, 능력 있는 사람들에게 기회와 힘을 몰아주는 사회, 이로 인해 빈익빈 부익부로 이어지면서 양극화가 심화되는 사회는 건강한 사회가 아닙니다. 이런 토양에서 양산되는 패배자들은 설 땅을 잃어가고, 그들 중 심약한 이들은 자포자기하고, 독한 이들은 묻지마 범죄자로 전락하는 것입니다.

한 보수적인 신문에서 이런 현상을 지적하는 글을 실었습니다. "한국이 갈라지고 있다. … 대기업과 중소기업의 양극화, 부자와 서민들의 양극화는 점점 더 골이 깊어지는 형국이다. 양극화는 불신을 낳고, 이 불신은 사회통합과 국가경쟁력을 저해한다. 양극화를 그대로 방치했다가는 한국경제의 미래는 없다."

양극화가 가져 올 더 큰 재앙을 막으려면 대기업과 부자들이 상생의 지를 좀 더 실천해야 한다는 것이 전문가들의 한결같은 지적입니다. 이것은 사회주의나, 좌파라서가 아니라 한국 경제의 승자독식 체질을 상생 체질로 바꾸기 위한 현실적 대안입니다. 다름 아닌 우리 사회의 깊은 변화를 촉구하는 것입니다.

우리나라가 OECD 국가 중 자살률 1위인 것은 어제 오늘의 일이 아닙니다. 지난 20년 간 자살률이 5배나 증가했고 특히 노인 자살률의 폭발적인 증가를 기록하고 있는 것은 우연이 아닙니다. 생명 경시 사상이 일부 영향을 미쳤을 수는 있지만 문제의 본질은 아닙니다.

이는 지금 우리 사회가 처한 '척박한' 환경의 당연한 귀결입니다. 소수의 정치인이나 기업가만의 책임도 아닙니다. 우리 모두의 책임입니다. 당연히 교회의 책임이 큽니다. 교회가 복음의 지향하는 본연의 자리에 서지 못했기에 세상을 바르게 돕지 못했기 때문입니다.

이제 우리는 정말 신앙의 가르침으로 돌아가야 합니다. 그것은 '더불어 사는 공동체성'의 회복입니다. 이것은 다른 곳에서 기대할 수 없습니다. 무엇보다 먼저 교회부터 실천해야 합니다. 교회가 바로 그런 공동체가 되고, 그런 공동체에서 교육받은 성도들이 세상에서 그 가치를 실천하는 것으로 이어져야 합니다.

더불어 사는 공동체성은 어떤 사회학 이론에서 빌려온 것이 아닙니다. 이것은 구약시대, 하나님께서 이스라엘에 주신 율법의 핵심 사상이고, 신약에서는 은혜와 교회의 본질입니다. 오순절 성령강림으로 시작된 예루살렘교회는 120명에서 3,000명이 넘는 수로 증가했습니다. 이런 급격한 성장에는 반드시 부작용이 따르게 마련입니다. 그럼에도 불구하고 초대교회가 건강한 교회로 유지될 수 있었던 비결은 무엇일까요? 본문에 그 이유가 나타납니다.

"믿는 사람이 다 함께 있어 모든 물건을 서로 통용하고"(행 2:44)

여기서 "함께 있어"라는 말은 에세네파처럼 자기 집에서 나와 광야 같은 고립된 곳에 모여 공동생활을 했다는 말이 아니라 '더불어 살았다'는 뜻입니다. 그리고 그 더불어 산 것의 주요 골자는 '물건을 공유하였다'는 것입니다. 인간에게 가장 본능적인 자기 소유권을 내려놓았던 것입니다. 이것은 뒤에 다시 한 번 소개됩니다.

"믿는 무리가 한마음과 한 뜻이 되어 모든 물건을 서로 통용하고 자기 재물을 조금이라도 자기 것이라 하는 이가 하나도 없더라"(행 4:32)

이것을 보다 구체적으로 실천한 것은 45절입니다.

"또 재산과 소유를 팔아 각 사람의 필요를 따라 나눠 주며"(행 2:45)

당시는 매우 어려운 시기여서 굶어죽는 사람들이 많았고, 자연히 교회 안으로 들어온 사람들 중에도 극빈자들이 많았습니다. 그런 상황에서 이들과 더불어 살기 위해 가진 자들이 변화해야 했음은 말할 것도 없습니다. 성령께서는 이 가진 자들의 마음을 움직이셨습니다.

"사도들이 큰 권능으로 주 예수의 부활을 증언하니 무리가 큰 은혜를 받아 그 중에 가난한 사람이 없으니 이는 밭과 집 있는 자는 팔아 그 판 것의 값을 가져다가 사도들의 발 앞에 두매 그들이 각 사람의 필요를 따라 나누어 줌이라"(행 4:33-35)

이것이 바로 복음의 핵심입니다. 예수 그리스도의 부활을 듣고 확신한 성도들 속에 강력한 은혜가 임했고, 그 은혜가 그들의 생각을 바꾸고 삶을 변화시켰습니다. 그리고 그 변화의 핵심은 소유에 대한 애착에서 자유로워지는 것이었습니다. 얼마나 놀랍습니까? 소유에 대한 욕망은 사람이 스스로 무너뜨리기 어려운 가장 견고한 진 중 하나입니다.

초대교회에서 일어난 일들을 보십시오. 밭과 집이 있는 사람들이 그것을 팔아 사도들 앞에 드렸습니다. 도대체 무엇을 위해 그런 희생을 감행합니까? 오직 가난한 성도들과 더불어 살기 위해서였습니다.

사도들이 그것을 받아 각 사람의 필요에 따라 나누어 주니 가난한 사람이 없어졌습니다. 즉 극빈한 사람, 먹고 입지 못하는 사람이 없게 되었다는 것입니다. 그 결과 가진 자의 교만과 없는 자의 상실감으로 마음이 나뉘면서 빈부 격차로 인한 위화감으로 물과 기름처럼 공허하고 무기력한 모임이 될 뻔했던 초대교회는, 진정 더불어 사는 은혜로운 모임, 생명력 있는 공동체가 되었습니다.

교부 크리소스톰은 이에 대해 이렇게 기록하고 있습니다. "이 교회는 자기 것을 아무 것도 자기 것이라고 말하지 않는 천사와 같은 단체였다. 곧 악의 뿌리가 잘려져 나갔다. 아무도 비난하지 않았고 아무도 시샘하지 않았으며 아무도 인색하게 굴지 않았다. 거기에는 교만도 치욕도 없었다. 가난한 사람들은 부끄러움을 몰랐으며 부자들은 거만함을 몰랐다."

그들은 진정 하나가 되었습니다. 실천적인 사랑 속에서 기쁨이 있고, 능력이 있는 모임이 되었습니다. 그러므로 세상을 도전하는 힘이 있었습니다.

초대교회의 이런 모습은 후대 교회에 본이 될 뿐 아니라, 후대 사회에도 커다란 영향을 미쳤습니다. 그 이후에 기독교의 주도권을 갖게 된 이방인 교회는 이런 공동 소유를 의무화하지 않았지만 더불어 사는 공동체의 정신만큼은 이어갔습니다. 예루살렘교회에 기근이 들었을 때에 안디옥교회는 재빨리 구제금을 모아서 보냈고 이후 소아시아와 유럽의 교회들 역시 가난한 예루살렘 성도들을 위해 헌신했습니다.

이것이 바로 복음의 정신입니다. 복음의 정신은 더불어 사는 공동체성입니다. 구약의 율법도 마찬가지입니다. 안식년과 희년제도는 함께 더불어 살아야 한다는 하나님의 강력한 메시지라고 할 수 있습니다.

왜 그럴까요? 해답은 공동체의 풍성함이 곧 나의 행복이 되기 때문입니다. 남보다 더 많이 갖고 더 높이 올라가려는 욕심은 결국 나를 노예로 만드는 것입니다. 말씀에 대한 깨달음과 은혜는 욕심을 내려놓게 하고 움켜쥐려는 손을 펴서 나눠주게 만듭니다. 바로 이것이 자연스러운 복음의 방향입니다.

그런데 만일 거꾸로 가고 있다면 그것은 참된 복음이라 할 수 없습니다. 그것은 가짜 복음이고 가짜 믿음입니다. 우리가 가야 할 방향을 분명히 합시다. 그것은 얼마나 많이 벌 것인가를 계산하지 않고, 얼마나 많이 나눌 것인가를 계산하는 것입니다. 다른 사람과의 경쟁에서 내가 얼마나 앞설 것인가를 셈하지 않고, 다른 사람과 어떻게 더불어 갈 것인가를 셈하는 것입니다.

교회에서 먼저 더불어 사는 공동체를 실천해 가야 합니다. 이것을 가장 실천하기 좋은 곳은 소그룹입니다. 예루살렘교회의 이상적인 모임도 먼저 가정의 소그룹에서 실천되었습니다. 그리고 우리의 소그룹 모임들은 메마른 성경 지식을 논하고 세상 가치를 전수하는 모임이 되어서는 안 됩니다. 그 곳은 가진 것, 이룬 것을 자랑하면서 나의 존재

가치를 높이려는 곳이 아닙니다. 사실 그런 피곤한 모임은 세상에 널려 있습니다.

우리는 연약한 자들과 힘이 없는 자들이 위로와 안식을 얻고 믿음의 자존감을 갖는 모임을 세워가야 합니다. 오히려 서로의 연약함을 자랑하고 자기를 비우면서 나눔의 사랑을 실천하는 것입니다. 그래서 함께 짐을 지고 함께 아픔을 나누고 함께 치유해 가면서 진정한 복음을 배우는 것, 그것이 기독 공동체가 가야 할 마땅한 길입니다. 교회 전체에서도 자기의 것을 기꺼이 드리려는 뜨거운 헌신자들이 여기저기 일어나고 구제와 나눔이 활발히 일어나는 공동체로 더욱 성장해야 합니다.

나아가 교회를 넘어 사회 속에서 그러한 가치를 실천해야 합니다. 그것은 약한 자들을 밟고 일어서는 무정한 자가 아니라, 이들을 같이 끌고 가면서 더불어 살려고 하는 작은 예수가 되는 것입니다. 만일 대한민국의 8백만 그리스도인들이 그런 정신으로 이 사회 속에서 살아간다면 더 이상 OECD국가 중 자살률 1위라는 불명예를 안지 않을 것입니다.

수년 전 성지순례를 갔을 때에 예루살렘에 도착한 날이 마침 토요일이었습니다. 아직 안식일이라는 이유로 호텔 업무까지 중단하고 있었고, 그로 인해 우리를 포함한 수많은 관광객들이 저녁 8시까지 굶으면서 로비에서 기다려야만 했습니다. 사회 전체가 안식일을 철저히 지킴을 확인할 수 있었습니다.

그런데 한편으로는 인상적인 부분이 있었습니다. 금요일 저녁 안식일이 시작되면 상점들마다 문을 닫는데, 그때에 가게들마다 조금 전까지 팔았던 상품들 중 일정량을 가게 앞에 내놓는 것이었습니다. 누군가 필요한 사람이 그 물건들을 거저 가져갈 수 있도록 하기 위함이었습니다. 즉 안식일을 지킴과 동시에 자선과 선행을 실천하는 것입니다. 이것이 그들의 삶에 가장 중요한 원칙이었습니다. 가난한 자들이 살 수 있도록 돕는 것, 거기에는 약자들을 향해 "우리가 당신들을 생각하고 있다"고 전하는 무언의 메시지가 담겨져 있었습니다.

국가나 복지제도가 아니라, 일반인들이 자신의 삶의 가치에 뿌리내린 '제다카'(가난한 자들에게 긍휼을 베푸는 것을 의로 여기는 것)를 자발적으로 실천하는 것입니다. 이 더불어 사는 공동체성이야말로 유대인을 세계에서 가장 강한 민족, 탁월한 민족으로 만든 원동력이 되었습니다.

우리의 삶의 목표를 이렇게 잡아봅시다. '내가 몸담은 영역에서 약한 자를 돌아보고 더불어 사는 공동체를 세워가는 것'. 그 선한 결실을 통해 하나님 나라를 세워가는 우리 모두가 되기를 바랍니다.

(2013년 1월 13일)

영광의 신학과 십자가 신학

"성령이 친히 우리의 영과 더불어 우리가 하나님의 자녀인 것을 증언하시나니 자녀이면 또한 상속자 곧 하나님의 상속자요 그리스도와 함께 한 상속자니 우리가 그와 함께 영광을 받기 위하여 고난도 함께 받아야 할 것이니라 생각하건대 현재의 고난은 장차 우리에게 나타날 영광과 비교할 수 없도다"(롬 8:16-18)

종교개혁 500주년이 넘었습니다.

1517년 10월 31일 마틴 루터는 당시 가톨릭교회에서 팔고 있던 면죄부를 반박하는 95개조문을 뷔텐베르그(Wüttenberg)대학교회 정문에 내걸었습니다. 그리고 이 사건은 당시 병들고 부패한 교회의 개혁과 사회 변화 운동에 결정적 계기가 되었습니다.

당시 교회는, 다 허물고 리모델링하지 않으면 안될 만큼 병들고 썩어있었습니다. 그래서 하나님은 루터를 통해서 새로운 교회를 세우셨는데, 이것은 또한 훗날 가톨릭을 정화시키는 데에도 결정적인 역할을 했습니다.

그러나 역사는 참 아이러니합니다. 개혁을 앞세우며 시작한 개신교 역시 500년의 역사를 지나면서 개혁의 대상이 되고 말았습니다. 물론 개신교회들, 특별히 한국의 개신교회들 역시 당시 가톨릭교회처럼 강한 자부심에 사로잡혀있습니다.

"우리야말로 성경적이고 복음적인 교회이다."

과연 그런가요? 도리어 겸손히 자신을 돌아보아야 합니다. "교회는 끊임없이 개혁되어야 한다"라고 말한 칼빈의 말에 귀를 기울어야 합니다. 우리는 바뀌어야 합니다.

루터 당시 가톨릭은, 소아시아의 사데교회와 같이, '살았다 하는 이름은 가졌지만 죽은 교회'였습니다. 가장 기본적인 구원의 교리에서조차 표류하다보니, 면죄부까지 발행하게 되었습니다. 면죄부는 돈으로 구원받을 수 있다는 사악한 교설입니다. 신학적인 왜곡입니다. 그리고 교회가 맘모니즘(물신주의)에 깊이 물들었다는 증거였습니다.

루터는 당시 교회의 모든 문제를 한마디로 '영광의 신학'이라고 표현했습니다. 면죄부를 반박한 이듬해인 1518년, 그는 하이델베르크에서 자신을 변증하면서 가톨릭의 신학을 '영광의 신학'(theologia gloriae)이라 칭했습니다. 이에 반해 자신의 신학을 '십자가 신학'(theologia crucis)이라고 했습니다.

영광의 신학과 십자가 신학!

이것이 무엇인가요? 이것을 이해하기 위해 교회사를 좀 돌아보아야 합니다.

초대 예루살렘교회부터 기독교는 박해받는 소수의 종교였습니다. 지역적으로 간헐적으로 있었던 박해는, 네로황제부터는 국가적 차원에서 전국적으로 행해졌습니다.

박해라는 것은 짧으면 몇 년, 길게는 몇 십 년 지속되었습니다. 전체적으로 볼면 300년에 가까운 시간이 기독교인들에게는 박해와 고난의 시간이었습니다. 이 고난의 시기에 어떤 이들은 갑바도기아에 있는 동굴같은 곳에서, 어떤 이들은 로마에 있는 카타콤이라는 지하묘지에서 살아야 했습니다.

당시 그들이 처했던 삶을 상상하기란 어렵지 않을 것입니다. 궁핍과 가난, 가정에서 쫓겨나고, 직장이나 사회에서 소외되는 등 많은 억울한 일들을 겪었습니다. 옥에 갇히고 고문당하거나 화형을 당하기도 했습니다. 다른 무엇 때문이 아닙니다. 우리가 지금 믿고 있는 그 예수를 믿는다는 이유 때문입니다.

당시 그들이 추구했던 신앙은 오늘날 우리가 추구하고 있는 신앙과 우리와 꼭 같았을까요? 예수 잘 믿으면 잘 살고, 막힌 벽이 뚫리면서 형통한 길이 주어지리라는 그런 믿음을 가지고 있었을까요? 예수 믿고 영생을 얻음과 동시에 세상에서도 편안히 유복하게 사는 그런 것을 기대하는 믿음이었을까요?

그런 사람들은 벌써 일찌감치 교회를 떠났을 것입니다.

그들의 소망은 이 세상에 있는 것이 아니었습니다. 그들이 누리고 싶은 영광은 이 땅에서의 영광이 아니라 부활의 영광이었습니다. 그리고 그 영광을 얻기 위해서는 이 세상에서는 마땅히 이런 고난을 받아야 한다고 생각했습니다. 이것이 바로 루터가 말하는 십자가신학입니다. 초대교회는 십자가신학의 교회였습니다.

이 소망이 너무도 강렬하였기에 그들은 어떤 경우에도 신앙을 포기하지 않았습니다. 때리면 맞고, 뺐으면 빼앗기고, 붙잡으면 붙잡히고, 죽이면 말없이 순교의 자리로 나아갔습니다.

그리고 바로 이 신앙, 고난 중에서도 예수를 사랑하고 영원한 영광을 소망하는 이 신앙, 아니 고난을 당연한 것으로 여기면서 묵묵히 감수하는 이 신앙이 주위 사람들에게 오히려 깊은 도전을 주었습니다. 그들은 물었습니다.

"도대체 당신들 속에 있는 그 소망의 비밀이 무엇입니까?"

그럴 때마다 그들은 확신을 가지고 예수를 증거했습니다.

그런 가운데 313년 밀라노칙령을 통해서 마침내 기독교는 로마제국 안에서 공인된 종교로 인정받았습니다. 지하에 숨어있던 교회는 지상으로 올라왔고, 매우 빠른 속도로 배가 되면서 100년이 채 지나기도 전에 기독교는 로마의 국교가 되었습니다.

교회의 모습이 달라졌습니다. 교회는 더 이상 힘없는 사람들의 모임이 아니었습니다. 신앙을 지키기 위해서 고난과 순교를 각오할 필요가 없었습니다. 오히려 그 반대였습니다. 유럽은 이제 오히려 교회를 다니지 않으면 박해받거나 쫓겨나는 사회가 되어갔습니다.

시민의 다수가 교인이 되면서, 교회는 자신도 모르는 사이에 힘을 가지게 되었습니다. 밀라노의 감독 암브로시우스는 데살로니가인 7천 명을 학살한 데오도시우스 황제를 수찬정지 시켰습니다. 그러자 황제는 교회 앞에서 자신의 죄를 자복하고 용서를 구했습니다. 사람들은 교회의 힘에 놀랐습니다.

중세에는 교회와 국가의 힘겨루기가 계속되었습니다.

11세기 성직자수임권을 놓고 교황 그레고리 7세는 당시 신성로마제국황제였던 하인리히 4세를 수찬정지 시켰습니다. 그러자 황제는 알

프스의 카놋사에 있는 교황을 찾아가 추위 속에 3일 동안 맨발로 교황 앞에 무릎을 꿇고 용서를 빌었습니다.

교회는 이처럼 세상에서 힘을 가지고 지배하는 것을 세상에 대한 하나님나라의 승리라고 생각했습니다. 이제 정말 기독교는 힘과 권력 그리고 부를 누리는 종교가 되었습니다. 교회는 수많은 땅을 소유하고 있었고, 비숍(노회장)은 심지어 군대까지 거느렸습니다. 평민들은 신학교를 나와서 사제가 되는 것을 출세의 첩경으로 여겼습니다. 교회는 세상영광으로 옷을 입었습니다.

결국 가톨릭교회가 추구하는 신학은 영광의 신학이 되었습니다. 그 영광은 영적인 것으로 교묘히 포장되었지만, 결국 세상영광이었습니다. 하나님은 영광가운데 계신 분입니다. 그러므로 그의 집은 가장 영광스러워야 합니다. 그래서 많은 돈을 들여서 웅장하고 화려한 교회를 지었습니다. 면죄부를 팔았던 것도 이 휘황찬란한 베드로성당을 짓기 위해서였습니다.

당연히 교회뿐만 아니라 교인 개개인도 영광의 신학을 추구하게 되었습니다. 더 많은 재물과 힘과 권력을 가지고 세상에서 남부럽지 않게 사는 것이 하나님의 축복이라 생각했습니다.

세상영광을 지향하는 신앙은 결국 자기중심적입니다. 즉 그 신앙은 항상 자기에게 주목합니다. 육신을 자랑하고, 가진 것을 자랑합니다. 선행과 의를 신뢰하면서 자기의 공덕을 쌓아갑니다. 그리고 그것을 구원의 중요한 조건으로 생각합니다.

루터는 이것을 보았습니다. 교회가 면죄부를 팔고 교인들은 그 면죄

부를 사는 것을 보면서 그가 직시한 것은 이 영광의 신학이 이런 비성
경적이고 비기독교적인 현상을 만들어냈다는 사실입니다.

그러면서 루터는 교회는 성경이 가르치는 십자가의 신학으로 돌아
가야 한다고 말했습니다.

십자가 신학 - 그것은 철저히 자기를 부인하는 신앙입니다. 나 자
신이 중요하지 않습니다. 나의 노력, 나의 선행, 나의 공덕 - 이것이
나를 구원하지 못하고, 나의 성공과 재물과 평안이 나의 신앙을 보증하
지 못합니다.

오직 예수 그리스도, 십자가에 못 박히신 하나님의 아들만이 우리가
주목할 분입니다. 그에게 하나님의 의 곧 은혜로 주실 구원의 선물이
있습니다. 믿음은 자신에게 주목하지 않고 여기 십자가에 주목하는 것
입니다. 우리 구원의 근거가 전혀 자신에게 있지 않고, 전적으로 그분
의 공로에 있는 것입니다. 그래서 "의인은 오직 믿음으로 말미암아 살
리라!" 이것입니다.

이신칭의는 선한 행위나 삶을 무시하는 신학이 아닙니다. 오직 십자
가 안에 있는 하나님의 은혜만을 주목하게 하는 신학입니다. 그 앞에서
나는 아무 것도 아닙니다. 내 지식, 내 선행, 내 성공, 내 외모 - 이 모
든 것은 아무런 의미가 없습니다. 내가 설 자리는 없습니다. 나는 그저
하나님의 은혜로 구원받아야 할 죄인에 불과합니다.

예수를 믿으면서도 여전히 내가 중요하고 내 의가 살아있는 것은,
십자가 신학이 아니라 영광의 신학을 좇고 있기 때문입니다. 우리가 외

모, 자식, 재물과 업적을 자랑하면서 자신을 중요하게 여기는 것은, 십자가 은혜를 잃어버렸기 때문입니다.

아울러 십자가 신학은 이것입니다. 하나님은 영광 속에 계신 것이 아니라, 고난 속에 계신 분이라는 것입니다. 하나님의 아들 우리 주 예수 그리스도는 영광 받기 위해서 오신 것이 아니라, 고난을 받기 위해 오셨습니다. 그는 고난당하는 자들과 함께 하셨습니다. 그러므로 고난은 저주가 아닙니다. 고난은 그리스도를 따르는 자라면 누구나 짊어져야 하는 십자가입니다. 제자의 길은 바로 고난의 길입니다.

오늘 이 성경은 영광과 고난의 의미를 정확하게 가르쳐주는 말씀입니다. 우리는 영광 가운데 부르심을 받았습니다. 어떤 영광인가요? 하나님의 자녀가 되는 영광입니다.

"성령이 친히 우리의 영과 더불어 우리가 하나님의 자녀인 것을 증언하시나니"(16)

죄 아래 있는 모든 피조물은 죄로부터 해방된 하나님의 자녀를 부러워합니다. 그리스도인이 된다는 것은 이미 가장 존귀한 자로, 최고의 영광의 자리에 앉는 것입니다. 이것이 바로 축복입니다.

아울러 하나님의 자녀가 된다는 것은 미래의 영광을 약속합니다.

"자녀이면 또한 상속자 곧 하나님의 상속자요 그리스도와 함께 한 상속자니"(17 상)

하나님의 유산을 받게 되는 영광이 우리를 기다리고 있습니다. 그런데 우리는 보통 상속자가 아니라, 그리스도와 함께 하는 상속자입니다. 그리스도와 같은 수준의 상속자입니다. 이 어마어마한 영광이 약속되어 있습니다.

그 약속받은 사람은 세상에서 어떻게 살아야 할까요?

"우리가 그와 함께 영광을 받기 위하여 고난도 함께 받아야 할 것이니라 생각하건대 현재의 고난은 장차 우리에게 나타날 영광과 비교할 수 없도다"(17 하-18)

훗날 그리스도와 함께 영광을 받기 위해서 이 세상에서는 그와 함께 고난도 받는 것입니다.

받아야 합니다. 이것이 영광의 상속자들 모두가 가야할 길입니다. 이 세상은 우리가 영광을 받는 곳이 아니라, 고난을 받는 곳입니다. 이 것을 명심해야 합니다. 영광은 우리들에게 잠깐 유보되어 있습니다. 그 리고 그 영광은 이 고난들과는 비교할 수 없습니다.

바로 이것입니다. 이것이 십자가 신학입니다. 그러므로 신앙인이 이 세상영광을 좇아가면, 주님과 멀어집니다. 십자가와 멀어집니다. 라오 디게아 교회와 같이 되어갑니다. 양지만을 찾아 떠도는 세속에 물든 신 앙인이 됩니다.

오늘날 개신교회는 영광의 신학에 물들어있습니다. 번영신학이나 기복신앙 모두가 그러한 신학입니다. 세상영광을 믿음의 열매로 생각 합니다. 하나님을 잘 믿으면, 그가 하는 일마다 하나님이 잘 되게 해주 신다는 공식이 교인들의 머리에 박혀있습니다. 얼마 전 우리나라를 방 문한 남아공의 존 디 그루치 박사는 아예 이런 신앙을 복음에 반하는 이단이라고 정죄까지했습니다.

어느 교회의 임직식에 간적이 있었습니다. 그런데 그 교회 담임목사가 자기 교회에서 임직받은 중직자는 다 잘되고 성공했음을 강조했습니다. 형통과 성공이 좋은 신앙의 징표인 것처럼 말입니다. 이것이 오늘날 개신교회의 현주소입니다. 그러다보니 교회에는 물신주의가 팽배하게 되고 자기 의가 충만하게 됩니다. 과거 가톨릭이 좇던 바로 그 영광의 신학을 좇고 있는 것입니다.

우리 사회에서 다수가 된 교회는 이제는 정치권력화를 향하여 나아가려고 합니다. 힘으로 세상을 바꾸려고 합니다. 세상을 섬기는 것이 아니라 지배하려고 합니다. 그러면서 점점 무례한 기독교가 되어가고 있습니다.

우리 교회는 다시 개혁되어야 합니다. 다시 십자가신학으로 돌아가야 합니다. 우리는 세상에서 영광의 자리로 부르심을 받은 것이 아니라, 예수와 함께 고난을 받는 자리로 부르심을 받았습니다. 이것을 명심해야 합니다.

편안하게 아무 문제없이 사는 삶이 축복된 삶이 아닙니다. 하는 일마다 잘되고 아무 고난 없이 세상 영광으로 둘러싸인 삶이 성공한 삶이 아닙니다. 먼 훗날 인생을 뒤돌아 보면서, "나는 평생 큰 어려움 없이 형통한 길을 걸으면서 편안히 살았다"라고 말한다면, 사람들은 부러워할지 모르나 주님은 칭찬하지 않으십니다. 어쩌면 그 다음 세상에서 그분과 함께 영광의 자리에 서는 것이 거절당할지 모릅니다.

아침에 일어나 기도할 때에 "오늘 하루 아무 문제없이 편안하게 살게 해주십시오"가 우리가 드릴 기도가 아닙니다.

"하나님의 이름이 거룩히 여김을 받으시고, 하나님의 나라가 임하시고, 하나님의 뜻이 이루어지기를 원합니다."

이것이 우리가 드려야할 기도입니다.

그리고 오늘 하루 그것을 위해서 수고와 고난을 감당하면서, 아니 기꺼이 고난을 자취하면서 살려는 것 - 이것이 십자가 신학의 삶입니다.

"너는 …오직 하나님의 능력을 따라 복음과 함께 고난을 받으라"(딤후 1:8)

우리의 인생이 하나님의 나라와 의를 위한 고난으로 점철된 삶이라면, 그 삶이 성공한 삶입니다.

우리는 편안한 삶에 안주해서는 안됩니다. 세상 영광을 좇으며 살아서는 안됩니다. 내가 그리스도를 위해서 고난 받을 자리가 어디인지를 둘러보아야 합니다. 나의 손길을 필요로 하고 헌신과 섬김을 필요로 하는 자리가 있습니다. 때로는 움켜쥐었던 것을 나누어 줘야할 자리가 있습니다. 때로는 비방 받거나 수욕을 받아야 할 자리도 있습니다. 때로는 갈등하고 고민하고 괴로워해야 할 자리도 있습니다. 외로워하고 아파해야할 자리도 있습니다.

그러나 세상에서 우리의 고난이 클수록, 그 날에 우리에게 주어질 영광이 클 것입니다. 세상에서 잃어버리는 것이 많을수록, 그 나라에서 얻는 것이 많을 것입니다.

이제 영광의 신학에서 십자가 신학으로 돌이키는 우리 모두가 되기를 바랍니다.(2017년 10월 29일)

교회 울타리를 넘어서라

part 4

정의와 공의

우리가 돌이켜야 할 죄

"여호와의 손이 짧아 구원하지 못하심도 아니요 귀가 둔하여 듣지 못하심도 아니라 오직 너희 죄악이 너희와 너희 하나님 사이를 갈라 놓았고 너희 죄가 그의 얼굴을 가리어서 너희에게서 듣지 않으시게 함이니라 이는 너희 손이 피에, 너희 손가락이 죄악에 더러워졌으며 너희 입술은 거짓을 말하며 너희 혀는 악독을 냄이라 공의대로 소송하는 자도 없고 진실하게 판결하는 자도 없으며 허망한 것을 의뢰하며 거짓을 말하며 악행을 잉태하여 죄악을 낳으며 독사의 알을 품으며 거미줄을 짜나니 그 알을 먹는 자는 죽을 것이요 그 알이 밟힌즉 터져서 독사가 나올 것이니라 그 짠 것으로는 옷을 이룰 수 없을 것이요 그 행위로는 자기를 가릴 수 없을 것이며 그 행위는 죄악의 행위라 그 손에는 포악한 행동이 있으며 그 발은 행악하기에 빠르고 무죄한 피를 흘리기에 신속하며 그 생각은 악한 생각이라 황폐와 파멸이 그 길에 있으며 그들은 평강의 길을 알지 못하며 그들이 행하는 곳에는 정의가 없으며 굽은 길을 스스로 만드나니 무릇 이 길을 밟는 자는 평강을 알지 못하느니라 그러므로 정의가 우리에게서 멀고 공의가 우리에게 미치지 못한즉 우리가 빛을 바라나 어둠뿐이요 밝은 것을 바라나 캄캄한 가운데에 행하므로 우리가 맹인 같이 담을 더듬으며 눈 없는 자 같이 두루 더듬으며 낮에도 황혼 때 같이 넘어지니 우리는 강장한 자 중에서도 죽은 자 같은지라 우리가 곰 같이 부르짖으며 비둘기 같이 슬피 울며 정의를 바라나 없고 구원을 바라나 우리에게서 멀도다 이는 우리의 허물이 주의 앞에 심히 많으며 우리의 죄가 우리를 쳐서 증언하오니 이는 우리의 허물이 우리와 함께 있음이니라 우리의 죄악을 우리가 아나이다 우리가 여호와를 배반하고 속였으며 우리 하나님을 따르는 데에서 돌이켜 포학과 패역을 말하며 거짓말을 마음에 잉태하여 낳으니 정의가 뒤로 물리침이 되고 공의가 멀리 섰으며 성실이 거리에 엎드러지고 정직이 나타나지 못하는도다 성실이 없어지므로 악을 떠나는 자가 탈취를 당하는도다 여호와께서 이를 살피시고 그 정의가 없는 것을 기뻐하지 아니하시고 사람이 없음을 보시며 중재자가 없음을 이상히 여기셨으므로 자기 팔로 스스로 구원을 베푸시며 자기의 공의를 스스로 의지하사 공의를 갑옷으로 삼으시며 구원을 자기의 머리에 써서 투구로 삼으시며 보복을 속옷으로 삼으시며 열심을 입어 겉옷으로 삼으시고 그들의 행위대로 갚으시되 그 원수에게 분노하시며 그 원수에게 보응하시며 섬들에게 보복하실 것이라"(사 59:1-18)

이사야서에 나오는 죄의 문제를 좀 더 심도 있게 생각해봅시다.

이사야 59장은 먼저 죄의 결과가 무엇인지를 경고하면서 시작합니다.

"여호와의 손이 짧아 구원하지 못하심도 아니요 귀가 둔하여 듣지 못하심도 아니라 오직 너희 죄악이 너희와 너희 하나님 사이를 갈라놓았고 너희 죄가 그의 얼굴을 가리어서 너희에게서 듣지 않으시게 함이니라"(1-2)

이는 잘 알려진 말씀으로, 특히 회개를 촉구할 때에 많이 인용됩니다. 하나님은 우리 기도를 즐겨 들으시는 분이시고, 어떤 위험에서도 우리를 건져내실 능력을 갖고 계신 분입니다.

그런데 뭐가 문제입니까?

문제는 우리의 죄에 있습니다. 우리 죄가 하나님과 우리 사이를 갈라서 서로 소통하지 못하게 하고, 응답받지 못하게 하는 것입니다. 그러므로 우리가 할 일은 이것입니다.

"너희는 돌이켜 회개하고 모든 죄에서 떠날지어다 그리한즉 그것이 너희에게 죄악의 걸림돌이 되지 아니하리라 너희는 너희가 범한 모든 죄악을 버리고 마음과 영을 새롭게 할지어다."(겔 18:30 하-31)

죄에서 돌이켜서 마음과 영을 새롭게 하라는 것입니다. 그런 결단이 있어야 합니다. 그렇다면 어떤 죄에서 돌이켜야 합니까? 회개를 위해서는 먼저 죄가 무엇인지 명확히 아는 것이 중요합니다.

'회개하라'하면 흔히 떠올리는 죄들이 있습니다.

우상 숭배, 거짓, 미움, 탐욕 그리고 음행 등의 죄입니다. 부모님께 효도하지 못하고, 자녀에게 상처 주고, 기도와 말씀을 등한시하고 교회 사역을 성실하게 못한 것 등을 회개합니다. 그렇습니다. 항상 이런 죄가 우리 속에 없는지 돌아보고 돌이켜야 합니다.

그러나 이 이사야서의 말씀은 그런 류의 죄를 가리키는 것이 아닙니다.

먼저 이 59장의 구조를 보면 1-8절까지는 이사야가 이스라엘 백성의 죄를 열거하는데, '너희' 또는 '그들'이 주어로 사용되고 있습니다. 9-15 상 절에서는 백성들이 자신들의 죄를 인정하고 자백합니다. 여기서는 주어가 '우리'입니다. 그리고 마지막 15 하 절부터는 '하나님'이 주어가 되면서 그가 직접 행하시고 다스리실 것을 선포합니다. 그렇다면 이사야가 지적하고 있는 죄, 이스라엘이 자백하는 죄의 핵심은 무엇입니까?

3-8절을 이해하기 쉽게 현대인의 성경으로 읽어봅시다.

"너희 손은 피로 물들었고 너희 손가락은 죄로 더러워졌으며 너희 입술은 거짓을 말하고 너희 혀는 악한 것을 내뱉고 있다. 또 공정하고 정당한 방법으로 소송하는 자가 없으며 거짓말하고 악한 음모를 꾸며 상대방을 해치고 있다. 너희가 꾸미는 악한 음모는 독사의 알처럼 치명적이다. 너희가 항상 악한 것을 계획하여 그것을 신속히 행하며 죄 없는 사람을 살해하는 데 주저하지 않으니 너희가 가는 곳마다 황폐와 파멸이 뒤따를 것이다. 너희는 참된 평안이 무엇인지 모르며 정의와 진리가 무엇을 뜻하는지도 알지 못하고 계속 잘못된 길을 가고 있다. 그러므로 너희를 따르는 자들은 결코 평안을 누리지 못할 것이다."

이스라엘이 자복하는 죄도 마찬가지입니다.

"여호와여, 주 앞에 우리의 허물이 많습니다 …우리가 다른 사람들을 괴롭히고 악한 것을 생각하며 거짓말을 하였습니다. 그래서 우리 주변에는 공정과 정의와 진실과 정직이 사라졌습니다. 이처럼 어느 곳에서도 진실을 찾아볼 수 없게 되었으므로 악을 피하는 자들이 오히려 희생되고 있습니다."(12-15 상)

그러니까 하나님이 이사야를 통해 지적하시는 죄는, 한마디로 공의의 부재 그리고 정의의 실종입니다.

이 59장에만 공의와 정의라는 단어가 10번 나옵니다. 하박국의 표현 그대로입니다.

"이러므로 율법이 해이하고 정의가 전혀 시행되지 못하오니 이는 악인이 의인을 에워쌌으므로 정의가 굽게 행하여짐이니이다"(합 1:4)

그 사회에 정의가 시행되지 않고 정의가 굽게 행하여짐은 곧 불의가 가득 차 있다는 말입니다. 악한 음모, 악한 행위, 거짓이라는 말이 반복됩니다. 나봇의 포도원사건과 같이 권력자들이 자신들의 목적을 위해 조작한 것을 근거로 한 재판이 이루어집니다. 뇌물을 먹은 재판관은 판결을 굽게 합니다. 그러다보니 그 사회에서 무죄한 자가 희생당하고 억울한 일이 계속됩니다.

폭력과 학대가 만연하면서 가련한 자들의 부르짖음이 하늘에 닿았습니다.

"무릇 만군의 여호와의 포도원은 이스라엘 족속이요 그가 기뻐하시는 나

무는 유다 사람이라 그들에게 정의를 바라셨더니 도리어 포학이요 그들
에게 공의를 바라셨더니 도리어 부르짖음이었도다"(사 5:7) "그들은 뇌물
로 말미암아 악인을 의롭다 하고 의인에게서 그 공의를 빼앗는도다"(사
5:23)

이것이 이스라엘과 유다의 모습이었습니다.

이런 죄가 하나님과 담을 쌓고, 기도가 상달되지 못하게 막았습니다. 하나님의 은총을 갈망한다면 반드시 이것을 돌이켜야 합니다.

우리 역시 마찬가지입니다. 교회는 성적 방종이나 음란의 문제, 도덕적 타락에 대해서는 매우 민감합니다. 신사참배 등의 우상숭배나 종교적인 규율에 있어서는 철저합니다. 그러나 이사야가 지적한 바, 공의와 정의 문제에는 관심도 없을 뿐만 아니라, 이것을 믿음의 일로 간주하지도 않습니다. 마치 성경에는 그런 말씀이 없는 것처럼 취급합니다.

정의를 배우지 않으니 정의에 대한 분별력이 없을 수밖에 없습니다. 그러다 보니 자신도 모르게 불의의 도구가 됩니다. 믿음생활을 하는 사람으로서, 사회악의 주범이 되는 것입니다.

1961년 예루살렘에서 세계가 주목하는 재판이 열렸습니다. 독일 SS 친위대장 히믈러의 오른팔이었던 '아이히만'에 대한 재판이었습니다. 그는 나치정권하에서 유럽 각지에 있는 유대인의 체포와 강제이주를 계획하고 지휘했던 자였습니다.

패전 후 가족과 함께 아르헨티나로 도망하여 은신하다가 이스라엘의 정보기관 모사드에 붙잡혔습니다. 이 재판에서 아이히만은 600만

유대인 학살의 주범으로 인정되어 사형 당했습니다.

이 재판을 직접 참관한 사람 중에 '한나 아렌트'가 있었습니다. 유대인인 그녀는 〈뉴요커〉라는 잡지의 특파원 자격으로 참관했습니다. 그녀는 이 참관기록을 자료로 삼아 1963년에 《예루살렘의 아이히만, 악의 평범성에 대한 보고》라는 책을 냈습니다.

"악의 평범성!"

이 무슨 말입니까? 우리는 이런 생각을 갖기 쉽습니다. 악이라는 것이 보기만 해도 섬뜩한 조폭이나 살기가 번뜩이는 강도 이런 특별한 사람에게만 있다고 말입니다. 그러나 아닙니다. 그저 평범하게 보이는 사람들 속에서도 괴물과 같은 악은 얼마든지 나타날 수 있습니다.

흔히 유대인을 학살한 나치 친위대라고 하면 왠지 포악하고 잔인한 모습을 상상하게 됩니다. 마치 영화 '신들러 리스트'에 나오는 아몬 괴트와 같은 인물입니다. 얼마나 잔인하고 매섭게 생겼습니까? 랄프 파인즈라는 배우가 아몬 역을 맡았는데, 감독인 스필버그가 영화를 찍다가 잠깐 쉬는 시간에 이 아몬분장을 한 파인즈를 보는 순간 그를 진짜 아몬으로 착각하고는 자기도 모르게 두려움과 함께 치가 떨렸다는 일화가 있습니다.

사람들은 아이히만을 그런 인상으로 상상했습니다. 그런데 그가 공개되자 놀랐습니다. 그는 그저 평범한 이웃집 아저씨의 모습이었습니다. 수줍어하고 내성적이고 성실하면서 고지식한 공무원의 인상이었습니다. 그런 무정하고 잔인한 일을 한 사람으로 생각하기에는 너무나 순해 보였습니다.

외모만 그런 것이 아닙니다. 그의 생각이 너무도 천진난만했습니다. 그는 자기 죄가 무엇인지 모른다고 했습니다. 재판 내내 자신은 잘못한 것이 없다는 주장으로 일관했습니다. 자신은 그저 국가와 상관이 시키는 일을 성실히 했을 뿐이라는 것입니다. 위에서 내린 명령을 이행한 것이기에 유대인에게 행한 사악한 일에 대해서 그는 조금도 가책을 느끼지 않았습니다. 가책에 관해 말한다면, 그는 오히려 국가로부터 녹을 받는 공무원으로서 국가가 시키는 일을 성실하게 하지 못할 때에 심한 가책을 느낀다고 했습니다.

아이히만은 언뜻 보면 그냥 평범한 사람입니다. 사실 세상에는 그런 사람들이 많이 있습니다. 직장에서 상관이 시키는 일에 순종하며 성실히 하는 사람들 말입니다. 집에서는 가족을 사랑하는 가장이고, 교회에서는 신실한 교인이었을 수도 있습니다. 그가 주일에 가족들과 함께 교회에서 예배드리는 장면을 상상해 봅시다. 찬송가를 부르고 설교를 듣습니다. 옆에 앉은 교우들과 따뜻한 미소를 띠우며 친절한 인사를 나눕니다. 그리고 다음날 직장에 가면 그는 잔혹하고 무시무시한 일을 하는 사람이 되는 것입니다.

물론 기도도 하고 참회기도도 할 것입니다. 예를 들면 애들을 때린 것, 아내에게 화낸 것, 직장에서 좀 게으름 피운 것, 지나가는 여자를 보며 음욕을 품었던 것 등등에 대하여 말입니다. 그러나 수많은 유대인을 불행에 몰아넣은 행위에 대해서는 참회하지 않았습니다. 그것을 죄라 생각지 않았기 때문입니다.

이런 상상이 전혀 불가능한 일일까요?

아닙니다. 충분히 가능한 이야기입니다. 나치 독일뿐만 아니라, 지금 우리나라에서도 얼마든지 일어날 수 있는 일입니다.

여기에 한나 아렌트가 지적한 아이히만의 죄가 있습니다. 그것은 생각하지 않은 죄입니다. 그는 생각하지 않은 사람입니다. 옳고 그름에 대해 생각지 않았습니다. 권력자의 명령에 대해서 그것이 정의로운 것인지, 아니면 불의한 것인지에 대하여 생각할 줄 몰랐습니다. 고민하고 괴로워하지도 않았습니다.

그는 왜 이처럼 생각을 못하는 사람이 되었을까요? 나치즘이라는 이념의 포로가 되었기 때문입니다. 히틀러의 나치가 표방하는 민족주의, 반유대주의, 반공주의, 반자유주의가 무조건 옳다고 생각했습니다. 당시 교인들 중에는 이것이 가장 성경적이고 하나님의 뜻이라고 확신하면서 추종하는 자가 많았습니다.

지금 북한 정권 하의 주민들을 생각해보십시오. 과거 북한을 방문했던 사람들의 공통적인 이야기는 북한 주민들이 참 순박하더라는 것입니다. 부끄러워하고, 친절하며 착해 보인다고 합니다. 아마도 그럴 것입니다. 그들은 아주 고분고분한 사람들입니다.

왜 그렇습니까? 그들 대부분은 공산주의와 주체사상이라는 이념에 포로가 된 사람들입니다. 북한에서의 가장 전형적인 모토는 이것입니다.

"생각은 당이 하십시오. 우리는 무조건 따르겠습니다."

그들중 많은사람들은 생각 없는 사람들, 생각하지 않는 사람들일 수 있습니다.

물론 그들 역시 소시민적인 고민과 생각은 할 것입니다. 가족부양, 자녀교육, 부모봉양, 연애하고 결혼에 대해서 생각하고 고민할 것이고 또 그들 나름의 인륜과 도리와 도덕도 있을 것입니다.

그러나 정의에 대한 생각이 없을 수 있고 통치자가 핵전쟁을 일으키든, 사람을 죽이든, 인권을 유린하든, 무조건 옳다고 확신하면서 목숨을 걸고 뛰어들 사람들일 수 있습니다. 이는 마리오네트 즉 사람의 조작대로 움직이는 인형과 같다고 평가를 받을수도 있습니다.

우리 신앙이 너무 개인의 영역에만 머물러서는 안 됩니다. 공적인 세계, 특별히 국가가 중요합니다. 그곳이 우리가 살아가는 곳이고 신앙과 하나님의 말씀을 실천해 가는 장입니다.

무엇보다도 성경은 국가의 권세가 하나님으로부터 온 것이요, 통치자들은 하나님의 종이라고 가르칩니다.(롬 13장) 교회와 마찬가지로 국가 역시 주님의 기관입니다. 예수 그리스도는 교회의 머리이시면서 동시에 국가의 주인이 되시는 분이십니다.

그러므로 국가는 그의 주인 되신 주님의 뜻에 합한 좋은 나라가 되어야 합니다. 좋은 나라는 국민소득이 높고, 세계 경제 몇 위의 국가가 아닙니다.

성경이 말하는 좋은 나라는 정의로운 나라입니다. 사회 구석구석에 정의가 물같이 흐르고 공의가 마르지 않는 강같이 흐르는 나라가 하나님이 가르치시는 좋은 나라입니다. 그리스도인의 사명은 좋은 교회를 세우는 것만이 아닙니다. 이런 좋은 나라를 세워가는 것 역시 우리의 사명입니다. 그런 좋은 나라를 세우려면 우리는 누구보다도 성경적인 정의관을 가져야 합니다. 성경은 하나님의 공의와 정의가 무엇인가에 대한 말씀으로 가득 차 있습니다.

한국교회는 너무 오랫동안 성경 속의 정의를 가르치지 않았습니다. 이로 인해서 교인들이 정의에 대해 고민하지 않습니다. 아이히만처럼 사회구조적인 문제 속에서 정의가 무엇이고, 불의가 무엇인가를 분별하지 못합니다. 그러다 보니 자기도 모르게 불의를 자행합니다. 그것을 죄라고 생각하지 못합니다. 국가와 상관의 명령이니까 성실하게 했다고 합니다. 모두가 하는 관행이니까 생각 없이 하는 것입니다.

그 결과 경건한 교인이면서 동시에 부정부패에 연루되고, 인권을 유린하고, 무죄한 자를 죄인으로 만들고 심지어 무고한 자를 죽이는 살인자가 됩니다. 이로 인해 역사 속에서 부끄러운 자리에 서게 되고, 이는 결국 하나님의 영광을 가리는 것입니다.

우리에게도 이런 죄가 있지 않은지 돌아봅시다.

우리는 삶의 자리에서 정의롭게 살아갑니까? 우리의 사업은 정직하고 정의롭게 이루어져 가고 있습니까? 우리에게 주어진 힘과 권한이 지배와 억압에 사용되고 있지는 않습니까? 생각 없이 갑의 횡포를 일삼는 것은 아닙니까? 우리의 선택과 판결은 공정하고 공평한 것입니까? 우리는 과부와 고아, 이방인과 가난한 자들을 돌보라는 하나님의 정의에 부응하면서 살아갑니까? 우리의 언행은 다른 사람의 인격과 권리를 존중하고 있습니까? 우리 모두가 돌아봅시다. 그리고 마지막으로 우리는 이 국가권력이 그러한 하나님의 정의에 합당한가를 항상 생각하고 판단해야 합니다.

독일 국민이 히틀러에게 정권을 주었기에 결국 600만 유대인 학살의 길을 열어 주었습니다. 국민 모두가 이 엄청난 죄의 공범자가 된 것입니다. 그들의 어리석고 불의한 선택이었습니다.

오늘 우리가 이 이사야서의 말씀 앞에서길 바랍니다. 그리고 돌이키길 바랍니다. 그래서 우리가 먼저 정의의 사람이 되고, 이 사회를 보다 공의로운 사회로 만들어 가기를 바랍니다.(2017년 8월 13일)

공의와 평화의 왕

"이는 한 아기가 우리에게 났고 한 아들을 우리에게 주신 바 되었는데 그의 어깨에는 정사를 메었고 그의 이름은 기묘자라, 모사라, 전능하신 하나님이라, 영존하시는 아버지라, 평강의 왕이라 할 것임이라 그 정사와 평강의 더함이 무궁하며 또 다윗의 왕좌와 그의 나라에 군림하여 그 나라를 굳게 세우고 지금 이후로 영원히 정의와 공의로 그것을 보존하실 것이라 만군의 여호와의 열심이 이를 이루시리라 시온의 딸아 크게 기뻐할지어다 예루살렘의 딸아 즐거이 부를지어다 보라 네 왕이 네게 임하시나니 그는 공의로우시며 구원을 베푸시며 겸손하여서 나귀를 타시나니 나귀의 작은 것 곧 나귀 새끼니라 내가 에브라임의 병거와 예루살렘의 말을 끊겠고 전쟁하는 활도 끊으리니 그가 이방 사람에게 화평을 전할 것이요 그의 통치는 바다에서 바다까지 이르고 유브라데 강에서 땅 끝까지 이르리라"(사 9:6-7, 슥 9:9-10)

크리스마스 전날을 크리스마스이브라고합니다.

이브(Eve)는 전날이나 전날 밤을 의미하는 말입니다. 물론 예수님이 정확하게 언제 태어나셨는지 아는 사람은 아무도 없습니다. 그것은 중요한 것이 아닙니다. 중요한 것은 성경이 증언하는 바, 주께서 동정녀 마리아에게 성령으로 잉태되고 아기로 태어나셨다는 분명한 사실입니다. 그리고 먼 동방에서 박사들이 찾아와 그 아기 예수 앞에 무릎을 꿇고 예물을 드렸습니다. 이것이 이 땅에 육신으로 오신 주님을 영접하는 인간의 올바른 자세입니다. 우리 역시 주님 앞에 무릎을 꿇고 가장 귀한 예물을 드리며 경배하기를 원합니다.

박사들이 예루살렘에 와서 말하기를, 그들이 좇아온 이 범상치 않은 별은 이스라엘에 왕이 나신 징조라는 것입니다. 이 말을 듣고는 온 성이 소동했습니다. 왕이 오신 것입니다.

오늘 스가랴 선지자 역시 기다리던 왕이 오심을 선포하면서 기뻐하라고 외칩니다.

"시온의 딸아 크게 기뻐할지어다 예루살렘의 딸아 즐거이 부를지어다 보라 네 왕이 네게 임하시나니"(9)

왕이 오신 것입니다.

그가 오셔서 무엇을 하셨습니까?

당연히 이제 보좌에 앉아서 다스리시는 것입니다. 어디를 다스리십니까?

"그의 통치는 바다에서 바다까지 이르고 유브라데 강에서 땅 끝까지 이르리라"(10절 하)

'바다에서 바다까지, 유브라데 강에서 땅 끝까지'- 이것은 온 세상을 가리킵니다. 이제 하나님이 오셔서 직접 온 세상을 통치하는 것입니다.

하나님이 통치하십니다 – 이것은 온 인류에게 최고의 복음입니다.

"좋은 소식을 전하며 평화를 공포하며 복된 좋은 소식을 가져오며 구원을 공포하며 시온을 향하여 이르기를 네 하나님이 통치하신다 하는 자의 산을 넘는 발이 어찌 그리 아름다운가"(사 52:7)

"이제부터 네 하나님이 통치하신다, 그가 왕이시다"

이보다 복된 소식은 없습니다.

왜 그것이 기뻐해야 할 복음인가를 우리 민족은 이해합니다.

1945년 8월 15일, 일본이 패망하면서 악독하고도 불의한 식민통치가 물러나고, 이제 우리 손으로 세우는 정부가 나라를 다스릴 것이라는 해방의 소식이 울려 퍼졌습니다. 36년간 폭정 아래서 시달린 우리에게 이보다 더 기쁜 소식이 있겠습니까?

바로 그것입니다. 새로운 왕의 통치가 시작됩니다.

"그는 공의로우시며 구원을 베푸시며 겸손하여서 나귀를 타시나니 나귀의 작은 것 곧 나귀 새끼니라 내가 에브라임의 병거와 예루살렘의 말을 끊겠고 전쟁하는 활도 끊으리니 그가 이방 사람에게 화평을 전할 것이요"(9-10절 상)

그는 겸손하여 백성을 섬기시는 왕입니다. 그리고 의로 통치하시고, 평화를 이루실 분입니다.

이 성경의 핵심 단어는 바로 이것입니다.

공의와 평화! 이사야가 예수님의 탄생을 예언한 내용 역시 동일합니다.

"이는 한 아기가 우리에게 났고 한 아들을 우리에게 주신 바 되었는데 그의 어깨에는 정사를 메었고 그의 이름은 기묘자라, 모사라, 전능하신 하나님이라, 영존하시는 아버지라, 평강의 왕이라 할 것임이라 그 정사와 평강의 더함이 무궁하며 또 다윗의 왕좌와 그의 나라에 군림하여 그 나라를 굳게 세우고 지금 이후로 영원히 정의와 공의로 그것을 보존하실 것이라 만군의 여호와의 열심이 이를 이루시리라"(사 9:6-7)

'정사'(government)는 통치권이라는 뜻입니다.

하나님이 보내신 아들, 동정녀에게서 태어난 아기의 어깨에 통치권이 주어졌습니다. 어떻게 통치하십니까? 그는 평화의 왕이십니다. 그리고 그 나라를 정의와 공의로 보존하실 것입니다.

그분의 오심, 그분의 탄생 속에 반복되는 이 메시지를 귀담아듣기 바랍니다. 하나님 나라 즉 하나님의 통치가 임했습니다. 그런데 그 통치는 공의의 통치요, 평화를 이루는 다스림입니다. 그러므로 세상을 뒤덮은 어둠과 불의, 다툼과 분쟁이 물러가고 공의와 평화가 서게 될 것입니다.

그런데도 우리는 이 공의와 평화라는 말씀을 잘 듣지 못합니다. 왜냐하면 우리의 왜곡된 눈은 그 의미를 있는 그대로 받아들이기보다는, 오히려 영적으로 알레고리칼하게 해석하는데 너무 익숙해져 있기 때문입니다.

많은 그리스도인들이 성경에 수없이 등장하는 공의(right)와 정의(justice)를, 내 죄가 용서받고 의롭게 되는 칭의(justification)로 바꾸려 합니다. 그러면서 우주적인 하나님의 통치를 간과한 채, 복음을 단순히 "어떻게 하면 내가 구원받을 수 있는가?"라는 틀에 가두려고 합니다. 그러다 보니 그리스도인들이 도리어 세상 속에서 정의감을 상실합니다.

평화라는 말도 마음의 평안으로 해석하고, 가난도 마음의 가난으로 이해하려고 합니다. 그러다 보니 평화와 빈곤의 문제를 우리와 무관한 것처럼 생각합니다. 이처럼 성경이 전하고자 하는 중요한 말씀들을 개인 구원의 문제, 내면의 문제로 바꿈으로, 그 본래의 의미를 상실하게 만드는 것입니다.

우리는 성탄절에 이 메시지를 있는 그대로 받아들입시다. 공의와 평화입니다. 이 땅에 오신 참되신 왕이 세상을 다스리시고 이끌어 가시는 방향은 분명합니다. 공의와 평화입니다.

여기서 우리는 이 교회라는 울타리를 좀 넘어갈 필요가 있습니다. 많은 그리스도인들이 너무 교회 중심적이고, 이분법적이고 이원론적인 사고에 사로잡혀 있습니다.

예수 그리스도는 교회만의 주님, 믿는 자들만의 주님이십니까?

그가 다스리는 곳은 믿는 자들의 마음과 영혼이고, 교회라는 울타리 안에 한정되어 있습니까? 아닙니다. 그의 통치는 바다에서 바다에 미치고, 더 나아가 땅 끝까지 이릅니다. 그러므로 그리스도는 교회의 머리일 뿐 아니라, 모든 통치자와 권세의 머리이십니다.

"그는 모든 통치자와 권세의 머리시라."(골 2:10)

이것을 바울은 또 이렇게 설명합니다.

"(하나님은 그리스도를) 모든 통치와 권세와 능력과 주권과 이 세상뿐 아니라 오는 세상에 일컫는 모든 이름 위에 뛰어나게 하시고 또 만물을 그의 발 아래에 복종하게 하시고 그를 만물 위에 교회의 머리로 삼으셨느니라"(엡 1:21-22)

그는 만물 위에 계신 분, 세상의 주님이십니다. 그러므로 이 세상에 그의 통치가 미치지 않는 영역은 단 한 곳도 없습니다.

그렇다면 그리스도는 어떻게 세상을 공의와 평화로 다스리십니까?

물론 그가 직접 역사 속에 개입하셔서 인간의 생각과 힘으로는 할 수 없는 일을 하기도 하십니다. 우리는 그것을 기적이라고 말합니다.

정말 세상의 역사를 돌아보면 쉽게 이해할 수 없는 기적과 같은 일들이 있습니다. 그러므로 우리는 무엇보다도 기도해야 합니다. 성경은 다른 누구보다도 왕과 통치자들을 위해 기도하라고 명합니다. 믿는 자의 기도는 주님이 세상 속에서 개입하셔서 능력으로 역사하시게 하는 통로입니다.

그러나 그보다 더 보편적인 것은 바로 사람을 통한 통치입니다. 그를 믿고 의롭다 함을 받은 의인들, 하나님의 의를 맛본 자들, 하나님과의 평화를 이룬 자들, 그의 말씀을 듣고 지혜를 얻는 자들을 통해서 세상을 변화시키기를 원하십니다.

예수님이 승천하시기 전 제자들에게 주신 지상 명령을 생각해봅시다.

> "하늘과 땅의 모든 권세를 내게 주셨으니 그러므로 너희는 가서 모든 민족을 제자로 삼아 아버지와 아들과 성령의 이름으로 세례를 베풀고 내가 너희에게 분부한 모든 것을 가르쳐 지키게 하라 볼지어다 내가 세상 끝날까지 너희와 항상 함께 있으리라."(마 28:18-20)

주님은 이제 하늘과 땅의 권세를 가지신 왕입니다. 그러나 세상은 자기 왕의 말씀을 듣지 못합니다. 반면에 그의 제자들, 교회는 그가 가르치신 말씀을 듣습니다. 이 땅에 임한 천국에 관한 교훈, 세상의 풍조와는 전혀 다른 하나님 나라의 가치를 알고 있습니다. 세상에 가서 그것을 알리고 가르치는 것입니다. 그러므로 그리스도인들은 모두가 세상의 예언자들입니다.

> "이는 이제 교회로 말미암아 하늘에 있는 통치자들과 권세들에게 하나님

교회는 하나님의 각종 지혜를 알고 있습니다. 그러므로 세상은 교회의 소리를 들어야 합니다. 교회를 통해서 그들의 왕이신 주님의 뜻을 듣고, 깨닫고 순종해야 합니다.

그 예언의 핵심이 무엇입니까?

"예수를 믿고 구원을 받으라!"

이것이 복음의 핵심입니다. 우리는 이것을 전해서 사람들로 하여금 반드시 오게 될 심판을 피하도록 가르쳐야 합니다. 그리고 하나님의 무한한 사랑을 선포하고 그분과 화목하여 은혜의 삶을 누리도록 가르치는 것입니다.

그러나 이것 못지않게 전해야 할 것은 공의와 평화의 메시지입니다.

우리는 이 잣대를 가지고 세상의 부정과 불의를 정죄하고, 그에 대한 심판을 선포해야 합니다. 과연 하나님의 사역자인 대통령은 공의를 실현하고 있습니까? 정치인들은 공평한 세상을 만들고, 평화를 지향하고 있습니까? 우리 메시지의 칼끝은 이것을 날카롭게 향하는 것입니다.

그렇다면 공의란 무엇일까요?

성경에서 가르치는 공의는 우선 공정한 재판입니다. 국가는 선과 악을 제대로 분별해야 합니다. 그래서 지위고하를 막론하고 악을 징벌하고 선을 상주는 것입니다.

또한 공의란 빈곤의 문제를 치유하는 것입니다. 성경이 가르치는 정의로운 국가는, 그 사회의 가난한 자들을 돌보아 살 길을 열어주면서 더불어 사는 공동체를 만드는 나라입니다.

이 단순한 잣대만으로도 우리는 지금 이 세상이 하나님의 말씀에서 얼마나 멀어져 있는가를 보게 됩니다. 세계 도처에서 재판이 굽어지고 가난한 자가 버려짐을 당하고 있습니다. 우리 사회는 과연 정의가 제대로 서있습니까? 불법을 행하고 불의한 길을 좇는 자가 잘 살고, 양심과 선을 좇아 행하려고 하는 자는 고통받는 그런 사회가 아닙니까? 과부와 고아와 같이 힘없는 사람이 공정한 재판을 받고 있습니까? 유전무죄 무전유죄의 사회는 아닙니까?

과연 우리 사회는 공정한 사회입니까? 부모가 힘과 권력이 있다는 이유로 인해 쉽게 취직되고, 반대로 배경이 없는 젊은이들은 번번이 불이익을 당하는 사회는 아닙니까? 인종이나 민족, 성별의 차이로 인한 차별이 심각하지 않습니까?

우리 사회는 과연 더불어 사는 사회입니까?

빈곤층이나 사회적인 약자의 문제를 해소하기 위해 노력하는 사회입니까? 모세오경의 안식년이나 희년같이, 그 사회에서 뒤처진 자들이 다시금 일어설 수 있는 시스템을 갖고 있습니까? 아니면 잘 살고 능력 있는 자들 위주의 사회입니까? 우리 사회는 빈부격차를 당연시하고 그래서 금수저, 흙수저라는 신분이 형성되고 가난한 자들이 빈곤의 악순환에서 벗어날 수 없는 그런 사회는 아닙니까?

이 사회를 보다 정의로운 사회로 만들 책임이, 우리 믿는 사람들 속에 있습니다. 우리 스스로가 삶의 자리에서 정의를 실천해야 하고, 또한 이 사회에 보다 공의로운 정치를 선택하고 실현해가야 합니다. 그것이 그의 제자들을 통해서 세상을 의롭게 다스리시려는 주님 뜻에 순종해가는 것입니다.

아울러 이 세상은 과연 평화를 추구하고 있습니까?

지금까지의 수많은 전쟁들의 배후에는 호전적인 정치인들이 항상 도사리고 있었습니다. 그들이 여러 이유를 대면서 전쟁의 필요성을 역설했고, 국민들은 이런 달콤한 선동정치에 넘어가 전선으로 달려갔지만, 그 결과는 얼마나 비참하고 참담했습니까? 정말 역사 속에서 하나님이 허락하신 전쟁이 얼마나 있었을까요?

오늘도 세계 구석구석에는 분쟁이 끊이지 않고 있습니다. 이로 인해 많은 인명 피해와 아울러, 고향을 떠난 수많은 난민들의 비참한 삶이 이어지고 있습니다. 우리가 살고 있는 한반도 역시 전쟁의 위기감이 감돌고 있습니다.

평화의 왕으로 오신 예수 그리스도를 생각하면서 다른 무엇보다도 평화를 위해 기도합시다. 그리고 평화를 위해 노력합시다. 분쟁을 야기하는 호전적인 정치인들에게 "NO"라고 말합시다. 평화는 전쟁보다 훨씬 좋은 것입니다. 때로 평화를 위해서 많은 값을 지불할 수 있어야 합니다.

우리 주님은 공의와 평화의 왕으로 오셨습니다. 그가 오신 성탄절, 먼저 빈곤 속에서 허덕이는 가난한 사람들을 생각합시다. 전쟁과 분쟁으로 인해 고통받는 자들을 위해 기도합시다.

그리고 주님의 제자들이 이 시대에 그의 의로운 통치의 도구가 됩시다. 우리가 먼저 의를 좇아서 살고, 평화를 만들어가는 자가 됩시다. 그리고 이 세상이 주님이 원하시는 바, 정의가 물같이 공법이 마르지 않는 강같이 흐르게 되도록 힘씁시다. 칼을 쳐서 보습을 만들고, 창을 쳐서 낫을 만들어 평화를 이루는 그런 세상이 되게 합시다. 그런 주님의 통치를 세상 속에서 이루어가는 우리 모두가 되기를 바랍니다.

(2017년 12월 24일)

어느 때 까지리이까?

"내가 내 파수하는 곳에 서며 성루에 서리라 그가 내게 무엇이라 말씀하실는지 기다리고 바라보며 나의 질문에 대하여 어떻게 대답하실는지 보리라 하였더니 여호와께서 내게 대답하여 이르시되 너는 이 묵시를 기록하여 판에 명백히 새기되 달려가면서도 읽을 수 있게 하라 이 묵시는 정한 때가 있나니 그 종말이 속히 이르겠고 결코 거짓되지 아니하리라 비록 더딜지라도 기다리라 지체되지 않고 반드시 응하리라 보라 그의 마음은 교만하며 그 속에서 정직하지 못하나 의인은 그의 믿음으로 말미암아 살리라"(합 2:1-4)

 하박국이 어떤 사람이고 언제 활동한 사람이었는지에 대해서 정확히 알 수 없습니다. 대체로 그의 활동 시기는 유다의 경건한 왕이었던 요시아가 므깃도에서 전사한 후부터 유다가 바벨론에 함락되기까지의 기간으로 보고 있습니다. 이 기간에 재임한 네 명의 왕들은 모두 사악한 자들이었습니다.

그러나 그에 대한 확실한 정보 두 가지가 이 책의 첫 구절과 마지막 구절에서 소개되고 있습니다.

"이 노래는 지휘하는 사람을 위하여 내 수금에 맞춘 것이니라."(3:19) 그는 찬양전문가였습니다. 그래서 아마도 레위인이 아니었겠는가 생각됩니다. 그러나 이보다 더 확실한 것은 "선지자 하박국이 묵시로 받은 경고라"(합 1:1)

그가 선지자였다는 사실입니다.

일반적으로 선지자란 하나님이 주신 말씀을 받아 사람들에게 전하는 대언자입니다. 또 하나님의 종으로서 하나님이 명령에 절대 순종하는 사람입니다. 호세아는 하나님의 명을 받아 음탕한 고멜과 결혼하기도 했습니다.

그러나 하박국은 아닙니다.

그는 아주 독특한 선지자로 소개됩니다. 주어진 현실을 바라보면서 분노에 가득차서 하나님께 따지듯 질문을 하는 선지자입니다. 그리고 당돌하게도 답을 달라고 다그칩니다.

"내가 내 파수하는 곳에 서며 성루에 서리라 그가 내게 무엇이라 말씀하실는지 기다리고 바라보며 나의 질문에 대하여 어떻게 대답하실는지 보리라 하였더니"(1)

그의 질문은 무엇입니까?

"살려 달라고 부르짖어도 하나님은 듣지 않으시고, 폭력입니다 하고 외쳐도 구해주지 않으니 주님 언제까지 이러실 겁니까?"(1:2)

그는 지금 자기 앞에서 펼쳐지고 있는 부조리하고 불의한 사회를 주목하고 있습니다. 그 사회는 한마디로 폭력이 만연한 사회였습니다. 사람과 사람간의 폭력도 폭력이려니와 그보다 더한 것은 바로 국가의 폭력이었습니다.

일제 강점기에 일본이 한반도에 풀어놓은 4만 명의 헌병들이 무슨 짓을 했는지 우리는 잘 알고 있습니다. 군사독재시절 군인과 경찰이 어떻게 국민들에게 폭력을 행사했는지도 우리는 잘 알고 있습니다. 불의한 사회는 그 무엇보다도 국가의 공권력이 정당치 못하게 행사되는 사회입니다.

그러다보니 억울한 일을 당하는 자들이 도처에서 신음하고, 죄악과 패역, 겁탈과 강포가 만연하며 여기저기에서 분쟁이 그치지 않고 있습니다.

"이러므로 율법이 해이하고 정의가 전혀 시행되지 못하오니 이는 악인이 의인을 에워쌌으므로 정의가 굽게 행하여짐이니이다"(1:4)

이 하박국의 질문에 대한 대답이 왔습니다. 이 불의한 유다를 갈대아인 즉 바벨론으로 심판하신다는 것입니다.

"그들이 맹렬한 노를 일으키며 북쪽에서 불어와 유다를 삼켜버렸다."
(1:6)

그러나 바벨론이 공의의 사자일 수는 없었습니다. 이들의 강포함 또한 만만치 않습니다. 이 사악한 이방인들이 유대인을 억압하는 것도 결코 답이 아닙니다.

하박국은 다시 묻습니다.

"어찌하여 거짓된 자들을 방관하시며 악인이 자기보다 의로운 사람을 삼키는데도 잠잠하시나이까."(합 1:13)

그러면서 그는 망루로 올라가 더 본질적인 대답을 기다리는 것입니다.

하박국이 이런 질문을 한 것은 그에게 철저한 하나님 주권 사상이 있기 때문입니다. 이 세상의 궁극적인 통치자는 하나님이라는 것입니다. 사람이 아닙니다. 왕을 세우고 폐하는 것이 주의 손에 있습니다. 그리고 하나님은 공의로우신 분이십니다. 그런데 이 세상에서 어찌 이리 불의가 횡행하고, 악인이 자기보다 의로운 사람을 삼키는 일이 이처럼 빈번히 일어날 수 있을까요? 왜 하나님은 이에 잠잠하시고 이러한 일을 수수방관하실까요? 일종의 신정론적인 질문입니다.

이 말씀 속에서 두 가지를 생각해보고 싶습니다.

첫째로, 이 하박국의 눈을 가져야 한다는 것입니다.

그는 마땅히 봐야 할 것을 보고 있었습니다. 즉 그가 바라보는 관점이 자신의 개인 문제에만 머물러 있지 않았다는 것입니다. 그의 눈은 유다 사회를 바라보고 있었고, 세계를 보고 있었습니다. 그리고 그에 대한 사회학적, 역사적, 정치적인 질문이 아니라, 하나님의 통치에 관한 신앙적인 질문을 하고 있는 것입니다. 이것은 아모스, 이사야, 예레미야, 다니엘 등과 같은 선지자들도 마찬가지였습니다.

우리의 신앙은 당연히 개인적인 데서 출발합니다. 누구나 우선 죄의 문제, 죽음의 문제를 고민하고 구원과 영생을 갈망합니다. 자신의 영성, 건강, 가정, 자녀 교육, 경제적인 문제, 이 지극히 개인적이고 실존적인 문제가 모든 것을 앞서기 마련입니다.

신앙을 사회적인 것으로만 이해하려고 하는 사람들은 신앙의 개인화, 내면화, 내세화를 비판합니다. 그러나 신앙은 본질적으로 개인적이고 내면적이고 내세적입니다. 이것이 중요합니다.

그러나 여기서 그쳐서는 안 됩니다. 오늘 하박국서는 눈을 들어 세상을 보도록 가르쳐줍니다. 우리가 몸담고 있는 사회는 중요한 삶의 환경이면서 동시에 우리에게 주어진 신앙적인 과제입니다. 하나님의 통치는 우리의 영혼이나 개인, 그리고 교회에만 머무는 것이 아니라, 전 우주에까지 이릅니다. 우리는 하나님의 역사하심이 우리 개인의 삶과 교회에서만이 아니라, 이 사회 속에서 이루어져 가는 것을 보려고 해야 합니다.

공의로우신 하나님은 자기 영토에서 일어나는 불의한 일을 기뻐하지 않습니다. 우리가 불의한 장면을 목격하고도 그냥 모른 척 지나가는 것을 하나님이 기뻐하실까요?

만일 길거리에서 한 여자가 어떤 남자에게 폭행당하는 모습을 보았다고 합시다. 어떻게 해야겠습니까? 하나님께서 이렇게 말씀하실까요?

“저건 네 일이 아니야, 너는 괜한 일에 끼어들지 말고 교회 일이나 잘해라”라고 하실까요?

아닙니다. 하나님은 우리가 뭔가 액션을 취하기를 원하실 것입니다.

이 말을 들으면서 우리 중에는 “아이고 목사님 요즘이 어떤 세상인데, 괜히 남의 일에 끼어들었다가 낭패 보기 십상입니다”라고 생각하는 분이 있을지도 모르겠습니다. 이것이 요즘 사람들의 생각입니다.

몇 해 전 일본의 한 특급열차 안에서 일어난 일입니다.

30대 치한이 옆자리에 앉은 20대 여성을 위협해 열차 화장실로 끌고 가 30분간 성폭행을 했습니다. 그런데 놀라운 것은 열차에 탄 40여 명의 승객 중 어느 누구도 그것을 제지하지 않았고 심지어 승무원에게 신고조차 하지 않았다는 사실입니다. 그녀가 울면서 끌려가는 것을 뻔히 보면서도 "뭘 쳐다봐!"라는 치한의 고함소리에 모두가 몸을 사렸던 것입니다. 우리가 이래서야 되겠습니까?

개인의 경우만이 아닙니다. 불의한 권력이나 왜곡된 사회구조 아래서 사람들이 지속적으로 억울한 일을 당한다고 할 때에 공의로우신 하나님이 어떻게 하기를 원하실까요? 그의 자녀가 "이것은 내 일이 아닙니다"라고 피해가는 것을 기뻐하시겠습니까? 아닙니다.

사실 우리는 수많은 구조적인 문제에 봉착해 있습니다.

오늘날 우리가 사는 이 사회는 하박국의 시대 못지않게 답답하고 절망스러운 것들이 너무도 많습니다. 더욱 악화되어 대결국면으로 접어든 남북관계, 계속 미궁으로 빠져가는 교육문제, 경제문제, 정치적인 후진성, 이념 갈등의 악화, 부정부패와 검은 돈들, 사회 구석구석에 만연한 거짓과 이로 말미암아 형성된 높은 불신의 벽, 난무하는 폭력과 불신 받는 공권력, 빈부격차의 고착화와 인구의 고령화 등. 대통령이 누가 된다 해도 이 꼬여진 타래를 풀어가는 것은 정말 쉬운 일이 아닙니다.

개인적인 것과 달리 사회 구조적인 문제 앞에서는 옳고 그른 것을 분별하기가 쉽지 않습니다. 게다가 우리가 할 수 있는 일은 아주 작고 미약합니다.

그러나 우리에게 중요한 것은 우선 보는 것입니다. 자기 개인만을 보던 눈에서 이제는 이 사회를 보는 것입니다. 그리고 말씀 안에 계시된 하나님의 공의의 잣대로 분별하는 것입니다. 때로 그것을 끌어안고 하박국처럼 망루에 올라서는 것, "하나님 왜 방관하십니까? 왜 침묵하십니까?"라고 질문하며 할 수 있는 크고 작은 일을 하는 것, 이것이 그리스도인의 사회적 책임입니다.

둘째로, 믿음으로 행하는 것입니다.

때로 우리가 현실사회에 눈을 돌리고 이에 관여하다 보면, 같이 진흙탕에 빠져서 허우적거리기가 쉽습니다. 그러다가 절망과 분노에 빠지고 누군가에 대한 미움과 증오에 사로잡히기도 합니다. 또 우리 스스로가 좌파다 우파다 등의 이념갈등에 휘말리고 자칫 당파성에 오염되기 쉽습니다.

지난 총선 때에 한 목사님으로부터 전화가 왔습니다. 예전에 한번 만난 분인데 그때 그는 기독교적인 마인드를 갖고 사회의 개혁에 참여해야 한다고 강조했습니다. 그래서 호감있게 들었습니다. 그런데 전화의 용건은 이 지역에 출마하는 모 후보의 선거사무실 개소식에 같이 참석하자는 것이었습니다. 그래서 제가 말했습니다.

"목사님이 그런 곳에는 왜 가십니까? 목사가 어느 후보를 지지해서 국회의원이나 만들어 주는 그런 일을 하는 사람입니까?" 그랬더니 다시는 전화나 연락이 오지 않았습니다. 우리는 조심해야 합니다.

하나님이 망루에 선 하박국에게 주신 말씀은 이 불의가 넘치는 세상에서 어떻게 지혜롭게 해야 하는가를 말해줍니다.

"이 묵시는 정한 때가 있나니 그 종말이 속히 이르겠고 결코 거짓되지 아니하리라 비록 더딜지라도 기다리라 지체되지 않고 반드시 응하리라 보라 그의 마음은 교만하며 그 속에서 정직하지 못하나 의인은 그의 믿음으로 말미암아 살리라"(3-4)

하박국은 불의한 사회를 하나님께 고발하고 있지만, 하나님은 전혀 다른 차원의 대답을 주십니다. 불의한 것을 심판하는 종말이 속히 이를 것입니다. 그 종말은 세상의 파국이면서 동시에 새로운 나라의 시작입니다. 다시 말하면 완성된 하나님의 나라가 임하는 것입니다.

"이는 물이 바다를 덮음 같이 여호와의 영광을 인정하는 것이 세상에 가득함이니라."(14)

이것이 결론입니다.

세상이 앞으로 어떤 방향으로, 어떤 모습으로 변해갈지 솔직히 우리는 잘 모릅니다.

미국에서 흑인이 대통령이 되고 GM이 파산위기에 몰릴 줄 누가 알았겠습니까? 우리는 단지 주어진 현실 속에서 보다 더 나은 의, 보다 하나님의 뜻에 맞는 사회를 이루어가기 위해서 노력할 뿐입니다. 때로 이런 우리의 노력에도 불구하고 이 사회는 우리가 원치 않는 방향대로 흘러갈 수 있습니다.

그러나 우리는 이 세상 나라 속에 하나님의 나라, 하나님의 통치가 더욱 견고하게 서게 될 것을 믿습니다. 때로 악과 불의가 잠시 횡행하는 것처럼 보일지는 몰라도 궁극적으로는 하나님이 승리하십니다. 이것이 결론입니다. 우리에게는 이 믿음이 있습니다. 왜냐하면 주님이 이미 십자가에서 승리하셔서 하늘과 땅의 권세를 얻었기 때문입니다.

이것이 우리의 믿음입니다.

의인은 이 믿음으로 사는 사람들입니다. 그 믿음은 사회나 역사 또는, 어떤 권력자에 대한 믿음이 아니라, 이 사회를 통치하시는 하나님에 대한 믿음입니다. 이 믿음이 있는 사람은 언제나 소망이 있습니다.

"물이 바다를 덮음 같이 여호와의 영광을 인정하는 것이 세상에 가득함이니라."

하나님이 다스리십니다. 하나님이 승리하십니다. 하나님이 그의 의를 이루십니다. 그 믿음을 가진 자는 이런 긍정적인 기도를 올릴 수 있을 것입니다.

"여호와여 내가 주께 대한 소문을 듣고 놀랐나이다 여호와여 주는 주의 일을 이 수년 내에 부흥하게 하옵소서 이 수년 내에 나타 내시옵소서 진노 중에라도 긍휼을 잊지 마옵소서"(합 3:2)

그렇습니다. 이 나라에서 주님이 그의 일을 이루셔야 합니다. 나타 내셔야 합니다. 이 사회를 치유하시고 회복시켜주셔야 합니다. 이 기대와 갈망을 가지고 조금 더 나은 세상을 만들기 위해서 힘쓰는 우리 모두가 되기를 바랍니다.(2009년 3월 1일)

주여, 이 나라를 도우소서!

"[솔로몬의 시] 하나님이여 주의 판단력을 왕에게 주시고 주의 공의를 왕의 아들에게 주소서 그가 주의 백성을 공의로 재판하며 주의 가난한 자를 정의로 재판하리니 의로 말미암아 산들이 백성에게 평강을 주며 작은 산들도 그리하리로다 그가 가난한 백성의 억울함을 풀어 주며 궁핍한 자의 자손을 구원하며 압박하는 자를 꺾으리로다 그들이 해가 있을 동안에도 주를 두려워하며 달이 있을 동안에도 대대로 그리하리로다 그는 벤 풀 위에 내리는 비 같이, 땅을 적시는 소낙비 같이 내리리니 그의 날에 의인이 흥왕하여 평강의 풍성함이 달이 다할 때까지 이르리로다 그가 바다에서부터 바다까지와 강에서부터 땅 끝까지 다스리리니 광야에 사는 자는 그 앞에 굽히며 그의 원수들은 티끌을 핥을 것이며 다시스와 섬의 왕들이 조공을 바치며 스바와 시바 왕들이 예물을 드리리로다 모든 왕이 그의 앞에 부복하며 모든 민족이 다 그를 섬기리로다 그는 궁핍한 자가 부르짖을 때에 건지며 도움이 없는 가난한 자도 건지며 그는 가난한 자와 궁핍한 자를 불쌍히 여기며 궁핍한 자의 생명을 구원하며 그들의 생명을 압박과 강포에서 구원하리니 그들의 피가 그의 눈 앞에서 존귀히 여김을 받으리로다 그들이 생존하여 스바의 금을 그에게 드리며 사람들이 그를 위하여 항상 기도하고 종일 찬송하리로다 산 꼭대기의 땅에도 곡식이 풍성하고 그것의 열매가 레바논 같이 흔들리며 성에 있는 자가 땅의 풀 같이 왕성하리로다 그의 이름이 영구함이여 그의 이름이 해와 같이 장구하리로다 사람들이 그로 말미암아 복을 받으리니 모든 민족이 다 그를 복되다 하리로다 홀로 기이한 일들을 행하시는 여호와 하나님 곧 이스라엘의 하나님을 찬송하며 그 영화로운 이름을 영원히 찬송할지어다 온 땅에 그의 영광이 충만할지어다 아멘 아멘 이새의 아들 다윗의 기도가 끝나니라"(시 72:1-20)

한 대형 교회에서 운영하는 수양관에서 주일 예배를 드린 적이 있었는데 본 교회의 예배 실황을 영상으로 연결해서 드리고 있었습니다. 그 주일 예배의 주제는 '광복 OO주년 광복절 기념예배'였으며 동시에 '나라를 위한 특별예배'로 드리면서 주보에는 태극기가 인쇄되어 있었습니다.

예배가 시작되면서 다 같이 자리에서 일어나 애국가 1절을 제창했습니다. 예배시간에 애국가를 부르는 것은 유감이었지만, 강단에 국기를 꽂지 않은 것만도 다행이라 여겼습니다. 이후 교회행사와 관련된 여러 기도 제목들과 함께 나라를 위해서 잠시 동안 합심기도를 했습니다. 그리고는 끝이었습니다.

부활절이나 성탄절 같이 특별예배로 드리는 것이라면 그 주제에 맞는 찬송과 설교로 이어져야 하는데 전혀 그렇지 않았습니다. 메인 설교자 외에 여러 설교자들의 제목과 본문이 주보에 실렸지만 이는 모두 가정이나 개인 영성과 관련된 주제였습니다.

이것이 오늘 한국교회의 현주소가 아닌가 생각했습니다.

설교의 주제가 너무 교회 중심이고 개인의 경건에 초점이 맞춰져 있다 보니 교인들은 성경이 가르치는 국가에 대한 올바른 지식을 갖지 못하고, TV나 신문이나 세상 이론에 좌우되기 십상입니다. 그리고 국가의 일은 '믿음의 일'이 아닌 '세상 일'이라고 생각합니다.

정말 그런 것일까요?

광복절은 국가에 관련된 문제가 얼마나 중요한지를 가르치고 있습니다. 우리는 그것을 역사 속에서 피부로 느끼고 있습니다. 36년간 일제 식민지배가 우리에게 얼마나 커다란 수치요, 고통이었습니까? 총칼을 앞세운 일본의 불의한 통치를 받으면서, 우리 선조들은 나라 없는 민족의 억울함과 설움을 다 겪어야 했습니다.

우리가 개인과 가정을 앞세우면서 국가 문제에 무관심하고 국가보다도 자신의 이익을 우선할 때에 어떤 결과가 주어지는지, 나아가 국가가 잘못될 때에 개인과 가정이 어떻게 불행해지는지 역사가 가르쳐주고 있습니다. 또한 국가에 있어서 지도자가 얼마나 중요한 지도 배우고 있습니다.

몇 해 전에 개봉한 영화 '명량'에는 많은 관객이 몰렸습니다. 이 영화 속에서 우리는 쓰러져 가는 국가를 지켜내기 위해 사력을 다하는 영웅 이순신을 만나면서, 동시에 이런 장수를 끌어내리고 옥에 가두는 어리석은 왕과 부패한 조정을 보게 됐습니다.

우리가 나라를 잃을 수밖에 없었던 이유를 생각하게 됩니다. 지금 우리는 역사적인 시점에 살고 있습니다. 한반도를 둘러싸고 중국과 일본, 미국과 러시아의 패권 다툼이 다시 재현되고 있습니다. 우리를 둘러싼 강대국들은 모두 교묘하게 남북의 분단 상황을 이용하고 있습니다. 광복절은 우리에게 해방과 동시에 분단을 안겨주었습니다. 긴 세월의 분단은 우리 민족 속에 너무 깊고 큰 상처를 남겼습니다. 이제 이 열강들 사이에서 전쟁 없이 평화롭게 통일을 이루는 것이 우리에게 주어진 역사적 과제입니다. 이것은 매우 어렵고 많은 인내를 요구합니다.

평화적인 통일이 되려면 북한만 변화되길 바라서는 안 됩니다. 남한이 지금보다 훨씬 더 성숙하고 정의로운 사회가 되어야 합니다. 그러기 위해서는 제대로 된 정치 지도자를 세울 수 있는 국민들의 성숙한 정치의식이 필요합니다.

여기에 성경을 쥐고 있는 그리스도인의 역할이 큽니다.

성경은 그 어떤 책보다도 국가에 대해서 많은 것을 말씀하고 있습니다. 국가가 무엇인지, 그 역할이 무엇인지에 대한 하나님의 뜻을 담고 있습니다. 성경의 가르침대로 정치한다면 그 나라는 살기 좋은 나라, 누구나 선망하는 그런 나라가 되지 않을 수 없습니다. 모든 정치인들이 링컨처럼 성경을 읽고 그 속에서 얻은 지혜로 통치하면 제일 좋겠지만 어려운 이야기입니다. 그러므로 성경을 들고 있는 그리스도인들이 먼저 성경 속에서 지식을 캐어내고 사회 속에서 선지자의 역할을 해야 합니다.

그러나 많은 교회들이 이원론적인 가르침을 통해서 교인들로 하여금 정치에 무지하고 무관심하게 만들고 있습니다. 또 한편으로는 성경을 편협하게 해석해서 복고적이고 외골수적인 정치의식을 심어주기도 합니다. 그러다 보니 이 사회를 바르게 세울 책임이 있는 교회가 오히려 정치발전과 평화통일에 장애요인이 되고 있습니다.

시편에 나오는 본문의 시는 '리쉘로모'라는 단어로 시작하고 있습니다. '솔로몬의'라는 뜻도 되고 '솔로몬을 위한'이라는 뜻으로 읽을 수도 있습니다. 때문에 어떻게 해석하느냐에 따라서 저자가 달라집니다.

우선, 본문 마지막 부분에 "이새의 아들 다윗의 기도가 끝나니라"라고 쓰여 있어서 어떤 이는 다윗이 솔로몬을 위해 지은 시라고 말하기도 합니다. 이런 해석에 따라 바른 성경이나 KJV은 '솔로몬을 위한 시'(A Psalm for Solomon)로 번역했습니다.

또 어떤 이는 이 '다윗의 기도'라는 말은 시편을 가리키는 관용어와 같아서 이 시는 솔로몬이 지은 시라고 보는 것이 자연스럽다고 주장합니다. 이를 근거로 개역개정 성경이나 NAS는 '솔로몬의 시'(A Psalm of Solomon)라고 번역합니다.

어쨌거나 이 시의 중심에는 솔로몬이 있습니다.

그는 다윗의 아들로 이스라엘의 왕으로 세워졌습니다. 한 나라를 통치하는 통치자로서 그의 임무는 막중하고 또한 두려운 것이었습니다. 그래서 첫 절에서 먼저 하나님께 대한 간청으로 시작했습니다.

"하나님이여 주의 판단력을 왕에게 주시고 주의 공의를 왕의 아들에게 주소서"(1)

여기 '판단력'으로 번역된 '미쉐파트'는 올바른 분별력, 통치력을 뜻하기도 하고 NIV가 번역한 것처럼 정의(justice)를 가리키기도 합니다. '공의'로 번역된 '사다카'도 의(righteousness), 정의(justice)를 가리키는 말입니다. 판단력과 공의 모두 '정의'라는 의미를 공통으로 갖고 있는 것입니다.

저자는 왕에게 하나님의 정의를 주시길 갈망하고 있습니다. 그것이 국가의 근본이기 때문입니다. 국가를 허락하신 하나님은 정의로우신 분이시고 정의로 세상을 다스리십니다. 그러므로 그를 대신해서 세워진 사람들 역시 정의로 통치해야 합니다. 바로 이 정의가 시편 72편 전체의 주제입니다.

그렇다면 그 정의는 무엇입니까?

첫째로, 올바른 재판입니다.

솔로몬은 재판을 정의롭게 하기 위해서 하나님께 구하고 있습니다. "그가 주의 백성을 공의로 재판하며 주의 가난한 자를 정의로 재판하리니"(2)

어떤 사건의 옳고 그름을 정확히 볼 수 있는 안목은 통치자의 능력입니다. 이것이 흐려있는 통치자는 나라를 바르게 이끌 수 없습니다. 솔로몬은 이 핵심을 정확히 읽었습니다. 그러므로 일천번제를 드린 뒤 하나님이 그에게 무엇을 주랴 했을 때에 이렇게 간구했습니다. "누가 주의 이 많은 백성을 재판할 수 있사오리이까 듣는 마음을 종에게 주사 주의 백성을 재판하여 선악을 분별하게 하옵소서"(왕상 3:9)

즉, 솔로몬의 지혜는 공부를 잘하는 지혜가 아니라 사람들의 "송사를 듣고 분별하는 지혜"(11) 입니다. 이 소박한 소원이 하나님의 마음을 흡족하게 했습니다. 그는 하나님을 대신하여 나라를 다스릴 통치자로서의 바른 자세를 가지고 있는 것입니다.

성경은 솔로몬의 지혜로운 판결의 예를 소개하고 있습니다.

두 여인이 한 아이를 갖고 서로 자기 아이라고 우기고 있습니다. 지금처럼 유전자 검사를 할 수 있는 것도 아니니 누가 옳고 그른지 알 수 있겠습니까? 그때 솔로몬은 그 아이를 반으로 갈라서 나누어주라고 명했습니다. 이를 통해서 진짜를 밝혀낸 것입니다. 그의 재판은 정확했고 그것은 곧 정의를 실현한 것입니다. 만일 뒤바뀐 판결을 내렸다면 그는 불의한 재판관이 되고 억울한 이를 만들어냈을 것입니다.

죄인들이 사는 이 복잡한 세상에서 아무리 정의롭다고 해도 언제나 옳고 그름을 올바로 판결할 수는 없을 것입니다. 또한 드러내기 보다는 가려지고 감추어져야 할 일도 있을 것입니다. 그러나 정의가 제대로 서 있다면 억울한 판결을 받는 사람들이 적을 것입니다.

무엇보다도 통치자는 진실을 은폐하거나 사실을 왜곡하고 호도하는 습관을 가져서는 안 됩니다. 여러 정치적인 사건 속에서 우리는 매번 통치자의 의지와 태도가 얼마나 중요한지 깨닫게 됩니다. 그러므로 우리는 이를 위해서 기도해야 합니다. 통치자와 정치인들에게 주님의 판단력과 정의를 갖게 해달라고 말입니다.

둘째로, 정의는 약자의 편에 서는 것입니다.

우리는 종종 모든 사람들을 똑같이 대하는 것이 정의라고 생각합니다. 그러나 성경은 그것을 정의라고 말하지 않습니다. 정의는 가난한 자와 궁핍한 자의 편에 서는 것입니다.

"그가 가난한 백성의 억울함을 풀어 주며 궁핍한 자의 자손을 구원하며 압박하는 자를 꺾으리로다"(4)

이것이 성경이 말하는 진정한 하나님의 정의이고, 의로운 통치자의 역할입니다. 왜 그렇습니까? 부요하고 힘 있는 자들은 불공평한 자리에 서기 쉽습니다. 그들은 더 많은 돈으로 유능한 변호사를 선임할 수 있습니다. 그 변호사는 얼마 전 부장검사의 자리에서 옷 벗기까지 무소불위의 힘을 누리면서 법조계에 두루두루 인맥을 형성해 놓았습니다. 누가 그를 이길 수 있겠습니까?

나아가 힘 있는 자들은 자녀에게 최고의 과외 교사를 붙여서 일류 대학에 보내고, 상류사회에 자리 잡을 수 있도록 갖은 방법으로 뒷받침해서 그들의 부를 자손대대로 이어가게 만듭니다.

이렇게 부가 대물림 되듯이 가난도 대물림됩니다. 가난한 자녀는 사회에서 성공하기가 대단히 어렵습니다. 나아가 궁핍한 자는 옳은 일을 하고도 재판에 질 수 있습니다. 도울 자가 없기 때문입니다. 국가의 공권력은 바로 이런 자들을 돕도록 하나님이 허락하신 것이다.

여기서 '건지다' '구원하다'라는 말은 그들이 살 수 있도록 도와주는 것입니다. 통치자는 끊임없이 벌어지는 빈부격차를 줄여야 합니다. 가난한 자가 빈곤의 악순환에서 벗어날 수 있는 여러 제도적인 장치를 세워가야 합니다. 이를 위해 가진 자의 반대에 부딪히더라도 그의 손에 있는 것을 끌어내어 가지지 못한 자에게 나눠줄 수 있어야 합니다.

아울러 정의로운 왕은 별 볼일 없는 자들의 피를 존귀하게 여겨야 합니다. 즉 궁핍한 자들의 생명을 하찮은 것으로 취급하지 않고, 오히려 그들의 희생에 공분하고 불쌍히 여긴다는 뜻입니다. 이것이 정의입니다. 이런 정의가 살아있을 때에 그 사회에는 의인이 많아지고 평화가 계속될 것입니다.

다"(7)

또 부국강병을 이룰 수 있을 것입니다.

"모든 왕이 그의 앞에 부복하며 모든 민족이 다 그를 섬기리로다"(11)

그리고 모든 사람들에게 복이 임합니다.

"그의 이름이 영구함이여 그의 이름이 해와 같이 장구하리로다 사람들이 그로 말미암아 복을 받으리니 모든 민족이 다 그를 복되다 하리로다"(17)

이런 하나님의 정의를 잣대로 해서 볼 때, 우리나라는 정의와는 너무 멀리 떨어진 모습입니다. 최근 몇 년 동안 일어난 사건들을 보면 어느 것 하나 깨끗하게 매듭지어지지 못하고 오히려 국민들을 분노케 만들었습니다.

몇 해 전 교황이 방한했을 때 비정상적으로 매달리는 일부 국민들의 모습을 보며 몹시 애처로웠습니다. 이는 우리 사회가, 특별히 국가 지도자들이 정의롭지 못함을 반증하는 모습입니다. 우리는 이 사회의 선지자로서 하나님의 말씀을 잣대로 이런 세상을 책망해야 합니다. 통치자와 권력자들의 판단력 부재와 실종된 정의감을 책망해야 합니다. 그리고 다시금 하나님께서 통치자에게 미쉐파트와 사다카를 주시도록 기도해야 합니다. 광복절을 맞아 우리나라가 정의로운 나라가 되기 위해서 기도하고 헌신하는 우리 모두가 되기를 바랍니다.(2014년 8월 17일)

정의와 평화가 만나는 곳

"야곱 족속의 우두머리들과 이스라엘 족속의 통치자들 곧 정의를 미워하고 정직한 것을 굽게 하는 자들아 원하노니 이 말을 들을지어다 시온을 피로, 예루살렘을 죄악으로 건축하는도다 그들의 우두머리들은 뇌물을 위하여 재판하며 그들의 제사장은 삯을 위하여 교훈하며 그들의 선지자는 돈을 위하여 점을 치면서도 여호와를 의뢰하여 이르기를 여호와께서 우리 중에 계시지 아니하냐 재앙이 우리에게 임하지 아니하리라 하는도다 이러므로 너희로 말미암아 시온은 갈아엎은 밭이 되고 예루살렘은 무더기가 되고 성전의 산은 수풀의 높은 곳이 되리라 끝날에 이르러는 여호와의 전의 산이 산들의 꼭대기에 굳게 서며 작은 산들 위에 뛰어나고 민족들이 그리로 몰려갈 것이라 곧 많은 이방 사람들이 가며 이르기를 오라 우리가 여호와의 산에 올라가서 야곱의 하나님의 전에 이르자 그가 그의 도를 가지고 우리에게 가르치실 것이니라 우리가 그의 길로 행하리라 하리니 이는 율법이 시온에서부터 나올 것이요 여호와의 말씀이 예루살렘에서부터 나올 것임이라 그가 많은 민족들 사이의 일을 심판하시며 먼 곳 강한 이방 사람을 판결하시리니 무리가 그 칼을 쳐서 보습을 만들고 창을 쳐서 낫을 만들 것이며 이 나라와 저 나라가 다시는 칼을 들고 서로 치지 아니하며 다시는 전쟁을 연습하지 아니하고 각 사람이 자기 포도나무 아래와 자기 무화과나무 아래에 앉을 것이라 그들을 두렵게 할 자가 없으리니 이는 만군의 여호와의 입이 이같이 말씀하셨음이라 만민이 각각 자기의 신의 이름을 의지하여 행하되 오직 우리는 우리 하나님 여호와의 이름을 의지하여 영원히 행하리로다"(미 3:9-4:5)

어느해 선교지 방문 중에 이런 일이 있었습니다.

오랜만에 사람들이 줄을 제대로 서지 않은 곳에 오랫동안 서있었습니다. 공항에 사람은 많은데 출국검사장 시설이 열악하고 창구는 적은데다 무질서하기조차 했기 때문입니다. 그래서 한국으로 돌아오는 날 고생을 좀 했습니다.

이런 생각을 한번 해봅시다.

각자 알아서 줄을 잘 서고, 질서를 잘 지키는 곳에 가면 모두가 참 편합니다. 스트레스 받을 일도 없습니다. 그냥 서 있다가 내 차례가 되면 일을 보면 됩니다.

그런데 무질서한 곳에 가면 어떻습니까?

분명히 나보다 뒤에 온 사람이 어느 사이에 앞에 가있습니다. 한두 번은 양보할 수 있지만 점차로 신경에 거슬리고 불쾌해집니다.

이렇게 표현할 수 있습니다. 질서가 잘 지켜지는 시스템에서는 대부분의 구성원이 공평하다고 생각하며 만족해합니다. 그러나 무질서한 시스템에서는 대부분의 구성원이 불공평하다고 생각하고 힘들어합니다.

국가라는 시스템은 이보다 훨씬 복잡하고 다양하지만, 근본은 마찬가지입니다. 국가가 정의롭고 공평하게 다스려지면 국민들 모두가 평안해하고 착해집니다. 그러나 국가가 불의하고 잘못 다스려지면 모두가 불편해하면서 점차로 사악해집니다.

국민주권시대인 오늘날에는 국가권력을 누구에게 주는가를 국민들이 결정합니다. 이것이 곧 선거입니다. 물론 권력을 주는 것만으로 끝나서는 안 됩니다. 권력을 끊임없이 감시하고 비판하면서 평가해야 합니다. 국민의 힘으로 불의한 통치자를 탄핵할 수도 있습니다.

그러나 첫 선택이 중요합니다. 제대로 된 사람을 잘 분별해서 권력을 위탁해야합니다. 이것이 우선입니다. 지금 우리 그리스도인들은 삶의 환경, 즉 평안한 가운데 경건생활을 잘 할 수 있는 영적환경을 결정지을 중요한 책임을 지고 있습니다.

사람을 세운다는 것은 쉬운 일이 아닙니다.

교회에서도 중직자 선거가 있습니다. 그럴 때에 '어떤 사람을 지도자로 세우는가?'에 대한 기준이 그 교회의 실상을 말해준다고 할 수 있습니다. 혹 나와 관계있는 사람, 혹은 세상적으로 명망이 있는 사람을 앞세운다면 낭패입니다.

우리는 사람을 한두 가지만을 가지고 평가할 수 없습니다. 예를 들어 "기도만 잘하면 된다"는 기준을 생각을 봅시다. 물론 기도는 매우 중요한 요소이지만 그 사람이 새벽기도, 철야기도를 열심히 나오는 것만 가지고 지도자로 세울 수 있겠습니까? 또는 전도만 잘하면 된다, 헌금만 잘하면 된다, 봉사만 잘하면 된다. 이런 식의 판단 기준 또한 위험한 것입니다. 이런 요소들은 필요조건은 되지만 충분조건은 되지 못합니다.

우리는 전인격을 봐야합니다. 성경은 집사의 자격을 이렇게 말합니다.

"너희 가운데서 성령과 지혜가 충만하여 칭찬 받는 사람"(행 6:3)

이 속에 다 들어있습니다.

국가 지도자도 마찬가지입니다.

동향사람이니까? 같은 학교출신이니까? 이건 아니지 않습니까? 교회를 다니니까? 그 사람이 교회를 다니면 물론 좋지만, 그렇다고 좋은 대통령이 될 충분조건은 아닙니다.

이런 것은 어떻습니까? 그가 동성애와 낙태를 반대하는가? 이슬람에 적대적인가? 당연히 우리는 기독교인으로서 동성애와 낙태를 반대합니다. 이슬람이 들어오는 것도 막아야 합니다. 이런 것들은 국가지도자를 선출할 때 그리스도인으로서 살펴봐야 할 중요한 기준입니다. 그러나 이것만 보고 국가지도자를 선출해야 할까요?

지금 미국의 보수적인 교회는 이런 딜레마에 빠졌습니다.

70~80년대부터 '도덕적 다수', '기독교연합' 등과 같은 기독교 우파 단체들이 극성스러운 운동을 하여 교인들로 하여금 선거에 적극적으로 참여하게 했습니다. 그런데 그들이 선거할 때의 이슈는 오직 이것입니다.

동성애와 낙태!

그것만이 성경이 말하는 정치 기준인 양 생각하는 것입니다. 그 결과 트럼프가 당선됐습니다.

동성애는 분명 중요한 이슈입니다. 그러나 그것만이 성경이 말하는 정치적인 기준은 아닙니다. 불과 10년 전만 해도 우리나라에서 이것은 큰 주목을 받지 못했습니다. 다른것도 많습니다. 낙태문제는 미국에서는 큰 정치적인 이슈이지만, 우리나라에서는 그렇게까지는 아닙니다. 이처럼 시대에 따라, 국가에 따라 관심사는 다양합니다. 앞으로 10년 뒤, 4차 산업이 발달하게 되면 또 다른 윤리적인 이슈들이 부각될 것입니다.

그러나 성경이 국가에 대해서 말하는 보편적인 것이 있습니다. 이것은 시대나 민족에 따라 달라질 수 없는 가치들입니다. 국가 권세를 허락하신 하나님이 국가와 통치자에게 요구하는 그 보편적인 것이 이 '미가서'라는 성경 속에 담겨져 있습니다.

복음적인 신앙을 정치 속에 실현하려했던 지미 카터는 1977년 대통령 취임식에서 미가서 6장 8절을 펼치고 그 성경 위에 손을 얹고 선서한 뒤 낭독했습니다.

"사람아 주께서 선한 것이 무엇임을 네게 보이셨나니 여호와께서 네게 구하시는 것은 오직 정의를 행하며 인자를 사랑하며 겸손하게 네 하나님과 함께 행하는 것이 아니냐"(미 6:8)

오늘 본문 역시 유명한 말씀입니다. 특별히 4장 1절에서 2절에 주목합시다.

"끝 날에 이르러는 여호와의 전의 산이 산들의 꼭대기에 굳게 서며 작은 산들 위에 뛰어나고 민족들이 그리로 몰려갈 것이라"(4:1)

끝 날 즉 말세에 일어날 일입니다. 그렇다면 끝 날은 언제를 말할까요? 보통은 예수님이 재림하시는 날로 설명합니다. 많은 이방족속이 말씀을 배우기 위해 주께 나아오는 날로 해석되기도 하지만, 이것은 자연스럽지 못합니다.

여기서 성경이 말하는 말세를 생각해봅시다.

말세를 이해하는 가장 중요한 열쇠가 7절에 소개됩니다.

"나 여호와가 시온 산에서 이제부터 영원까지 그들을 다스리리라."(7 하)

하나님의 다스림, 하나님의 통치가 시작됩니다. 즉 하나님 나라가 임하는 것, 이것이 말세의 시작입니다.

그의 다스림은 성령을 통해서 이루어집니다. 그러므로 말세에 하나님은 그의 영을 남녀노소에게 부어주십니다. 종말은 예수님의 재림이 아닌, 예수님의 초림과 성령강림부터 시작되었습니다. 우리는 이미 종말 시대에 살아가고 있습니다.

그 종말 시대에 하나님은 어떻게 다스리십니까? 하나님의 다스리심은 그의 앞으로 나아오는 민족들과 이방인들에게 그의 도를 가르치시는 것입니다. "곧 많은 이방 사람들이 가며 이르기를 오라 우리가 여호와의 산에 올라가서 야곱의 하나님의 전에 이르자 그가 그의 도를 가지고 우리에게 가르치실 것이니라 우리가 그의 길로 행하리라 하리니 이는 율법이 시온에서부터 나올 것이요 여호와의 말씀이 예루살렘에서부터 나올 것임이라"(2)

여기 '하나님의 전', '시온', '예루살렘'은 모두 교회를 가리킵니다. 교회는 먼저 하나님의 말씀을 받은 곳입니다. 만왕의 왕이신 하나님의 뜻이 먼저 교회 안에 계시되었습니다. 그리고 하나님은 교회를 세상의 예언자로 세우셨습니다. 교회는 하나님의 도를 세상에 선포하고 가르쳐야 하고, 세상 나라는 교회를 통해서 하나님의 도를 들어야 합니다. 하나님이 원하시는 통치가 어떤 것인가를 들어야 합니다. 오늘 여기서 우리는 두 가지를 듣도록 합시다.

첫째는, 정의를 시행하라는 것입니다.

먼저 3장 1절에 주목합시다.

"내가 또 이르노니 야곱의 우두머리들과 이스라엘 족속의 통치자들아 들

국가 지도자의 본분이 무엇입니까?

정의를 아는 것입니다. 그리고 그 배운 바 정의를 실행하는 것입니다. 그러나 이스라엘의 통치자들은 이 본분을 잃어버렸습니다.

"야곱 족속의 우두머리들과 이스라엘 족속의 통치자들 곧 정의를 미워하고 정직한 것을 굽게 하는 자들아 원하노니 이 말을 들을지어다"(9)

그들은 정의를 미워하고 정직한 것을 굽게 했습니다. 불의한 피를 흘리고 죄악으로 통치했습니다. 사회 지도자들은 뇌물을 받고 재판을 굽게 했고, 종교 지도자인 제사장과 선지자들은 돈을 받기 위해 사역했습니다.

그러다보니 자연히 그 사회는 불의와 탐욕이 판을 치는 사회가 되었습니다. 거기에 무슨 공평과 정의가 있겠습니까? 이런 불의한 사회는 결국 하나님의 손에 멸망할 것입니다.

현재 우리나라에서는 특히 정의의 문제가 심각합니다. 근간에 와서 인권과 민주주의는 오히려 후퇴하고 과거 권위주의 시대로 돌아가는 현상이 두드러지게 나타나고 있습니다.

빈부격차는 더욱 벌어지고 있습니다.

1995~2012년 사이 상위 10%의 소득 점유율의 변화를 보면, 소득 분배의 불균형이 세계에서 가장 빠른 속도로 진행되고 있습니다. 우리나라는 OECD 국가 중 GDP대비 복지지출비율이 가장 낮습니다. 뿐만 아니라 노인 빈곤율을 비롯해 자살률, 저출산율, 정부신뢰도, 미래 불안도 등은 최악의 수준입니다.

그러므로 국가 지도자를 세울 때, 다른 무엇보다도 '이 사람이 과연 정의로운 사람인가? 정의로운 말만 하는 사람이 아니라, 지금까지 정말 정의의 가치를 가지고 살아온 사람인가? 사회 정의를 실현할 사람인가? 뇌물을 멀리하고 사욕에 사로잡히지 않으며, 백성을 우선하여 섬길 사람인가? 인권을 경시하여 억울한 자를 양산하고 피와 죄악으로 성을 쌓을 사람은 아닌가? 부한 사람 편에 서서 가난한 자를 외면할 사람은 아닌가?' 등 이 모든 요소들을 잘 살펴보아야 합니다. 그래서 정의가 물같이, 공법이 하수같이 흘러가는 나라로 세워가야 할 책임이 우리들에게 있습니다.

둘째는, 평화를 이루라는 것입니다.

민족들이 하나님의 통치 아래 있을 때에 어떤 일이 일어나는지 살펴보십시오.

"그가 많은 민족들 사이의 일을 심판하시며 먼 곳 강한 이방 사람을 판결하시리니 무리가 그 칼을 쳐서 보습을 만들고 창을 쳐서 낫을 만들 것이며 이 나라와 저 나라가 다시는 칼을 들고 서로 치지 아니하며 다시는 전쟁을 연습하지 아니하고"(3)

심판하고 판결한다는 것은 통치한다는 뜻입니다. 하나님의 통치를 따를 때에 세상 속에 일어나는 변화는 전쟁에서 평화로의 변화입니다. 사람들이 칼로 쟁기를 만들고 창으로 낫을 만듭니다. 다시는 전쟁을 일으키지 않을 뿐 아니라, 전쟁 연습조차 하지 않습니다.

이것은 국가를 향한 하나님의 뜻이 무엇인지를 분명히 해줍니다. 전쟁이 아니라 평화입니다. 주님은 평화의 왕으로 오셨습니다. 진정 하나님을 경외하는 신앙은 칼을 녹여서 쟁기를 만들고, 창을 부서뜨려서 낫을 만드는 것입니다.

우리가 사는 세계는 오랫동안 수많은 전쟁을 치러왔습니다. 전쟁으로 말미암아 많은 사람들이 죽고 불행하게 되었습니다. 물론 꼭 해야하는 전쟁도 있었습니다. 그러나 대부분은 아니었습니다.

과거 유럽에서 시작된 두 차례의 세계 대전을 보면 정치 지도자들이 전쟁의 당위성을 역설하고 여론을 통해 백성들을 세뇌하고 자녀들을 교육하는 가운데 점차로 증가하는 전쟁 여론을 등에 업고 결국은 전쟁을 일으키고 말았습니다.

여기에 교회는 평화의 사도로서의 역할을 하지 못하고 오히려 전쟁을 부채질하는 어리석음을 저질렀습니다.

1차 세계 대전이 일어난 1914년 독일의 지성사회를 대표하는 93명이 독일 황제의 전쟁 정책을 지지하는 선언을 했습니다. 여기에는 당시 내놓으라 하는 신학 교수들과 목회자들이 포함되어 있었습니다. 패전 후에도 정신을 차리지 못한 교회는 히틀러의 2차 세계 대전에도 또 다시 적극적인 지지를 보냈습니다.

두 차례 전쟁의 쓰디쓴 고통을 맛보고 나서야 독일 교회는 평화의 메시지에 눈을 뜨게 되었습니다. 그래서 이제는 가장 앞장서서 반전과 평화의 사도 역할을 하고 있습니다.

전후 서독과 동독 사이에는 위험한 긴장관계가 여러 차례 있었습니다. 그럴 때마다 교회는 평화를 주장했고, 동서독 사이에서 가교역할을 하면서 평화 통일의 선구자가 되었습니다.

우리는 평화를 진정으로 사랑하는 자를 지도자로 세워야 합니다. '전쟁도 불사 한다'는 사고방식을 가진 사람은 위험한 사람입니다. 오히려 어떤 대가를 치루더라도 평화를 지켜내겠다는 각오가 되어있는 사람인지를 살펴야 합니다.

교회는 세상 속에서 항상 사회 비판적인 자리에 설 수밖에 없습니다. 세상은 경제를 앞세웁니다. 그러나 교회는 올바른 것과 더불어 사는 삶을 추구합니다. 세상은 성공과 승리주의에 도취되지만, 우리는 평화를 추구합니다.

그러므로 종종 이상적이고 현실적이지 못하다는 핀잔을 듣지만, 그것이 하나님이 기뻐하시는 바입니다. 하나님의 뜻을 좇아 사는 것이 돌아가는 것 같지만, 사실은 행복에 이르는 지름길입니다.

우리나라를 위해서 기도합시다. 그리고 누구보다도 책임 의식을 강하게 가지고 예언자의 역할을 잘 감당합시다. 그리고 이 땅에 정의와 평화를 세워가는 우리 모두가 됩시다.(2017년 4월 30일)

정의에 대해서 묻자

"선지자 하박국이 묵시로 받은 경고라 여호와여 내가 부르짖어도 주께서 듣지 아니하시니 어느 때까지리이까 내가 강포로 말미암아 외쳐도 주께서 구원하지 아니하시나이다 어찌하여 내게 죄악을 보게 하시며 패역을 눈으로 보게 하시나이까 겁탈과 강포가 내 앞에 있고 변론과 분쟁이 일어났나이다 이러므로 율법이 해이하고 정의가 전혀 시행되지 못하오니 이는 악인이 의인을 에워쌌으므로 정의가 굽게 행하여짐이니이다"(합 1:1-4)

3·1절은 우리나라의 역사 속에서 볼 때 광복절에 비해 그 비중이 훨씬 작습니다. 그러나 우리의 의지와 상관없이 찾아온 광복절과는 달리 삼일절은 나라를 되찾고자 하는 우리의 독립의지를 전 세계에 표출한 날입니다. 더구나 당시 소수에 불과했던 개신교회가 이 만세운동의 중심에 서 있었다는 점에서, 우리 그리스도인들에게 삼일절은 광복절보다 훨씬 더 소중한 의미를 갖습니다.

아울러 삼일절은 지금의 한국교회가 잃어버린 것이 무엇인지를 가르쳐주는 날이기도 합니다. 이 삼일절을 대하는 태도에서 우리의 이율배반적인 모습이 드러납니다.

많은 목회자와 성도들이 이 운동에서 교회의 역할을 자랑합니다. 독립선언서에 서명한 33인 중 기독교인이 16명으로 가장 많았고, 교회가 적극적으로 참여하여 예배당이 만세 운동의 거점이 되면서 기독교가 가장 많은 피해와 희생을 입었습니다. 당시 개신교회가 민족의 문제를 끌어안고 구국에 앞장섰다는 것에 자긍심을 갖게 됩니다.

그러나 지금의 교회의 현실은 어떤가요? 100여 년 전의 개신교회는 전체 인구의 1%에도 미치지 못한 소수집단이었지만, 국가가 당면한 정치적인 현실을 자신의 문제로 심각하게 받아들이고 그 문제를 해결하기 위해서 적극적으로 일어섰습니다. 그러나 사회 구성원의 20%가 넘는 현재의 개신교회 교인들은 오히려 그러한 공공신앙을 상실하면서 사회 문제에 냉담하고 무관심합니다. 그런데도 3·1운동을 자랑하고 있습니다.

이런 이율배반에서 벗어나려면 둘 중 하나를 선택해야 합니다.

"그들의 신앙은 잘못됐습니다. 교인이 그런 사회 정치적인 문제에 관여해서는 안 됩니다"라고 일제에 대항하며 독립운동을 한 이들을 비판하든지, 그렇지 않고 정말 이들의 행위를 옳다고 여기고 자랑스럽게 생각한다면 그들이 보여준 발자취를 따라야 합니다.

물론 이 모순을 나름 합리화하는 사람도 있을 것입니다. 유명 목사님이 하신 이런 설교가 기억납니다.

"3·1운동 당시에는 우리가 식민 지배를 받았으니까 교회가 마땅히 구국운동에 적극적으로 참여했지만 지금은 우리나라, 우리 정부이니 교회가 정치적인 일에 관여하는 것은 옳지 않다. 국가의 일은 정치인에게 맡기고 우리는 교회 일을 하는 것이다."

이것이 정말 성경적인가 되짚어 보아야 합니다. 독립만 하면 우리 역할은 끝난 것인지, 우리 손으로 뽑은 정부가 세워지면 알아서 잘 굴러가는 것인지를 숙고합시다.

유감스럽게도 해방이후 우리나라의 역사를 보면 이것이 얼마나 안일한 생각인가를 금방 알게 됩니다. 이런 식의 가르침은 권력자들에게 "우리가 교인들의 눈을 다 감게 할 테니 당신들 좋을 대로, 하고 싶은 대로 정치하시오."라는 것과 다를 바가 없습니다. 부패하고 타락하기 쉽고 불의를 저지르기 쉬운 권력의 속성을 모르기 때문입니다.

저는 이 시대에 우리 그리스도인들이 꼭 가져야 할 질문이 있다고 생각합니다. 성경을 읽으면 너무 당연한 질문이지만, 기복신앙, 자기중심적인 신앙 양태에 밀려서, 때로는 이원론적인 가르침에 의해서 잃어버린 질문입니다. 그것은 정치나 경제에 대한 질문도 아니고, 이념에 대한 질문도 아닙니다. 정의에 대한 질문입니다.

"과연 이것이 하나님의 정의에 합당한 것인가?"

이 질문이 우리 속에 살아있어야 합니다.

평양대부흥운동의 주역으로 독립선언서에 서명한 길선주목사나 유관순과 같은 복음적인 신앙인들이 정치운동을 하려고 했던 것이 아닙니다. 아니 이들뿐 아니라, 그 후에 소위 민주화와 인권을 위해서 투쟁한 그리스도인들 역시 마찬가지입니다. 그들은 정치에 대해서 물은 것이 아니라, 정의에 대해서 물은 사람들입니다. 그들은 불의한 현실 앞에서도 정직했던 사람들입니다. 거짓을 보고 거짓이라고 말하고 싶었고, 폭력을 보면서 과연 이래도 되는 것인지 자기 안의 양심의 소리에 귀를 기울였습니다. 그래서 목숨을 걸고 항거한 것입니다. 이것이 성경적인 것입니다.

본문 성경을 주목해 보십시오. 하박국은 유다 말기 여호야김왕 때에 활약한 것으로 알려진 선지자입니다. 먼저 하나님께 대한 질문을 하면서 말씀을 시작합니다. 항의의 의미가 담긴 질문입니다. 2~4절까지 표준 새번역을 보겠습니다.

"'살려달라'고 부르짖어도 듣지 않으시고 '폭력이다!'하고 외쳐도 구해 주지 않으시니 주님, 언제까지 그러실 겁니까? 어찌하여 나로 불의를 보게 하십니까? 어찌하여 악을 그대로 보기만 하십니까? 약탈과 폭력이 제 앞에서 벌어지고, 다툼과 시비가 그칠 사이가 없습니다. 율법이 해이하고, 공의가 아주 시행되지 못합니다. 악인이 의인을 협박하니, 공의가 왜곡되고 말았습니다."

말씀 안에 그 시대의 사회상이 생생하게 묘사되고 있습니다. 약탈과 폭력이 만연했고, 분쟁과 시비가 일상화되는 가운데, 악인들은 힘과 권력으로 의인을 협박하고 있었습니다. 하나님의 말씀이 힘을 잃은 이 사회는 정의가 사라지고 공의가 왜곡된 사회였습니다. 하박국은 세상의 주권자 되신 정의로운 하나님 아래서 이런 불의한 사회가 지속된다는 것이 이해되지 않았습니다. 그래서 하나님께 항의한 것입니다.

"하나님 왜 그냥 보기만 하십니까? 언제까지 내버려두시렵니까?"라는 그가 던진 질문은 바로 정의에 대한 질문이었습니다. 이런 질문을 한다는 것은 당연히 그 속에 정의감이 충만했기 때문입니다. 라틴의 4대 교부 중 하나였던 제롬은 "하박국은 사악한 세상에서 하나님의 정의의 문제를 껴안은 사람"이라고 했습니다.

비단 하박국만이 아닙니다. 정의감이 충만한 사역자들은 성경에 널려있습니다. 그보다 훨씬 이전 북 이스라엘에서 활동하던 아모스는 당시의 권력자들을 향해서 "정의를 쓴 쑥으로 바꾸며 공의를 땅에 던지는 자들아"(암 5:7)라고 책망하면서 "오직 정의를 물 같이, 공의를 마르지 않는 강 같이 흐르게 할지어다"(암 5:24)라고 외쳤습니다.

비슷한 시대에 이사야도 "정의가 뒤로 물리침이 되고 공의가 멀리 섰으며 성실이 거리에 엎드러지고 정직이 나타나지 못하는도다"(사 59:14)라며 남 유다의 문제를 지적했습니다.

하박국 뒤에 활약한 예레미아도 마찬가지입니다. 그는 "여호와께서 이와 같이 말씀하시되 너희가 정의와 공의를 행하여 탈취 당한 자를 압박하는 자의 손에서 건지고 이방인과 고아와 과부를 압제하거나 학대하지 말며 이곳에서 무죄한 피를 흘리지 말라"(렘 22:3)라고 외쳤습니다.

칼빈은 이 구절이야말로 정의로운 국가의 역할을 가장 잘 담고 있다고 했습니다. 이들은 모두 구약사람들이니 신약시대에 사는 우리와 무관하다고 생각하면 안 됩니다. 오히려 정반대입니다. 그리스도인이야말로 누구보다도 정의를 물어야 할 사람들입니다.

하박국의 정의에 대한 질문에 대해 하나님이 주신 최종적인 답은 이것입니다.

"의인은 그의 믿음으로 말미암아 살리라"(합 2:4)

이 말씀이 '이신칭의'의 성경적인 근거가 됨을 잘 알고 있습니다. 이신칭의는 오직 믿음으로 의롭다함을 받는다는 복음의 핵심교리입니다.

"곧 예수 그리스도를 믿음으로 말미암아 모든 믿는 자에게 미치는 하나님

마지막 때에 하나님은 그의 의를 드러내셨습니다. 누구든지 예수 그리스도를 믿으면 값없이 하나님의 완전한 의로 옷 입게 됩니다. 그리고 그는 죄 없는 의인의 신분이 되는 것입니다. 여러분과 내 속에 하나님의 의가 있습니다.

성령은 말씀을 통해 우리의 양심 속에 하나님 앞에서 옳은 것이 무엇인가를 끊임없이 교육하고 심으십니다. 그러므로 이 시대에 정의를 말할 수 있는 사람이 있다면 그들은 의인이라 불린 우리들입니다. 우리야말로 의에 가장 민감해야 하는 자들입니다. 거짓을 거짓이라 말하고 협박에 굴하지 않고 불의에 대항해서 싸워야 하는 자들이 바로 우리 그리스도인들입니다.

강도의 폭력에 희생당한 이들을 회피하지 않고 선한 사마리아인이 되어야 할 자들이 그리스도인인 우리여야 합니다.

우리 안에 그리스도의 거룩하신 보혈로 심겨진 하나님의 의는, 그저 교회 일에만 충실하고 오늘 죽는다고 해도 천국에 가게 하는 용도로만 사용될 그런 것은 아닙니다. 우리야말로 이 시대 의의 사람들입니다. 우리의 신앙은 정의에 대해서 물어야 합니다. 하나님이 개인 영혼의 주인만이 아니고 교회만의 주인도 아니고 이 세상 모든 국가와 인류의 주라고 고백한다면, 과연 이 세상이 그런 하나님의 정의에 합당한 모습인가를 우리는 계속 물어야 한다.

선교 역사가 짧은 어린 한국교회는 1910년 한일합방의 불의함, 그 이후 10년간 무단정치에서 자행된 온갖 폭력과 불의함 앞에서 침묵하지 않았습니다. 무슨 대단한 신학적 근거를 갖진 것도 아닙니다. 무슨 기독교 사회윤리의 신념 위에서 행동한 것도 아닙니다. 무슨 정치이념이나 사상의 교육을 받은 것도 아닙니다. 단지 그들 속은 '이것은 불의하다'고 생각했고 행동했던 것입니다. 정의로우신 하나님의 뜻에 위배되는 것이었기에 그들은 저항했습니다. 곤봉으로 얻어맞고 칼에 찔리고 총에 맞고 붙들려가서 고문당하고 옥에 갇히고 죽임당할 것을 각오하고 불의에 대항했습니다.

그리고 3·1운동이 실패한 후 의식 있는 신앙인들은 포기하지 않고 만주로 가서 독립운동을 했습니다. 그중 하나가 바로 중국 용정에 있는 명동교회입니다. 윤동주의 생가와 마주하는 이곳에 기념관이 만들어져 있습니다. 시베리아와 만주 간도에 선교활동을 하던 배형식 목사, 명동교회와 명동학원을 세우고, 안중근을 만주로 불러들인 김약연 목사, 그리고 여기서 자란 윤동주 모두 항일투쟁을 한 기독교인들이었습니다.

그러나 3·1운동 이후 교회의 많은 뜻있는 지도자들이 투옥되거나 만주로 망명한 뒤, 한국교회는 전혀 다른 길을 가게 되었습니다. 사회 현실과는 담을 쌓고 신앙은 개인의 삶과 가정 그리고 교회라는 울타리에만 머물게 되었습니다. 개인적 내면적, 영적 체험을 중시하면서 이용도와 같이 예수의 십자가를 신비적으로 체험하려고 하는 부흥회가 큰 인기를 끌게 되었습니다. 종종 일어난 강력한 십자가 운동도 사회 현실과는 전혀 동떨어진 것이었습니다.

그러면서 우리 한국교회는 정의에 대한 질문을 잃어버리고 말았습니다. 이 때문에 우리의 자녀들 속에 정의가 교육되지 않고, 신앙인들 속에 정의감이 형성되지 못했습니다. 세상사람 속에 그리스도인 하면 교회에 열심히 가는 사람, 전도 열심히 하는 사람이지, 정의로운 사람이라는 인상은 더 이상 떠오르지 않습니다.

3·1운동 이후 일제 말기까지 그리고 해방이후 계속해서, 폭력이 난무하고 권력에 의한 협박과 거짓과 불의가 횡행하는 사회가 이어졌지만, 교회는 관심조차 두지 않았습니다.

수많은 사람들이 강도 만난 자 같이 부당한 판결을 받고 인권이 유린당하고 억울한 죽음을 당하였지만, 정의감을 상실한 교회는 아무런 문제 제기도 하지 않았습니다. 그리고 더나가서 그것은 우리 일이 아니라고 생각했습니다.

이런 교회가 어떻게 사회의 신뢰를 받을 수 있겠습니까?

세상 사람들이 교회에 요구하는 것이 그것입니다. 신앙을 가짐으로, 세상 돌아가는 일에 무관심하고 사회에 대해 무책임한 사람을 만들지 말고, 그 하나님을 믿는 신앙의 힘으로 세상 권력을 두려워하지 않고, 영생에 대한 소망의 힘으로, 현실에서의 희생을 각오하면서 우리 사회를 보다 정의롭고 바르게 세울 줄 아는 사람을 만들어 달라는 것입니다. 삼일운동 때처럼 교회가 앞장서서 그 일을 해주기를 요구하는 것입니다.

그렇습니다. 이제 우리는 다시 정의에 대해서 질문해 볼 필요가 있습니다.

하박국처럼 정의감에 충만한 신앙인이 되어야 합니다. 그래서 우리

가 속해 있는 모든 영역에서, 하나님의 정의를 실현해가면서 정의가 강
물같이 공법이 하수같이 흐르는 세상을 만들어가기를 바랍니다.

(2015년 3월 1일)

교회 울타리를 넘어서라

part 5

맘몬과 환경,
평화와 통일

맘몬을 향해 칼을 빼들라

"우리가 세상에 아무 것도 가지고 온 것이 없으매 또한 아무 것도 가지고 가지 못하리니 우리가 먹을 것과 입을 것이 있은즉 족한 줄로 알 것이니라 부하려 하는 자들은 시험과 올무와 여러 가지 어리석고 해로운 욕심에 떨어지나니 곧 사람으로 파멸과 멸망에 빠지게 하는 것이라 돈을 사랑함이 일만 악의 뿌리가 되나니 이것을 탐내는 자들은 미혹을 받아 믿음에서 떠나 많은 근심으로써 자기를 찔렀도다 네가 이 세대에서 부한 자들을 명하여 마음을 높이지 말고 정함이 없는 재물에 소망을 두지 말고 오직 우리에게 모든 것을 후히 주사 누리게 하시는 하나님께 두며 선을 행하고 선한 사업을 많이 하고 나누어 주기를 좋아하며 너그러운 자가 되게 하라 이것이 장래에 자기를 위하여 좋은 터를 쌓아 참된 생명을 취하는 것이니라"(딤전 6:7-10, 17-19)

 하나님은 종종 세상의 굵직한 사건들을 통해서 잠자는 우리를 깨우십니다.

저는 특별히 지금 세계상황이 이 시대를 살아가는 그리스도인들에게 던지시는 하나님의 메시지라고 생각합니다. 그것은 돈에 대해서 다시 성경적인 자리로 돌아오라고 하는 것입니다. 돈과 함께 동침하면서 그의 노예가 되어서 살던 삶에서 돌이켜 그 돈에 대해서 칼을 빼어들고 싸우기를 요청합니다. 돈에게 내어준 자리를 다시 하나님께로 돌이키라고 하는 것입니다.

우리는 어느 누구도 돈의 영향력에 대해서 과소평가하지 못합니다.

왜 그렇습니까? 돈이 없으면 하루도 살 수 없기 때문입니다. 하루를 사는데 필요한 먹는 양식, 입는 옷, 사는 집 , 가장 기본적인 생필품 모두가 돈으로 사야하는 것들입니다. 나아가 더 많은 돈은 더 좋은 질의 삶을 보장합니다. 더 좋은 집과 자동차를 가질 수 있게 하고 자녀에게 더 양질의 교육을 시킬 수 있게 합니다.

돈 없이 살 수 없는 만큼 돈은 사람들 속에서 엄청난 위력을 갖습니다. 돈만큼 우리의 생각과 삶을 지배하는 것이 있을까요? 그래서 예수님은 재물을 하나님의 가장 강력한 라이벌로 말씀하셨습니다.

"너희는 하나님과 재물(맘몬)을 겸하여 섬길 수 없느니라"(눅 16:13)

여기서 예수님은 맘몬이라는 것을 섬김의 대상으로 인격화해서 표현하셨습니다. 이처럼 맘몬은 가치 중립적인 것이 아닙니다. 그것은 영적인 힘을 가지고 사람을 지배하고 세계를 지배하고 심지어 교회를 지배하려고 합니다.

그러므로 그 마음에 오직 한분 주님만을 섬기려고 하는 사람에게 맘몬은 가장 힘든 영적인 적입니다. 그러나 우리는 싸워야 합니다. 맘몬을 향해서 칼을 빼들어야 합니다. 오늘 성경은 어떻게 싸워야 할지를 두 가지로 가르쳐줍니다.

첫째로, 돈을 사랑하지 말라는 것입니다.

"부하려 하는 자들은 시험과 올무와 여러 가지 어리석고 해로운 욕심에 떨어지나니 곧 사람으로 파멸과 멸망에 빠지게 하는 것이라 돈을 사랑함이 일만 악의 뿌리가 되나니 이것을 탐내는 자들은 미혹을 받아 믿음에서 떠나 많은 근심으로써 자기를 찔렀도다"(9-10)

바울이 여기서 말한 부하려 하는 자들, 돈을 사랑하는 자들은 교회 밖의 사람만을 가리키는 것이 아닙니다. 교회 안에서도 우리는 이런 이들은 흔히 보게 됩니다. 아니 우리 모두가 다 정도의 차이는 있지만 이런 것들에 감염이 되어있습니다.

이런 우리를 맘몬이 어떻게 교묘하게 지배하는가를 잘 알아야 합니다.

"시험과 올무"라는 말을 생각해보십시오! 낚시할 때에 그냥 낚싯줄에 낚싯바늘만 매달아 물에 던지는 사람이 있습니까? 하루 종일 기다려봐야 허탕입니다. 거기에 맛있는 떡밥이나 지렁이를 꽂아줘야 합니다. 물고기는 그 떡밥을 보고는 덥석 물다가 그만 바늘에 걸리고 맙니다.

떡밥을 보고 그냥 지나치기란 쉬운 일이 아닙니다. 먹을 만한 것을 보는 순간 우리 속에 숨겨진 어리석고 해로운 욕심이 작동하면서 그것을 덥석 물게 됩니다. 그 결과는 파멸과 멸망입니다.

성경에 대표적인 사람을 꼽으라면 단연 가룟 유다를 말할 수 있겠습니다. 그는 예수님의 12제자로 선택되어 위대한 12사도의 반열에 오를 사람이었습니다. 그러나 그는 돈을 사랑하는 자였습니다. 예수님의 그 주옥같은 설교를 듣고 이적을 보고, 경험하고 있음에도 불구하고 돈에 대한 욕심은 늘 그를 지배했습니다. 그러면서 그는 평소 그가 맡고 있던 돈궤에서 슬금슬금 돈을 도적질하곤 했습니다. 그러다가 급기야는 유대인이 던진 은 30의 미끼에 넘어가 선생인 예수님을 팔아넘기고 결국 파멸과 멸망으로 가고 말았던 것입니다. 이것이 맘몬의 전형적인 수

법입니다.

　요즘 맘몬이 던진 떡밥에 걸린 물고기들이 많습니다. "쌀 직불금"이라는 맛있는 떡밥, 농사짓지 않으면서도 거짓 서류 하나만으로 돈이 통장으로 굴러들어오는 이 맛있는 떡밥을 부동산 투기꾼들이 그냥 지나칠 리가 없습니다. 그것을 덜컥 물었다가 지금 잠 못 이루는 사람이 많을 것입니다. 그 중에 교인은 얼마나 될까요?

　그동안 맘몬은 자본주의의 붐을 타고 더욱더 세력을 넓혀갔습니다. 사람들 속에 쉽게 재산을 증식하는 길이 있다는 미끼를 던지면서 사람들의 관심을 돈으로 끌어들였습니다. 우리나라에서는 먼저 부동산으로 일확천금을 노리는 사람들이 우후죽순처럼 일어났습니다. 그 다음으로 주식열풍, 펀드열풍이 불었습니다.

　정치인들을 비롯해서 고위 공직자들이 펀드로 재산을 불린 것을 자랑스레 공개했습니다. 금융기관들은 사람들에게 가만히 앉아서 돈을 벌고 재산을 증식시킬 수 있다고 하면서 사람들을 펀드로 끌어들였습니다. 우리 집에도 어디서인지 펀드에 가입하라는 전화가 몇 차례 왔었습니다. 아마도 저인망어선처럼 온 국민을 다 끌어들이려고 했을 것입니다.

　그래서 여기저기 마치 마라톤 달리듯 뛰어가는 사람들이 많아졌습니다. 돈 넣고 돈 따 먹기에 재미를 붙인 사람들입니다. 땀 흘리면서 일한만큼의 대가를 받고, 그것을 절약해서 저축하면서 살아가는 사람은 시대에 뒤떨어진 미련한 사람이라는 인식이 퍼져나가면서, 너도나도 달리기 시작하는 것입니다. 심지어는 빚을 내어가면서 뛰어드는데, 가만 보면 교인이라고 별 구분이 없는 것 같습니다.

얼마 전 펀드가 반 토막 나서 빚더미에 앉자 교회 마당에 차를 끌고 가서 부탄가스를 피워 자살한 주부도 교회를 다니는 사람이었습니다. 최근에 엄청난 사채 빚을 지고서 자살한 연예인도 교인이었습니다.

남의 교인들만의 이야기입니까? 지금은 우리교회를 다니지 않지만, 어떤 분이 몇 천만 원을 빚을 내서 주식에 투자했다가 다 날려버린 일이 있었습니다. 그런데 더욱 안타까운 것은 그 분이 그렇게 했던 이유가 제자훈련을 같이 받던 집사님이 주식에서 짭짤하게 재미를 봤다는 말을 듣고 나서였다는 것입니다. 참 어이가 없습니다. 물론 처음부터 성실하게 훈련을 받은 분은 아니었지만, 자신을 내려놓고 예수님께 주목하라는 교역자의 가르침은 뒷전이고 같은 훈련생의 입에서 나오는 돈 버는 방법에 귀가 솔깃했던 것입니다.

부동산투기가 성행할 때는 교회 안에 땅 집사들이 많더니, 주식이 성행할 때는 주 집사들이 많고, 이제는 펀 집사들이 또아리를 틀고 있습니다. 오늘날 교회를 무력하게 하는 것은 세상의 핍박이나 이단이 아니라 바로 맘몬입니다.

"현대사회에서 돈은 성령이 교회에서 차지해야할 역할을 악마적으로 찬탈해 버렸다."(토마스 머튼)

그러므로 이 시대의 금융위기는 우연한 것이 아닙니다. 맘몬의 바벨탑을 쌓아가는 우리 믿는 자들에게 주시는 하나님의 경고입니다. 매일 돈 돈 하면서 돈을 사랑하면 돌아버립니다. 미혹되고 믿음에서 떠나고 근심으로 자기를 찌릅니다. 돈을 사랑하는데서 돌이키십시오! 돌이키

십시오! 돌이키십시오!

이것을 위해서 우리에게 필요한 경건훈련은 바로 지족하는 것입니다.

"우리가 세상에 아무 것도 가지고 온 것이 없으매 또한 아무 것도 가지고 가지 못하리니 우리가 먹을 것과 입을 것이 있은즉 족한 줄로 알 것이니라"(7-8)

하나님 아버지는 우리 사정을 아시고 필요한 만큼 주십니다. 그가 주시는 분복에 만족하고 감사합시다. 받는 봉급을 족히 여기고 그 한도 내에서 살려고 합시다! 위를 보지 말고 아래를 보면서 살아갑시다! 이런 이에게 맘몬의 떡밥은 아무 효과가 없습니다. 지족하는 마음으로 살기를 바랍니다.

둘째로, 선한 사업에 부한 자가 되라는 것입니다.

"네가 이 세대에서 부한 자들을 명하여 마음을 높이지 말고 정함이 없는 재물에 소망을 두지 말고 오직 우리에게 모든 것을 후히 주사 누리게 하시는 하나님께 두며 선을 행하고 선한 사업을 많이 하고 나누어 주기를 좋아하며 너그러운 자가 되게 하라 이것이 장래에 자기를 위하여 좋은 터를 쌓아 참된 생명을 취하는 것이니라"(딤전 6:17-19)

돈은 묘한 것입니다. 성경에는 돈 때문에 망한 사람들이 많이 소개됩니다. 반면에 돈 때문에 하나님의 칭찬과 영광을 얻은 사람들이 있습니다. 자신의 전 재산인 두 렙돈을 드린 과부, 자신들의 재물로 예수님일행을 섬겼던 여인들, 옥합을 깨뜨려 예수님께 부은 마리아, 가난한 자들을 위해 자기의 땅을 팔아 교회에 바친 바나바, 구제에 힘쓴 고넬료 등 성경에는 재물로 인하여 하나님의 축복을 경험한 사람들이 많이 소개되고 있습니다.

이들에게서 돈은 무엇입니까?

파멸에 떨어지게 하는 사악하고 위험스러운 시험과 올무가 아닙니다. 오히려 하나님 나라를 세우고, 사람을 구원하고, 하나님께 대한 사랑과 헌신을 표현하는 의미 있고 가치 있는 도구가 되는 것입니다.

자, 생각해봅시다. 가난한 자들을 무엇으로 구제합니까?

장애인들과 고아와 노약자들을 위한 기관들을 무엇으로 유지할 수 있습니까? 예배를 드리고 모이는 교회당을 무엇으로 짓습니까? 성도를 가르치고 목양하는 교역자를 무엇으로 공궤합니까? 복음을 전할 선교사를 보내는 일을 무엇으로 합니까? 선교지에 병원과 학교를 세우는 것을 무엇으로 합니까?

놀랍게도 돈입니다. 우리가 기도했더니 하늘에서 교회당이 떨어지고, 병원과 학교 건물이 내려와서 세워지는 것이 아닙니다. 성도들이 하나님께 드린 헌물을 통해서입니다. 선한 사업에 기부한 것들을 통해서입니다.

그 모든 일은 바로 이러한 과정을 통해서입니다. 하나님은 이 세상의 가난하고 힘없는 사람들을 위해서 또 거룩한 복음의 사역들을 위해서 믿는 자들에게 재물을 맡겨주십니다. 주시는 것이 아니라, 맡기시는 것입니다. 우리는 그저 이 재물을 관리하는 청지기에 불과합니다. 신실한 청지기는 하나님의 뜻을 알고 그 뜻대로 쓸 줄 압니다. 선한 사업에 투자하는 것입니다. 이 일을 잘할 때에 하나님은 안심하고 재물을 더 맡기실 것입니다.

맘몬을 이기기 위해서 선한 사업에 부한 자가 되십시오. 선한 사업에 부요한 사람은 그 마음이 선한 양심으로 가득 차지 않을 수 없습니다. 그러한 자는 재물의 노예가 되는 것이 아니라, 재물을 지배하는 것입니다. 그것이 맘몬을 향해서 칼을 빼드는 것입니다. 하나님이 여러분에게 안심하고 재물을 맡길 수 있는 믿음과 선한 양심의 실력을 키우십시오.

우리에게 재물은 꼭 있어야 하는 것입니다. 그러므로 주님은 오늘도 말씀하십니다.

"그러므로 염려하여 이르기를 무엇을 먹을까 무엇을 마실까 무엇을 입을까 하지 말라 이는 다 이방인들이 구하는 것이라 너희 하늘 아버지께서 이 모든 것이 너희에게 있어야 할 줄을 아시느니라"(마 6:31-32)

하나님, 그 아들을 아끼지 않고 우리를 위해 주셨는데 어찌 모든 것을 은사로 주시지 않겠습니까? 주십니다. 염려하거나 근심하지 말고 물질로 인해 성도의 거룩한 이름을 훼손하지 맙시다.

나아가 하나님 아버지께서는 우리를 위해서 하늘에 아주 크고 황홀한 유산을 준비해 두셨습니다. 그러므로 세상에서 잠깐의 낙을 누리는 데 마음을 빼앗기지 말고, 이 소망을 굳게 붙잡고 선한 사업에 부요함으로 하늘에 보화를 쌓아두는 선한 청지기가 되기를 바랍니다.

(2008년 10월 19일)

부자와 나사로

"한 부자가 있어 자색 옷과 고운 베옷을 입고 날마다 호화롭게 즐기더라 그런데 나사로라 이름하는 한 거지가 헌데 투성이로 그의 대문 앞에 버려진 채 그 부자의 상에서 떨어지는 것으로 배불리려 하매 심지어 개들이 와서 그 헌데를 핥더라 이에 그 거지가 죽어 천사들에게 받들려 아브라함의 품에 들어가고 부자도 죽어 장사되매 그가 음부에서 고통중에 눈을 들어 멀리 아브라함과 그의 품에 있는 나사로를 보고 불러 이르되 아버지 아브라함이여 나를 긍휼히 여기사 나사로를 보내어 그 손가락 끝에 물을 찍어 내 혀를 서늘하게 하소서 내가 이 불꽃 가운데서 괴로워하나이다 아브라함이 이르되 얘 너는 살았을 때에 좋은 것을 받았고 나사로는 고난을 받았으니 이것을 기억하라 이제 그는 여기서 위로를 받고 너는 괴로움을 받느니라 그뿐 아니라 너희와 우리 사이에 큰 구렁텅이가 놓여 있어 여기서 너희에게 건너가고자 하되 갈 수 없고 거기서 우리에게 건너올 수도 없게 하였느니라 이르되 그러면 아버지여 구하노니 나사로를 내 아버지의 집에 보내소서 내 형제 다섯이 있으니 그들에게 증언하게 하여 그들로 이 고통 받는 곳에 오지 않게 하소서 아브라함이 이르되 그들에게 모세와 선지자들이 있으니 그들에게 들을지니라 이르되 그렇지 아니하니이다 아버지 아브라함이여 만일 죽은 자에게서 그들에게 가는 자가 있으면 회개하리이다 이르되 모세와 선지자들에게 듣지 아니하면 비록 죽은 자 가운데서 살아나는 자가 있을지라도 권함을 받지 아니하리라 하였다 하시니라"(눅 16:19-31)

　　"부자와 나사로"는 예수님이 하신 비유 중 가장 많이 알려진 비유입니다.

　　사후세계의 구체적인 이야기를 담고 있어서 전도용으로 많이 사용되고, 특별히 어린 아이들을 위한 인형극의 단골소재가 되기도 합니다.

　　여기서는 주로 이렇게 각색합니다. 부자는 이 세상에서 잘 살았지만 예수를 믿지 않았고, 나사로는 거지였지만 예수를 잘 믿었습니다. 그래서 죽은 뒤 나사로는 천국으로 갔고, 부자는 지옥으로 가게 되었습니다. 그러면 이 비유의 핵심 메시지는 이렇게 됩니다.

'아무리 잘 살아도 예수 안 믿으면 지옥가고, 아무리 못 살아도 예수 믿으면 천국 간다. 그러니 예수를 믿어야 한다!'

이렇게 결론이 난다면 교인들은 아무 부담 없이 이 비유를 대합니다.

왜입니까? 교인들은 예수를 믿기 때문입니다. 따라서 이것은 내가 아닌 비신자들이 들어야할 전도용 메시지입니다.

그러나 과연 그럴까요?

이 비유의 배경을 이해하려면 16장 전체를 살펴봐야 합니다.

먼저 주님은 '불의한 청지기 비유'를 주셨습니다. 이 비유는 세상 재물로 사람들의 마음을 사서 그들을 영생의 길로 인도하라는 것이며 결론은 이것입니다.

"집 하인이 두 주인을 섬길 수 없나니 혹 이를 미워하고 저를 사랑하거나 혹 이를 중히 여기고 저를 경히 여길 것임이니라 너희는 하나님과 재물을 겸하여 섬길 수 없느니라."(눅 16:13)

그런데 이때 바리새인들의 반응을 보십시오.

"바리새인들은 돈을 좋아하는 자들이라 이 모든 것을 듣고 비웃거늘"(눅 16:14)

겉으로는 돈을 초월한 것 같은 종교인들이, 사실은 돈을 참 좋아하는 자들이었습니다. '부자와 나사로'는 이들을 보면서 주신 말씀입니다.

주님은 먼저 한 부자를 등장시킵니다.

“한 부자가 있어 자색 옷과 고운 베옷을 입고 날마다 호화롭게 즐기더라”(19)

자색 옷, 고운 베옷은 당시 왕족이나 귀족들이 입는 비싼 옷이었습니다. 그리고 날마다 호화롭게 즐깁니다. 매일 호화 파티를 여는 것입니다.

영화나 꿈에서 볼 수 있는 그런 사람들! 돈 걱정 전혀 안하고 사는 사람들, 세상이 다 부러워할 그런 부자, 예수님은 그런 자를 주인공으로 상정하신 것입니다.

그리고 반대편에는 가난한 거지를 등장시킵니다.

“그런데 나사로라 이름 하는 한 거지가 헌데 투성이로 그의 대문 앞에 버려진 채 그 부자의 상에서 떨어지는 것으로 배불리려 하매 심지어 개들이 와서 그 헌데를 핥더라”(20-21)

‘대문 앞에 버려진 채’를 보면, 자기 발로 걷지도 못하고 누군가가 이곳에 내 버리고 간 것입니다. 부잣집에서 나오는 음식쓰레기라도 먹고 살라고 했을 것입니다.

게다가 그는 그냥 거지가 아닙니다. 온 몸이 헌데 투성이, 즉 상처로 가득 차 있는 중병자입니다. 그런데 더러운 개들이 와서 그 상처를 핥습니다. 얼마나 아플까요! 그러나 그 개들을 쫓아낼 힘이 없습니다. 배고픔과 통증으로 하루하루 연명하는 거지 나사로였습니다.

어떤 과정으로 여기까지 오게 되었는지는 모르지만 그야말로 비참한 인생입니다. 그리고 결국 여기서 죽고 말았습니다. 아마 그의 시신은 거적때기에 싸여져 산에 버려졌을 것입니다. 어느 누구도 되고 싶지 않은 비참한 인생을 주님은 주인공으로 상정하셨습니다.

그러나 나사로만 죽은 것이 아닙니다. 그렇게 기름기 번지르르하면서 사람들의 부러움 속에 살던 부자도 결국 죽고 말았습니다. 물론 최고로 호화로운 장례가 치러졌을 것입니다.

이렇게 부자와 거지, 두 주인공이 세상을 떠났습니다. 그러나 죽음이 끝이 아니었습니다. 죽음 이후, 삶이 새롭게 계속되는데 그것은 이 세상과는 180도 다른 모습이 아니겠습니까? 나사로는 천사들에게 떠받들려 아브라함의 품에 안겼습니다. 상처 하나 없는 정결한 몸에 순백색의 옷을 걸치고 황홀한 광채를 내는 그는 승리자였습니다.

부자는 어떻게 되었나요?

음부(하데스)에 떨어졌습니다. 그곳은 불구덩입니다. 온몸이 화상으로 뒤덮인 채 그 불꽃 가운데서 너무나 고통스러워합니다. 그는 앞으로 이렇게 영원히 살아야 합니다. 이 세상에서 승리자였던 그는 결국은 영원한 실패자가 되고 말았습니다.

그는 아브라함에게 간청합니다. 나사로를 보내 손가락 끝에 물을 찍어 혀를 한번만 서늘하게 해달라고…. 그러나 그들 사이에는 큰 구렁텅이가 있어 갈 수가 없었습니다.

그러자 부자는 다른 것을 간청합니다. 나사로를 세상에 사는 다섯 형제에게 보내어 지옥의 실상을 알려주어서 그들이 지옥에 오지 않도록 해달라고 말입니다. 그러나 아브라함은 이미 그들에게 모세와 선지자가 있지 않느냐고 합니다. 부자는 그래도 죽은 자가 직접 가서 말한다면 들을 것이라고 합니다. 그러자 아브라함이 거절합니다.

자 이것이 비유의 내용입니다.

어떤 사람이 되고 싶습니까? 부자입니까? 아니면 나사로입니까? 아마 '부자 나사로'가 되고 싶을 것입니다.

이 비유의 핵심 메시지를 알려면 이런 질문을 해야 합니다.

"왜 부자는 음부로 가고, 나사로는 아브라함의 품에 안겼는가?"

부자는 예수를 안 믿고, 나사로는 믿었기 때문일까요?

아닙니다. 예수님의 답은 명쾌합니다.

이 세상에 좋은 것을 누린 자는 저 세상에서는 괴로움을 받고, 이 세상에서 고난을 받은 자는 저 세상에서는 위로를 받는 것, 이것이 하나님의 공평이라는 말씀입니다. 오늘 우리는 이걸 명심해야 합니다.

물론 여기서 조심합시다.

"부자는 무조건 다 지옥에 가고 가난한 자는 다 천국 간다."

이런 결론을 낸다면 성경 전체의 가르침을 벗어나는 것입니다. 우리가 어떻게 구원받나요? 오직 믿음으로 구원받습니다. '이신칭의'는 성경 전체를 해석하는 틀입니다.

이걸 전제로 하면서 우리가 순전한 마음으로 주님이 하시고자 하는 말씀에 귀 기울여 봅시다.

무엇입니까? 우리는 이 세상에서 부와 영화를 누리고 편안하고 즐겁게 사는 것을 두려워해야 합니다. 이것이 한 인생을 사는 사람들의 로망이요, 꿈인데도요? 그렇습니다. 그것은 다음 세상을 믿지 않는 사람들이 갖는 인생의 목표요, 소망입니다.

만일 교인 중에 세상에서 출세와 재물로 온갖 즐거움과 행복을 누리고 잘 살아보겠다는 일념으로 달려가는 사람이 있다면 그는 내세를 믿지 않는 사람입니다. 머리로는 믿는 것 같지만 실제 삶에서는 부인하는 죽은 믿음입니다.

언제부턴가 우리나라의 새해 인사가 이것입니다.

"부자 되세요!"

세상의 소망이 집약된 인사입니다. 교인들도 덩달아 그런 목표를 세웁니다. 그러나 오늘 이 말씀을 갖고 생각해봅시다.

부자가 되는 것이 축복인가요? 저주인가요?

돈이 이 부자의 눈을 멀게 했습니다. 모세와 선지자의 경고가 있었지만 그것을 들을 수 없게 했습니다. 이게 맘몬의 힘입니다.

그러므로 주님은 제자로 부른 청년이 재물이 많아 돌아서는 것을 보면서 말씀하셨습니다. "다시 너희에게 말하노니 낙타가 바늘귀로 들어가는 것이 부자가 하나님의 나라에 들어가는 것보다 쉬우니라"(마 19:24) 낙타가 바늘귀로 들어간다는 것이 가능한 일입니까?

오늘날 유럽과 미국의 교회가 텅텅 비는 원인이 무엇인가요?

그 첫째는 그들이 잘 살게 되었기 때문입니다. 이 세상에서의 여유롭고 즐겁고 안정된 삶은 그들의 마음을 교회에서 빼앗았습니다. 하나님 나라에 무관심하고 하나님 말씀에 귀를 닫게 만들고 말았습니다. 이것이 과연 축복인가요?

야고보는 이렇게 말합니다.

"들으라 부한 자들아 너희에게 임할 고생으로 말미암아 울고 통곡하라. 너희 재물은 썩었고 너희 옷은 좀먹었으며 너희 금과 은은 녹이 슬었으니 이 녹이 너희에게 증거가 되며 불 같이 너희 살을 먹으리라. 너희가 말세에 재물을 쌓았도다. 보라 너희 밭에서 추수한 품꾼에게 주지 아니한 삯이 소리 지르며 그 추수한 자의 우는 소리가 만군의 주의 귀에 들렸느니라. 너희가 땅에서 사치하고 방종하여 살육의 날에 너희 마음을 살찌게 하였도다"(약 5:1-5)

부자에 대한 이 책망의 소리에 경청해야 합니다.

그러므로 부자가 되려고 해서는 안 됩니다. "부하려 하는 자들은 시험과 올무와 여러 가지 어리석고 해로운 욕심에 떨어지나니 곧 사람으로 파멸과 멸망에 빠지게 하는 것이라 돈을 사랑함이 일만 악의 뿌리가 되나니 이것을 탐내는 자들은 미혹을 받아 믿음에서 떠나 많은 근심으로써 자기를 찔렀도다"(딤전 6:9-10)

그렇다면 어떻게 해야 부자가 안 될까요? 무슨 일이든 내게 맡겨진 일에 부지런 열심을 다하고 나의 영역에서 유능한 사람이 되는 것도 하나님의 뜻인데…. 그러면 원하건 원치 않건 부자가 될 수밖에 없지 않은가요? 내가 부자 되겠다는 마음을 먹지 않았음에도 돈이 막 따라올 수 있지 않겠습니까? '날 좀 가져가시오'하고 말입니다.

그렇습니다. 게으름 피워서 가난한 자가 되라는 말씀이 아닙니다.

부자가 되지 않는 비결은 이것입니다. 우리의 주머니를 자꾸 비우는 것입니다. 내 주머니의 돈을 거룩한 돈으로 만드는 것입니다. 복음을 위해서 여러분의 재물을 사용하십시오! 전도할 때에 돈을 아끼지 마십시오! 불의한 청지기처럼 재물로 사람의 마음을 사서 주께로 인도하십시오! 전도와 선교에 쓰는 돈을 아까워하지 마십시오! 복음사업에 즐거이 투자해서 우리 주머니에 돈이 쌓이지 않게 하십시오! 이것이 우리가 사는 길입니다.

선한 사업에도 부요하십시오!

좀과 동록과 도둑으로 우리 재물이 헛되이 사라져버리기 전에 부지런히 구제하십시오! 그렇게 하여 하늘에 쌓아야 합니다. 가난한 자들을 찾는 눈이 항상 열려있어야 합니다. 가난한 자들의 하소연을 듣는 데에 귀가 항상 열려있어야 합니다.

만약 우리의 돈이 더 좋은 집을 짓고, 더 좋은 가구를 들이고, 더 좋은 옷을 입고, 더 즐기며 먹고 마시는데 사용된다면 그 돈은 우리를 망가지게 만듭니다. 세속에 물들어 살다가 점점 그의 나라에서 멀어지고, 그러다가 아예 하나님 나라와는 영영 멀어질 수 있습니다.

많은 사람들이 이 메세지가 자신과는 상관없다 생각합니다. 부자가 아니라는 것입니다. 그러나 좀 더 넓은 눈으로 세계를 봅시다. 오늘날 전 세계인구 중 10억 명은 하루 소득이 1달러 미만의 절대빈곤층입니다. 그 다음 15억 명은 생존을 겨우 해결하고 있는 빈곤층입니다. 이 두 그룹을 합하면 인류의 40%를 차지합니다. 한 단계 더 올라가면 약 25억 명이 연간 소득이 수천 달러 정도인 중소득층입니다. 그리고 맨 꼭

대기에 10억 명쯤 되는 부유한 사람들이 있습니다. 우리 국민은 여기에 속해 있습니다.

우리나라 안에서 상대적 빈곤감을 느낄 뿐 우리는 다 부자입니다. 세계에는 불쌍한 나사로들이 너무도 많습니다. 아시아와 아프리카의 빈민들, 미래가 없는 아이들, 게다가 전쟁이나 자연재해로 집을 잃고 난민이 된 사람들이 얼마나 비참하게 살아가고 있습니까? 오늘 선교보고에서 들은 집시들-유라시아에 흩어진 집시들은 정말 나사로입니다.

우리는 이들이 실패자요, 하나님의 저주 아래 있다고 판단할지 모릅니다. 그러나 이 비유에 등장하는 거지 나사로를 생각해봅시다! 예수님의 비유 중 유일하게 이름이 나오는 인물입니다. 이 이름은 히브리어로 엘르아살로 '하나님은 도우신다'는 뜻입니다.

나사로는 거지이고 헌데 투성이의 비참한 인생처럼 보이지만, 누구도 그를 실패한 인생이라고 말해서는 안 됩니다. 하나님은 나사로와 같은 자들을 버리지 않으십니다. 하나님은 그들을 도우십니다.

잠시의 영광이 아니라 영원한 영광을 꿈꿉시다. 이곳에서의 일시적인 승리자가 아니라 내세에서의 영원한 승리자가 됩시다. 그러려면 늦기 전에 남은 인생의 목표를 바꾸어야 합니다! 부자가 되려고 하지 말고, 부자가 되지 않으려고 노력합시다. 편안히 살 길을 찾지 말고, 복음을 위해 고난을 기꺼이 감수합시다.

무엇보다도 우리의 재물을 단호히 다루어 복음을 위해 가난한 이를 위해 아낌없이 쓸 수 있는 진정한 그리스도인이 되기를 바랍니다.

(2014년 9월 21일)

자연의 신음소리

"피조물이 고대하는 바는 하나님의 아들들이 나타나는 것이니 피조물이 허무한 데 굴복하는 것은 자기 뜻이 아니요 오직 굴복하게 하시는 이로 말미암음이라 그 바라는 것은 피조물도 썩어짐의 종 노릇 한 데서 해방되어 하나님의 자녀들의 영광의 자유에 이르는 것이니라 피조물이 다 이제까지 함께 탄식하며 함께 고통을 겪고 있는 것을 우리가 아느니라 그뿐 아니라 또한 우리 곧 성령의 처음 익은 열매를 받은 우리까지도 속으로 탄식하여 양자 될 것 곧 우리 몸의 속량을 기다리느니라"(로마서 8:19-23)

전 세계인에게 2011년 3월 11일은 잊을 수 없는 날이 되었습니다. 일본 후쿠시마 원전에서 최고 위험사고에 해당되는 7등급의 원전 사고가 일어났기 때문입니다. 쓰나미로 냉각장치가 멈추면서 원자로가 녹는 멜트다운이 일어났고, 이를 급하게 끄기 위해 끌어들인 바닷물은 오염된 상태로 바다로 흘러들었습니다. 유출된 방사능은 바람과 물을 타고 점점 더 멀리 번져갔습니다.

사고 후 몇 년이 지난 후에도 문제는 해결되지 않았습니다. 도쿄전력은 원자로 안의 상태조차 제대로 파악하지 못했습니다. 제1원전에서 하루 수백 톤씩 배출되는 방사성 물질 오염수의 처리가 '시한폭탄'이 됐습니다. 사고 초기 서둘러 지은 저장탱크는 내구성이 약해 불안정하고 탱크 수가 점차 불어나면서 그나마도 지을 땅을 찾기가 어려웠습니다. 그래서 도쿄전력은 이 어마어마한 양의 오염수를 바다에 몰래 내

버릴 궁리를 했습니다. 이미 원전 지하로는 하루 400톤의 지하수가 스며들어 오염수로 바뀌었고 사고 후 2년이 지났을 당시만 해도 후쿠시마현의 대기 중 방사선량은 도쿄의 13.6배에 달했습니다. 하늘뿐 아니라 땅과 물도 신음하는, 되돌릴 수 없는 엄청난 사고였습니다.

우리나라 역시 안전지대가 아닙니다.

부산과 후쿠시마 사이의 거리는 1,000km에 불과합니다. 1986년 4월 우크라이나의 체르노빌에서 일어난 7등급의 원전사고로 5천 명이 넘게 사망하는 일이 벌어졌습니다. 이전까지 소련은 체르노빌 원전은 세계에서 제일 안전한 원전이라고 자부했던 터였습니다. 그런데 원전사고 후 체르노빌에서 1,500km 이상 떨어진 서유럽에 다량의 방사선과 넵투늄이 대량 검출되었습니다. 그리고 죽음의 재는 제트기류를 타고 8,000km를 날아 우리나라에까지 밀려왔습니다.

제가 독일에 간 때는 체르노빌 원전사고가 난지 7년 뒤인데, 당시 유행하는 말이 있었습니다.

"체르노빌에서는 아직도 무언가 일어나고 있다. 비가 오면 우산을 꼭 써야한다."

체르노빌 사고이후 유럽에서는 탈핵 운동이 거세게 일어났습니다.

이번 후쿠시마 사고는 그 운동에 기름을 붓는 격이었습니다. 독일은 2021년까지 원전을 완전히 폐쇄하기로 결의했고, 다른 나라들도 원전을 감축하는 정책을 결의하고 여러 가지 다양한 방법을 강구하고 있는 추세입니다.

우리 그리스도인들은 이러한 문제에 있어서 어떠한 역할을 감당해야하는지 생각해 보아야 합니다. 핵문제 이전에 보다 근본적인 자연과 환경의 문제를 생각해 봅시다. 하나님은 만물을 만드시고 인간에게 이런 명령을 주셨습니다.

"하나님이 자기 형상 곧 하나님의 형상대로 사람을 창조하시되 남자와 여자를 창조하시고 하나님이 그들에게 복을 주시며 하나님이 그들에게 이르시되 생육하고 번성하여 땅에 충만하라, 땅을 정복하라, 바다의 물고기와 하늘의 새와 땅에 움직이는 모든 생물을 다스리라 하시니라"(창 1:27-28)

여기에 주어진 표현들 '정복하라' '다스리라'는 명령은 이제껏 많은 오해를 불러일으켰습니다.

1989년 '지구의 해'를 기해서 타임스는 위험에 처한 지구를 쟁점으로 다루면서 이 성경 구절을 인용한 뒤 이렇게 썼습니다.

"다스리라'는 말은 '자연을 편리하게 사용하라'는 권유의 뜻으로 해석될 수 있었다. 그래서 일반적으로 기술 발달의 길을 열어놓은 것으로 간주되는 기독교의 확장은 종종 기술의 진보와 함께 자연을 무자비하게 이용하는 못된 씨앗을 곳곳에 심어 놓은 셈이 되었다."

이런 인식에 가장 비판적인 린 화이트는 이렇게 주장하고 있습니다.

"자연은 인간을 섬기는 것을 제외하고는 어떤 다른 존재 이유도 있을 수 없다는 기독교의 원리를 거부하지 않는 한 생태계의 위기는 더욱 악화될 것이다."

인간의 임의로 자연을 마음대로 사용해도 된다는 뜻으로 받아들인 기독교인들이 있었다면 그것은 말씀의 의미를 전혀 잘못 해석한 것입니다. 소위 문화 명령이라고 하는 이 말씀의 의미를 잘 생각해 보아야 합니다. 하나님은 "보시기에 좋았더라"라고 할 만큼 완벽한 자연을 만드시고, 그것을 자기와 꼭 같은 형상을 가진 인간에게 위탁하시며 "네가 다스려라!"라고 하신 그 의미를 잘 생각해 보아야 합니다.

이런 예를 한번 생각해 봅시다.

아버지가 황폐한 마당을 가꾸어 정원을 만들었습니다. 호수와 나무와 꽃과 잔디가 아름다운 조화를 이루는 정말 환상적인 정원이 되었습니다. 자신이 보기에도 최고의 걸작품입니다.

아버지가 아들을 불렀습니다. "애야, 내가 이 황무지를 정원으로 멋있게 가꾸었지? 이제 이 정원을 네게 넘길 테니 잘 보살피고 가꾸어라!"

우리가 만약 이런 정원을 받았다면 "잘 가꿔야지! 적어도 아버지를 실망시켜드리지 않게 말이야!"라고 다짐할 것입니다.

그러나 인간은 그 책임을 바르게 감당하지 못했고, 오히려 죄가 세상에 들어오게 해서 모든 피조물이 허망한 것의 노예로 만드는 결과를 초래했습니다.

"피조물이 허무한 데 굴복하는 것은 자기 뜻이 아니요 오직 굴복하게 하시는 이로 말미암음이라"(20)

여기 '자기 뜻이 아니요'라는 말을 생각해 보아야 합니다. 땅이 작물을 제대로 내지 못할 정도로 피폐해지고 기근과 홍수, 지진과 해일이 일어나는 지금의 상태는 자연이 원하는 본래의 모습이 아닙니다.

인간이 죄로부터 벗어날 때까지, 자연은 어쩔 수 없이 허무한 데 굴복해야 하고, 썩어짐의 종노릇해야 합니다. 영적으로 인간에게 복속되어 있기 때문입니다. 이것이 하나님이 정하신 영적인 질서입니다. 그러므로 피조물은 인간이 죄를 벗고 속량된 하나님의 아들들로 나타나기를 기다립니다. 그 때에 자신들도 '썩어짐의 종노릇'에서 해방되어 하나님의 영광의 자유에 이를 수 있기 때문입니다.

본문 말씀 전체를 통해 피조물들이 고통 속에서 하나님의 자녀들을 의지하고 모습을 볼 수 있을 것입니다. 그릇된 통치에서 벗어나 하나님의 자녀들의 의로운 통치로 돌아가기를 갈망하는 것입니다. 물론 하나님의 자녀 된 우리 역시 몸이 아직 속량되지 못한 연약한 존재들입니다.

그러나 이 말씀이 분명히 가르치는 것은 인간과 피조물 즉, 자연이 갖고 있는 깊은 유기적인 연관성입니다. 이 유기적인 연관성을 강조하는 것이 아바타라는 영화인데, 거기서는 인간을 철저히 자연의 일부로 묘사함으로 범신론으로 흘러가고 말았습니다. 그에 반해 성경은 인간을 '자연의 일부'인 동시에 '자연의 머리'라고 가르치고 있습니다. 인간이 자연의 부속물이 아니라, 자연을 책임지고 있는 존재라는 말입니다. 하나님은 그 책임을 창조부터 종말 때까지 우리에게 지우셨습니다. 비록 지금은 우리가 연약하지만 자연에 대한 청지기로서의 책임감을 잃어서는 안 됩니다.

청지기로서 우리가 할 수 있는 가장 좋은 일은 가급적 자연을 있는 그대로 보존하는 것입니다. 개발이라는 명목과 인간의 편의를 앞세워서 훼손하는 것을 가급적 피하고 자연을 자연의 원래 자리에 놓는 것입니다.

인간의 삶은 본래 자연과 함께 하는 삶으로 자연은 인간의 삶의 터입니다. 거기서 인간은 자연과는 다른 문화(culture)라는 것을 발전시켰습니다. 농사를 지으면서 농기구를 발전시키고 가축을 길러 농사에 사용했습니다. 집을 짓고 성도 짓고, 자연을 보면서 시를 쓰고, 악기를 만들어 연주도 했습니다. 이런 농경사회에서 인간은 자연과 함께 호흡하는 법을 알았습니다.

그러나 산업혁명은 이 모든 것을 변화시켰습니다. 도시화로 인해 사람들은 자연과 분리되었고, 무엇보다도 인간의 편리를 위해 사용한 석탄, 석유 등 화석 연료의 사용은 자연에게는 치유하기 힘든 상처를 남겼습니다. 전 세계에서 뿜어내는 이산화탄소와 프레온가스는 오존층을 파괴하면서 다양한 기후의 변화를 가져왔습니다. 기름 유출, 농약, 중금속 폐기물, 넘쳐나는 쓰레기 등으로 땅과 강과 바다, 지하수 등이 오염되었습니다.

이보다 더 심각한 문제는 1939년 독일의 오토 한과 슈트라스만이 우라늄 핵분열을 발견하면서 핵에너지 시대가 열리게 된 것입니다. 우라늄 235의 1그램만 핵분열해도 거기에서 발생하는 에너지는, 석유 9드럼이나 석탄 3톤이 탈 때 나오는 에너지와 맞먹으니 얼마나 매력적입니까! 게다가 이산화탄소 배출도 없으니 어떤 이는 이것을 청정에너지라고 말하기에 이르게 됩니다.

그러나 이제는 핵에너지의 위험에 대한 심각한 인식이 필요한 때입니다. 일반 쓰레기는 재생하거나, 묻으면 몇 십 년, 길게는 몇 백 년 가는 정도지만, 핵분열 뒤 남은 방사성 폐기물은 수 천년동안 방사능을 방출하면서 생태계에 심각한 해를 입히게 됩니다. 우리가 알아야 할 것은 아직도 이 방사성 폐기물을 영구히 폐기하는 방법을 찾지 못했다는 사실입니다. 대부분 지하 차폐탱크 속에 저장하고 있지만, 수 천 년 사이에 무슨 일이 벌어질 지 아무도 모릅니다.

만일 고조선의 단군이 사용했던 핵폐기물이 원시적인 방법으로 여기저기 묻혀있는 땅에 우리가 살고 있다고 상상한다면, 이것이 얼마나 심각한 문제인지 알 수 있을 것입니다. 그뿐 아니라 이 핵에너지는 핵발전소로 세워지기 훨씬 전 1945년 원자탄으로 포장되어 일본의 히로시마와 나가사키에 투하되었습니다. 원자탄의 가공할 파괴력으로 인해 20만 명이 넘는 사망자를 발생했고, 그 사망자 안에는 4만 여명의 조선인이 포함되어 있었습니다.

지금도 북한을 비롯한 여러 나라들이 핵무기를 소지하고 있거나 개발하고 있어 인류의 큰 위협이 되고 있습니다.

하지만 많은 사람들이 핵무기 개발은 비난하면서도 핵의 평화적 사용에는 아무런 문제가 없는 것처럼 생각합니다. 그것이 얼마나 안일한 생각인 지 체르노빌과 후쿠시마가 우리에게 분명히 가르쳐주고 있습니다. 핵발전소는 결코 안전하지 않습니다. 핵폐기물들은 우리가 사는 땅을 심각하게 오염시키고 있습니다.

현재 지구의 상태는 '심한 몸살'을 앓고 있다고 해도 과언이 아닐 것입니다.

"피조물이 다 이제까지 함께 탄식하며 함께 고통을 겪고 있는 것을 우리가 아느니라"(롬 8:22)

우리는 먼저 그 탄식과 아픔을 느껴야 합니다. 그리고 우리의 죄로 고백해야 합니다. 당장 내 몸의 편안함만을 앞세운 죄입니다. 후손들이 살아갈 환경은 전혀 고려하지 않은 죄요, 하나님의 창조물이 겪는 고통과 아픔에 무심한 죄입니다.

이 죄로 인해 우리는 과소비와 낭비, 그리고 수많은 쓰레기를 죄의 결과물을 양산해 내고 있습니다. 생산자는 이에 부응해서 대량으로 싼 제품을 생산해 내기 위해 땅을 혹사하고 자원을 빨아들이고 있습니다. 그 결과 자원 고갈, 오존층 파괴, 환경오염 등으로 인하여 생태계가 위협을 받게 됩니다.

이 부분에서 우리는 돌이킬 점이 많습니다. 우리나라 일인당 물 소비량은 덴마크의 3배이고 에너지 소비는 독일보다 30%가 많습니다. 지금 원전으로 생산하는 전기가 전체 전기생산량의 30%인데, 만일 우리가 에너지소비를 30% 줄여 독일 수준으로 낮추고 대체에너지 개발에 힘을 쓴다면 원전을 폐쇄하는 것이 전혀 불가능한 일은 아닐 것입니다. 적어도 고리원전 1호기와 같이 수명이 다해 노후한 원전들은 폐쇄할 수 있을 것입니다.

우리는 여기서 중요한 결론에 도달하게 됩니다. 결국 하나님의 창조물을 보호하고 환경을 지켜나가기 위해서는 의지가 필요하다는 것입니다. "조금 더 불편하게 살려고 하는 의지"입니다. 이 의지는 사실 우리 믿음의 조상인 청교도들의 전통입니다. 청빈과 절약, 절제! 이것은 쉬운 일이 아닙니다. 소비가 미덕인 이 시대에 아끼고 절약하고 절제하려는 것은 고난입니다. 그러나 그것이 바로 십자가의 길입니다. 우리 그리스도인들부터 실천해야 할 십자가의 길입니다.

조금 덥게, 조금 춥게, 조금 아끼면서, 조금 불편함을 취하는 삶… 구체적인 삶의 자리에서 무엇을 실천할 수 있을 지 우리의 삶을 돌아보고 결단하는 은혜가 있기를 바랍니다.(2013년 3월 17일)

신앙과 자연보존 그리고 나눔

"여호와께서 시내 산에서 모세에게 말씀하여 이르시되 이스라엘 자손에게 말하여 이르라 너희는 내가 너희에게 주는 땅에 들어간 후에 그 땅으로 여호와 앞에 안식하게 하라 너는 육 년 동안 그 밭에 파종하며 육 년 동안 그 포도원을 가꾸어 그 소출을 거둘 것이나 일곱째 해에는 그 땅이 쉬어 안식하게 할지니 여호와께 대한 안식이라 너는 그 밭에 파종하거나 포도원을 가꾸지 말며 네가 거둔 후에 자라난 것을 거두지 말고 가꾸지 아니한 포도나무가 맺은 열매를 거두지 말라 이는 땅의 안식년임이니라 안식년의 소출은 너희가 먹을 것이니 너와 네 남종과 네 여종과 네 품꾼과 너와 함께 거류하는 자들과 네 가축과 네 땅에 있는 들짐승들이 다 그 소출로 먹을 것을 삼을지니라 너는 여섯 해 동안은 너의 땅에 파종하여 그 소산을 거두고 일곱째 해에는 갈지 말고 묵혀두어서 네 백성의 가난한 자들이 먹게 하라 그 남은 것은 들짐승이 먹으리라 네 포도원과 감람원도 그리할지니라 너는 엿새 동안에 네 일을 하고 일곱째 날에는 쉬라 네 소와 나귀가 쉴 것이며 네 여종의 자식과 나그네가 숨을 돌리리라"(레 25:1-7, 출 23:10-12)

오늘날 우리가 사는 이 시대에 가장 큰 화두가 되는 두 가지를 꼽는다면 환경보존과 사회정의입니다. 지금도 세계 곳곳에서는 이 두 가지의 문제를 놓고 때로는 싸우고 때로는 머리를 맞대고 있습니다. 어떤 나라가 선진국입니까? 선진국의 잣대는 환경보존을 잘하고 있는지, 그리고 그 사회가 과연 정의로운 사회인지입니다.

먼저 환경을 생각해 보면, 우리는 이미 생활 속에서 급격한 기후변화, 황사현상 등의 대기오염 그리고 먹거리 오염, 방사능오염, 쓰레기 문제 등을 피부로 느끼고 있습니다.

인류생존에 대한 위기감을 시각으로 표현하는 환경위기시계가 있습니다. 최적합 환경 상태를 0시로, 그리고 '인류생존이 불가능한 마지막 시간'을 12시로 하고 지금의 환경상태를 그 사이에 있는 시간으로 표시하는 것입니다. 이 시계에 의하면 지구 대부분의 나라들이 9시를 넘어서서 '매우 불안함'의 단계에 들어가 있습니다. 우리나라는 현재 9시 32분입니다. 환경의 위기 속에서 살아가고 있는 것입니다.

그리고 사회정의에 대해 생각해보면, 사회정의란 정치적인 자유와 공정한 법집행만을 의미하지 않습니다. 경제정의 즉 배분의 문제도 중요합니다. 마이클 샌델은 이것을 잘 표현했습니다.

"사회가 정의로운지를 묻는 것은 우리가 소중히 여기는 것들, 이를테면 소득과 부, 의무와 권리, 권력과 기회, 공직과 영광 등을 어떻게 분배하는지를 묻는 것입니다."

지구상에는 정교한 복지정책을 통해 어느 정도 사회정의를 세운 나라도 있고, 전혀 그렇지 못한 나라도 있습니다. 그러나 전 세계적으로 보면 대체적으로 빈부의 격차가 심각한 수준에 와 있습니다. 이것이 해소되기는커녕 오히려 더 심화되어 가고 있는 현실입니다.

그런데 이 두 가지, 환경과 사회 정의의 문제는 이미 오래 전 쓰인 모세오경 속에서 중요하게 다루어지고 있습니다. 참 놀랍지 않습니까? 다시 말하면 이것이 시대를 초월하여 그의 백성들에게 주어진 하나님의 뜻이라는 것입니다.

오늘 말씀은 바로 안식년에 관한 규례입니다. 이스라엘은 이제 곧 가나안에 들어가 정착하게 될 것입니다. 그러면 비로소 처음으로 자기 땅을 분배받고 거기에 농사를 짓게 됩니다. 그때에 꼭 지켜야 할 것이 있습니다.

> "6년 동안은 부지런히 농사를 지어라 그러나 7년째는 경작을 쉬어라. 밭에 파종도 말고 포도원을 가꾸지 말아라"

이것이 안식년 제도입니다. 왜 이러한 명령을 주셨습니까? 여기에 두 가지 중요한 뜻이 담겨있습니다.

1. 하나님의 창조질서를 보전하라

이 지구 환경파괴의 주범이 무엇입니까? 한마디로 인간의 탐욕입니다. 더 많이 가지고, 더 많이 누리고, 더 편안하게 살려는 데에 집착하면서 자연의 균형을 파괴시키고 창조질서를 무너뜨리는 것입니다.

하나님은 이 탐욕을 아시기에 안식일과 안식년 제도를 율법으로 명문화하셨습니다. 엿새를 일하고 하루 쉬는 것, 6년 경작하고 일 년 쉬는 것이 하나님의 창조원리입니다. 나뿐 아니라 종도 쉬고, 나아가 짐승도 쉬는 것입니다.

특별히 안식년은 땅의 쉼을 위한 것입니다.

> "그 땅으로 여호와 앞에 안식하게 하라"(2)

> "일곱째 해에는 그 땅이 쉬어 안식하게 할지니 여호와께 대한 안식이라"(4)

땅이 쉬어야 합니다. 그럴 때에 자연이 건강하게 순환되고 창조질서가 보존됩니다.

그러나 인간의 탐욕은 이런 창조원리를 거슬러 땅을 혹사시킵니다.

쉼을 갖지 못한 땅은 점점 산성화되어 버립니다. 생산력이 현저히 떨어질 뿐 아니라 온갖 벌레들이 기승을 부립니다. 사람들은 어리석게도 그것을 만회하려고 땅에 화학비료를 쏟아 붓고 살충제를 뿌려댑니다. 그러나 이것은 마치 지쳐서 쇠잔해진 일군을 계속 부려먹기 위해 우유 주사를 놔주고 독한 항생제를 투여하는 것과 같습니다.

땅은 비료와 살충제가 필요한 것이 아닙니다.

쉼이 필요합니다. 그래서 유기농 농사를 지으려 할 때 제일 먼저 해야 할 일이 무엇입니까? 무조건 땅을 쉬게 하는 것입니다. 안식을 통해 자연이 스스로를 순화시키도록 시간을 주어야 합니다.

어떤 이는 이것이 정말 대책 없는 제도라고 생각할 것입니다. 자연보호, 창조질서보존도 좋지만, 먹고살아야 하지 않겠습니까? 일 년을 농사짓지 않으면 어떻게 먹고 삽니까? 그러나 하나님은 규례대로 한다면 더 넘치도록 부어주실 것을 약속하십니다.

"만일 너희가 말하기를 우리가 만일 일곱째 해에 심지도 못하고 소출을 거두지도 못하면 우리가 무엇을 먹으리요 하겠으나 내가 명령하여 여섯째 해에 내 복을 너희에게 주어 그 소출이 삼 년 동안 쓰기에 족하게 하리라."(레 25:20-21)

2년도 아니고, 3년입니다. 그러니까 자연과 환경을 지키는 것이 경제적으로도 결코 손해나는 일이 아니라는 하나님의 가르침입니다. 우리는 이것을 귀 기울여 들어야 합니다.

그래도 이스라엘이 이런 계명을 지키지 않았을 때에는, 하나님이 특단의 조치를 취하신다 하셨습니다. 그들을 쫓아내고 강제로 땅을 쉬게 하시는 것입니다.

"너희가 원수의 땅에 살 동안에 너희의 본토가 황무할 것이므로 땅이 안식을 누릴 것이라 그 때에 땅이 안식을 누리리니."(레 26:34)

정말 이 경고대로 이들은 전쟁에 패망하여 바벨론에 포로로 끌려갔습니다. 이것은 땅이 안식을 누리는 시간이었습니다.

"이에 토지가 황폐하여 땅이 안식년을 누림 같이 안식하여 칠십 년을 지냈으니 여호와께서 예레미야의 입으로 하신 말씀이 이루어졌더라"(대하 36:21) 땅과 자연을 보존하려는 하나님의 뜻이 얼마나 강렬한 것인가를 엿볼 수 있지 않습니까?

오늘날 땅은 더욱 많이 신음하고 있습니다. 쉼을 얻지 못해서 만이 아닙니다. 무례한 인간들이 온갖 오물과 쓰레기들을 땅에 내던지고 있습니다. 쉽게 녹지도 않고 순화되지도 않는 수많은 쓰레기들로 인해 땅은 몸살을 앓고 있습니다. 심지어 핵폐기물과 같은 반영구적인 위험물질이 땅을 병들게 하고 있습니다. 이런 현실 속에서 믿는 우리들이 땅을 지켜나가기 위해 무슨 일을 어떻게 해야 할까요? 마땅히 고민하고 실천해야 합니다.

2. 더불어 살게 해라

이 안식년 속에 담긴 또 다른 중요한 메시지가 있습니다. 일 년 동안 경작하지 않더라도 밭의 소출이 없는 것이 아닙니다. 떨어진 곡식알들이 자연적으로 자라면서 적지 않은 곡물을 생산하기도 할 것입니다. 이런 소출은 어떻게 하는가를 이렇게 가리키고 있습니다.

"네가 거둔 후에 자라난 것을 거두지 말고 가꾸지 아니한 포도나무가 맺은 열매를 거두지 말라 이는 땅의 안식년임이니라 안식년의 소출은 너희가 먹을 것이니 너와 네 남종과 네 여종과 네 품꾼과 너와 함께 거류하는 자들과 네 가축과 네 땅에 있는 들짐승들이 다 그 소출로 먹을 것을 삼을지니라."(5-7)

이 안식년의 소출은 가난한 자들에게 중요한 식량의 원천이 됩니다. 그러므로 네 밭에서 난 것이라 할지라도, 그것을 종과 품꾼 그리고 가진 땅이 없이 신세를 지고 있는 나그네와 함께 나누고 가축과 들짐승도 함께 먹게 하라는 것입니다.

이처럼 하나님은 안식년을 통해서 이런 소외된 자들을 돌아보십니다. 심지어 가축과 들짐승까지 배려하시는 하나님의 섭리는 감동적이지 않습니까?

그렇습니다. 안식년은 하나님의 백성이 가난한 자들과 더불어 살게 하기 위한 제도였습니다. 다시 말하면 이것은 사회정의와 공의를 이루려는 하나님의 뜻이었습니다.

오늘날 세계는 이러한 공의를 잃어가고 있습니다. 한쪽은 먹을 것, 입을 것이 풍요로워 쓰레기가 넘쳐나고 있습니다. 그러나 다른 한쪽은 빈곤의 악순환으로 허덕이고 있습니다. 세계 10억 명의 사람들이 하루 천원 미만으로 살아가고 있습니다. 이러한 자들이 살 수 있도록 섬기는 것이 하나님의 깊은 뜻입니다.

우리가 1% 사마리아인 운동을 하는 것은 바로 이러한 이유 때문입니다. 1% 사마리아인 운동은 자신의 시간과 수입의 1%를 어려운 이웃을 위해 사용하자는 선한 운동입니다. 우리가 이런 운동을 하는 것은 사회적인 요청이나, 시대의 도덕률 이전에 하나님의 근본적인 뜻이기 때문입니다.

특별히 안식년에 담긴 이러한 두 가지 교훈을 생각할 때, 아나바다 운동을 다시금 돌아보게 됩니다. 아나바다 운동은 "아껴 쓰고, 나누어 쓰고 바꾸어 쓰고 다시 쓰는 운동"입니다.

이 운동의 중요성이 무엇입니까? 무엇보다도 절약과 나눔의 삶을 통해서 불필요한 소비를 줄이고 쓰레기를 줄이는 것입니다.

가령 옷을 예로 든다면 옷이 다 헤어져서 안 입게 되는 경우는 거의 드뭅니다. 멀쩡한 옷이지만 옷장에 보관할 수 없어 버리게 됩니다. 이러한 것들이 지구 저편의 누군가에게는 꼭 필요한 것일 수 있습니다.

우리교회에서는 몇 년 전부터 아나바다 운동을 시작했지만 현실적인 어려움이 있었습니다. 우선 보관 공간이 부족하였고 남은 옷을 처리할 방법이 없었습니다. 그러나 최근 교육관 지하를 새롭게 단장하여 사회 선교실을 만들고, 이런 물건들을 적치할 공간을 확보했습니다.

아울러 헌옷을 유익하게 사용하는 기관을 알게 되었습니다. 환경부 소속의 비영리단체인 '옷 캔'은 모은 옷들을 아프리카나 동남아시아에서 저렴한 가격으로 판매해 그 수익금으로 식수 사업을 벌이거나 현지 어린이들을 위한 미술교육과 구호활동을 펼치고 있습니다.

옷뿐 아닐 것입니다. 얼마 전 한 선교사가 선교지 사람들에게 필요한 몽당연필을 구하는 소식을 들었습니다. 우리가 안 쓰는 연필도 필요한 곳이 있습니다. 학용품 중에 사용하지 않는 것이 얼마나 많습니까? 이런 것들을 서로 기부하는 것입니다.

우리 교회는 정기적인 바자회를 열어 우선 자체적으로 소화하고 그 남은 것은 이런 기관들을 통해서 가난한 나라로 보내고 있습니다. 이것은 우리 교인들 모두가 동참할 수 있는 사마리아인 운동입니다. 아나바다 운동을 통해 환경과 어려운 이웃을 돌아보는 습관을 생활화합시다.

모쪼록 우리교회의 1% 사마리아인 운동이 더욱 왕성해져서, 창조질서를 잘 보전함은 물론이고, 적극적인 나눔을 통해 사회정의를 이루는 우리 모두가 되기를 바랍니다.(2013년 6월 9일)

평화를 지켜가는 자

"아브넬이 부하 이십 명과 더불어 헤브론에 이르러 다윗에게 나아가니 다윗이 아브넬과 그와 함께 한 사람을 위하여 잔치를 배설하였더라 아브넬이 다윗에게 말하되 내가 일어나 가서 온 이스라엘 무리를 내 주 왕의 앞에 모아 더불어 언약을 맺게 하고 마음에 원하시는 대로 모든 것을 다스리시게 하리이다 하니 이에 다윗이 아브넬을 보내매 그가 평안히 가니라 다윗의 신복들과 요압이 적군을 치고 크게 노략한 물건을 가지고 돌아오니 아브넬은 이미 보냄을 받아 평안히 갔고 다윗과 함께 헤브론에 있지 아니한 때라 요압 및 요압과 함께 한 모든 군사가 돌아오매 어떤 사람이 요압에게 말하여 이르되 넬의 아들 아브넬이 왕에게 왔더니 왕이 보내매 그가 평안히 갔나이다 하니 요압이 왕에게 나아가 이르되 어찌 하심이니이까 아브넬이 왕에게 나아왔거늘 어찌하여 그를 보내 잘 가게 하셨나이까 왕도 아시려니와 넬의 아들 아브넬이 온 것은 왕을 속임이라 그가 왕이 출입하는 것을 알고 왕이 하시는 모든 것을 알려 함이니이다 하고 이에 요압이 다윗에게서 나와 전령들을 보내 아브넬을 쫓아가게 하였더니 시라 우물 가에서 그를 데리고 돌아왔으나 다윗은 알지 못하였더라 아브넬이 헤브론으로 돌아오매 요압이 더불어 조용히 말하려는 듯이 그를 데리고 성문 안으로 들어가 거기서 배를 찔러 죽이니 이는 자기의 동생 아사헬의 피로 말미암음이더라 그 후에 다윗이 듣고 이르되 넬의 아들 아브넬의 피에 대하여 나와 내 나라는 여호와 앞에 영원히 무죄하니 그 죄가 요압의 머리와 그의 아버지의 온 집으로 돌아갈지어다 또 요압의 집에서 백탁병자나 나병 환자나 지팡이를 의지하는 자나 칼에 죽는 자나 양식이 떨어진 자가 끊어지지 아니할지로다 하니라 요압과 그의 동생 아비새가 아브넬을 죽인 것은 그가 기브온 전쟁에서 자기 동생 아사헬을 죽인 까닭이었더라 다윗이 요압과 및 자기와 함께 있는 모든 백성에게 이르되 너희는 옷을 찢고 굵은 베를 띠고 아브넬 앞에서 애도하라 하니라 다윗 왕이 상여를 따라가 아브넬을 헤브론에 장사하고 아브넬의 무덤에서 왕이 소리를 높여 울고 백성도 다 우니라 왕이 아브넬을 위하여 애가를 지어 이르되 아브넬의 죽음이 어찌하여 미련한 자의 죽음 같은고 네 손이 결박되지 아니하였고 네 발이 차꼬에 채이지 아니하였거늘 불의한 자식의 앞에 엎드러짐 같이 네가 엎드러졌도다 하매 온 백성이 다시 그를 슬퍼하여 우니라 석양에 뭇 백성이 나아와 다윗에게 음식을 권하니 다윗이 맹세하여 이르되 만일 내가 해 지기 전에 떡이나 다른 모든 것을 맛보면 하나님이 내게 벌 위에 벌을 내리심이 마땅하니라 하매 온 백성이 보고 기뻐하며 왕이 무슨 일을 하든지 무리가 다 기뻐

요더(John Howard Yoder)라는 신학자에 따르면 국가야말로 성경이 말하는 세상이라는 개념의 중심 골격입니다.

믿는 사람이나 믿지 않는 사람이나 우선 자신, 가정, 직장의 일에 몰두하면서 정치 문제에는 나 몰라라 하기 쉬운 것이 현실입니다. 그러나 그러한 자신의 환경을 좌우하는 가장 중요한 요소가 바로 국가라고 할 때에, 국가의 일은 결코 남의 일이 아닙니다. 성경은 국가와 통치자들을 위해 늘 기도하라고 합니다. 아울러 공의롭고 평화로운 나라를 세워 가는 것이 하나님의 뜻임을 분명히 하고 있습니다. 이것은 우리 신앙인의 중요한 사명입니다. 그러므로 우리가 오늘날 우리 나라를 위해 무엇을 생각하고 기도하고 행동해야 할지를 생각해 보아야 합니다.

6월에 많은 국가적 사건이 있었지만 가장 잊을 수 없는 것은 6.25전쟁입니다. 1950년 북한의 침공으로 시작해 3년 동안 지속된 이 전쟁에서, 한국군과 유엔군 18만 명, 북한과 중공군 142만 명이 생명을 잃었고, 남한 민간인 백만 명이 목숨을 잃거나 부상을 당했습니다. 그리고 약 3백만 명의 북한 사람이 월남하여 남한에서 실향민이 되었습니다.

전쟁의 상처는 너무도 깊었습니다. 전쟁은 가족을 잃은 자, 재산을 잃은 자, 고향을 잃은 자 등 수많은 사람들 속에 한과 아픔을 만들었습니다. 그런 불행한 전쟁이라도 완전히 끝이 나고 남한에 의해 한반도가 통일이 되었더라면, 시간과 함께 그 옛날 외세에 의해 겪을 수밖에 없었던 가슴 아픈 과거의 전쟁으로 남았을 것입니다. 수십 년이 흐르다 보면 상흔도 아물고, 역사를 객관화하면서 전쟁을 극복해 갔을 것입니다. 마치 역사의 한 페이지로 남은 미국의 남북전쟁과 같이 말입니다.

그러나 6.25는 유감스럽게도 종전되지 못하고 휴전이 됨으로 과거의 전쟁이 아니라 지금도 계속되는 전쟁이 되고 말았습니다. 그래서 우리 모두가 여전히 전쟁의 멍에를 메고 살아가는 것입니다. 이제 전쟁을 종결짓고 통일을 이루어야 하는 힘든 과제가 우리 앞에 놓여있습니다. 한반도의 통일을 둘러싼 다양한 시나리오들이 가설로 세워지고 각계에서 토론이 벌어지고 있습니다.

어떤 이는 내심 북한의 붕괴를 바라기도 합니다. 그러나 북한이 붕괴된다고 해도 독일처럼 순조로운 통일로 이어지는 것은 거의 불가능합니다. 북한 정권의 갑작스런 붕괴나 무정부 상태는 어떤 협의나 국가적 지원이 불가능한 가운데 우리 사회가 감당할 수 없는 핵폭탄이 될지도 모릅니다.

많은 사람들이 북한과 대화하면서 개방을 유도하여 점차 중국처럼 발전하는 과정에서 평화롭게 통일해야 한다고 생각합니다. 이것 역시 쉬운 일이 아님을 우리는 알고 있습니다. 북한은 예측 불가한 국가로 워낙 대화하기 어려운 상대이고, 남한 역시 이런 상대를 잘 요리하면서 끌고 나갈 만큼 성숙하지 못한 것이 현실입니다. 또한 여러 주변 국가들의 이권과 외교적 입지가 남북한의 관계에 얽혀 있어 남북의 통일을 이루기가 쉽지 않습니다.

　성경은 수천 년 전 팔레스타인에서 기록된 것이기 때문에 지금 우리의 현실 문제에 관해 구체적인 답을 제시하지 않습니다. 그러나 성경이라는 밭 속에는 시대와 장소를 초월하는 하나님의 뜻이 숨겨져 있습니다. 이것을 발굴하는 것은 어렵지만 불가능한 작업이 아닙니다. 성경 속에서 우리 남북의 현실에 대한 구체적인 지침들은 아니지만, 적어도 하나님이 원하시는 기본적인 방향은 충분히 찾아낼 수 있을 것입니다.
　먼저 우리 믿음의 대선배 다윗을 주목해야 합니다.
　다윗은 하나님을 경외하는 사람이면서 정치력이 대단히 탁월한 사람이었습니다. 초대 왕인 사울이 죽자 다윗은 자신의 사람들을 이끌고 헤브론으로 왔고, 유대지파는 그에게 기름을 붓고 그를 왕으로 세웠습니다. 다윗 왕국이 시작된 것입니다. 그러나 아직 미완성의 국가였습니다. 이스라엘의 군사령관 아브넬은 무리를 끌고 베냐민 사람들이 많이 거주하는 마하나임으로 건너가서 사울의 아들 이스보셋을 왕으로 앉히고 전열을 가다듬었습니다. 그러나 사실 이스보셋은 그저 꼭두각시였을 뿐 실권은 아브넬이 쥐고 있었습니다.

　이렇게 이스라엘은 과정은 다르지만 우리와 동일하게 남북으로 나뉘지게 됩니다.
　유다지파는 다윗을, 다른 11지파는 이스보셋을 따르게 되었습니다. 잠시의 쿠데타인줄 알았던 분열은 이렇게 분단된 채로 7년이 넘게 흐르게 됩니다. 두 나라의 충돌은 불가피했습니다. 결국 기브온에서 극렬한 전투를 벌였습니다. 이 첫 번째 전투에서 다윗의 군대장관 요압이 이끄는 군대가 아브넬의 군대를 제압했습니다. 그러나 이 와중에 요압의 아우인 아사헬이 아브넬의 칼에 죽고 말았습니다.

시간이 갈수록 다윗 왕국은 강성해지고, 이스보셋 왕국은 쇠락해 갔습니다. 더구나 이스보셋과 아브넬 사이에 갈등이 불거지면서 나라가 붕괴되려는 조짐이 보이기 시작했습니다. 풍전등화 같은 나라의 명운을 내다본 아브넬이 다윗에게 화친을 청했습니다. 그리고 통일을 위한 조약을 맺기 위해 20명의 부하(장로)를 거느리고 헤브론으로 찾아왔습니다. 이것은 목숨을 건 시도였습니다.

아브넬이 다윗에게 어떤 자입니까?

골리앗을 물리치고 승승장구하는 젊은 다윗을 시기하고 모함하여 사울 왕으로 하여금 평생 다윗을 미워하게 만든 장본인 이었습니다. 그는 사울 왕과 함께 10년간 광야에서 거지같이 살던 다윗을 이 잡듯 잡으려 했고, 사울이 죽자 그의 아들을 왕으로 세우면서 또 다시 다윗을 대적했습니다. 다윗에게는 그야말로 철천지원수 같은 자입니다. 그리고 이제 사태가 불리하게 돌아가자 배를 갈아타려고 하는 것입니다. 그의 교활함을 다윗은 누구보다도 잘 알고 있었습니다.

다윗은 이 화친요청을 거절하고 전쟁으로 통일을 이룰 힘이 충분히 있었습니다. 그리고 보기 좋게 아브넬을 처단하여 원수를 갚고 과거 광야의 고통스런 시간을 보상 받을 수도 있었습니다.

그러나 그는 그렇게 하지 않았습니다. 오히려 아브넬을 따뜻하게 맞이하고 잔치를 베풀었습니다. 아마도 이 잔치는 조약 성사에 대한 축하연이었을 것입니다. 이 잔치자리에서 아브넬은 다윗에게 약속했습니다.

"내가 일어나 가서 온 이스라엘 무리를 내 주 왕의 앞에 모아 더불어 언약을 맺게 하고 마음에 원하시는 대로 모든 것을 다스리시게 하리이다"(21)

이것은 다윗을 왕으로 하는 이스라엘 왕국의 통일에 앞장서겠다는 헌약입니다. 다윗은 이것을 믿음으로 받고 이들을 평화로이 돌려보냈습니다. 만일 이후의 일들이 평화롭게 진행됐다면 아브넬은 통일된 이스라엘의 군사령관으로 세워지게 되었을지도 모릅니다.

다윗이 원수 같은 아브넬을 선대한 이유는 피 흘리는 통일을 원하지 않았기 때문입니다.

비록 무력으로 이길 수 있었으나 전쟁은 같은 민족에 큰 상처를 주는 것이었고 그렇게 이룬 통일은 결코 진정한 통일이 되지 못한다는 것을 알고 있었습니다. 그것은 하나님이 원하는 순리가 아니었습니다. 그는 하나님의 뜻 앞에 자신의 분노를 내려놓고 순종하면서 평화의 길을 택했습니다.

아브넬 일행이 떠난 뒤 요압이 전쟁에서 돌아왔습니다.

그리고 다윗이 아브넬을 선대하여 연회를 베풀고 무사히 돌려보냈다는 소식을 듣고는 분노하면서 다윗에게 책망하듯이 따졌습니다.

'그놈이 여기 왔으면 잡아 죽여야지 왜 평안히 보냈습니까? 화친은 무슨 화친입니까? 그 놈이 여기 온 것은 왕을 속이고 염탐하려고 하는 것을 모르십니까?'(삼하 3:24-25)

물론 이런 불신에도 일리가 있습니다. 지금까지의 아브넬의 처사를 볼 때에 믿을 구석이 한군데도 없는 자라는 것이고, 그런 믿을 수 없는 인간과 조약을 맺는다는 것은 어불성설이라는 거지요. 요압은 다윗 몰래 사람을 보내어 아브넬을 다시 돌아오게 했습니다. 아마도 의심을 사지 않기 위해 다윗의 명령인 것처럼 거짓말을 했을 것입니다. 의심하지 않고 헤브론으로 되돌아 온 아브넬을 요압은 단칼에 살해하고 말았습니다. 아브넬은 분명 화친을 위해 온 사람이었지만 요압에게는 그 사실이 중요하지 않았습니다.

요압은 이런 짓을 저지르면서 국민과 다윗을 위해 공공의 적인 아브넬을 처단한다는 명분을 내세웠을 것입니다. 그러나 그 이면에 숨겨진 더 큰 이유는 아브넬에게 죽임을 당한 자기 동생 아사헬에 대한 복수심이었고 더 나아가 이 강력한 라이벌에게 통일 왕국의 군사령관 자리를 빼앗길지 모른다는 경계심 때문이었습니다.

아브넬이 살해당한 소식을 들은 다윗은 가슴을 치면서 분개했습니다. 그는 측근들에게 요압이 이에 대한 벌을 반드시 받을 것이라고 선포했습니다. 그러나 다윗은 요압을 어찌할 수 없었습니다. 요압의 세력이 너무도 컸고, 또한 통일의 과업을 앞두고 그의 역할이 필요했기 때문입니다. 다윗은 평화를 위해 무리수를 두지 않고 요압에 대한 심판을 하나님께 맡겼습니다. 그리고 먼 훗날 요압은 결국 이에 대한 죄 값을 치렀습니다.

그러나 어찌 되었든 아브넬의 죽음은 고스란히 다윗의 부담으로 돌아왔습니다.

요압이 자신을 살인자로 밝히지 않는 한, 백성들의 눈에는 다윗이 아브넬 살해의 주범으로 보일 수밖에 없었습니다. 더구나 그는 화해를 위해 위험을 감수하고 용기를 냈던 장수였습니다. 이 일은 장차 통일된 이스라엘 왕국을 통치할 다윗의 신뢰도에 심각한 오점을 남기는 일이 었습니다.

이에 다윗은 앞장서서 아브넬의 장례를 크게 치러주었습니다.

그 스스로 상복을 입고 상여를 따라가면서 애도했고 무덤에서 소리 높여 울었습니다. 그리고 아브넬을 의인으로 높이고 그를 위해 애가를 지었습니다. 여기서 그치지 않고 해지기 전까지 식음을 전폐하면서 자신이 아브넬의 편임을 보여주었습니다. 이것은 자신이 살인과 무관하다는 진실을 전하고 민심을 사려는 지혜로운 처신이었습니다. 이러한 다윗의 열정에 백성들의 의구심과 불신이 불식이 되면서 슬픔은 도리어 기쁨이 되었습니다. 자칫 이스라엘을 분열시키고 이를 제압하기 위해 칼을 휘둘려야 했을 큰 위기가 도리어 평화로운 통일을 이루는 계기가 된 것입니다. 이것이 하나님의 뜻이었습니다.

우리는 다윗과 요압의 행동에서 남과 북의 현실 문제 해결에 있어서 볼 수 있는 두 측면을 보게 됩니다. 세상에는 요압과 같은 사람들이 항상 있습니다. 요압은 평화보다 전쟁을 원하는 사람입니다. 다윗은 늘 적을 품으려고 했으나 요압은 주군의 뜻을 무시하고 아브넬, 압살롬, 군대장관 아마사 등을 임의로 죽였습니다. 그에게 한번 적으로 꽂힌 사람은 영원한 적이었습니다. 이들은 대화의 상대가 아니라 싸워야할 상대, 이겨야 할 상대였습니다.

그러나 하나님의 뜻은 다윗과 함께 하셨습니다. 다윗은 평화를 원하는 자입니다. 자신을 오랫동안 괴롭힌 원수 아브넬을 처단할 힘이 있었지만 선대함으로 받아주었습니다. 오직 평화를 위해서입니다. 그가 추구한 평화의 길은 결코 쉬운 것이 아니었을 것입니다. 많은 인내 그리고 양보가 필요했을 것입니다. 아니 그보다 하나님에 대한 믿음이 필요했을 것입니다. 무엇보다 복수를 포기하고 오래 참음으로 얻을 수 있는 평화는 너무도 크고 소중한 것입니다.

예수님도 산상수훈에서 무엇이 복인지를 가르쳐 주십니다.

"화평하게 하는 자는 복이 있나니 그들이 하나님의 아들이라 일컬음을 받을 것임이요"(마 5:9)

2차 세계대전 이전 독일의 영토는 지금의 폴란드 서부지역인 슐레지엔까지였습니다.

광범위한 이 지역은 독일인들이 조상 때부터 살아온 영토였습니다. 그러나 패전이후 소련이 폴란드의 동쪽 땅을 빼앗으면서 슐레지엔을 폴란드에게 주게 되었습니다. 폴란드는 그 지역에 살던 독일인을 쫓아냈습니다. 천만 명에 이르는 독일인들이 고향을 떠나 서독에 정착했습니다. 그들은 독일이 다시 강성한 나라가 되어서 자신들의 고향을 찾아줄 것을 기대했을지 모릅니다.

그러나 독일은 통일 후 1991년 이 땅이 더 이상 자신들의 땅이 아니라 폴란드의 영토임을 인정하는 조약에 서명했습니다. 다시 말하면 영토를 되찾으려 하지 않겠다는 것이었습니다. 이 광대한 땅을, 불과 50년 전까지 자신들의 조상들이 몇 백년간 대대로 살아오던 분명한 독일

영토인 이 땅을 포기한 것입니다.

어느 날 이 슐레지엔에서 피난 온 독일교인을 만났을 때에 이렇게 질문했습니다.

"당신은 당신의 고향을 다시 찾고 싶은 생각이 없습니까?"

그러자 그는 고개를 저으면서 대답했습니다.

"고향도 소중하고 땅도 소중하지만, 그보다 평화가 더 소중합니다."

땅 한 조각, 심지어 작은 무인도를 위해서 전쟁도 불사할 듯 모험을 하는 동아시아의 여러 나라들, 그들은 그 땅과 바다를 위해 평화를 희생시키고 있습니다.

우리는 세계가 주목할 만큼 분쟁과 갈등의 골이 깊은 외교적 접전지의 한복판에 서 있습니다. 모든 길이 꼬여 있고 닫혀 있는 것처럼 느껴집니다. 그러나 평화를 사랑하고 지켜가고 만들어 가려는 사람이 많아질수록 평화의 길은 분명히 열릴 것입니다. 이 땅의 그리스도인들이 평화를 사랑하시는 평화의 왕 예수 그리스도 편에 진정 서려고 한다면, 하나님은 얼마든지 평화로운 통일의 길을 열어주실 것입니다. 평화를 지키는 자, 평화를 만들어가는 자, 평화를 위해서 값을 지불할 줄 아는 복 있는 자 되기를 바랍니다. (2013년 6월 30일)

긍휼의 힘

"예수께서 마태의 집에서 앉아 음식을 잡수실 때에 많은 세리와 죄인들이 와서 예수와 그의 제자들과 함께 앉았더니 바리새인들이 보고 그의 제자들에게 이르되 어찌하여 너희 선생은 세리와 죄인들과 함께 잡수시느냐 예수께서 들으시고 이르시되 건강한 자에게는 의사가 쓸 데 없고 병든 자에게라야 쓸 데 있느니라 너희는 가서 내가 긍휼을 원하고 제사를 원하지 아니하노라 하신 뜻이 무엇인지 배우라 나는 의인을 부르러 온 것이 아니요 죄인을 부르러 왔노라 하시니라"(마 9:10-13)

'결혼이야기'라는 영화가 있습니다.

두 남녀가 서로 사랑한다고 생각해서 주위의 만류에도 불구하고 결혼했습니다. 그러나 결혼 후 둘은 서로가 너무 다르다는 사실에 직면하게 됩니다. 치약 짜는 것부터 다릅니다. 남편은 치약을 중간에서 짜는 아내의 무질서한 삶을 이해하지 못합니다. 아내는 남편의 쫀쫀함에 기가 질립니다. 결국 매일 싸우다가 헤어집니다. 물론 그 뒤로 성숙의 과정을 거쳐 다시 만나 해피엔딩이 됩니다. 그 성숙이란 한마디로 "내가 옳고, 네가 틀렸다"가 틀린 생각임을 터득하는 것입니다.

이것은 부부사이에만 일어나는 일은 아닙니다. 우리는 늘 자기의 관점에서 남을 바라보기 쉽습니다. 그러면 자기 눈에 정말 이해할 수 없는 사람들이 많습니다. 그래서 누군가를 비판하고 대립각을 세우는 일이 다반사입니다.

이것은 나라와 나라 사이에도 마찬가지입니다. 복잡하게 꼬이고 얽힌 남북문제는 더욱 그렇습니다. 우리들의 눈에 북한 당국이나 북한 사람들은 정말 이해가 안 되는 대상입니다.

탈북자 사역하는 분들의 공통된 이야기는 이것입니다.

탈북자 섬기는 일에는 무지무지한 인내, 아니 무한한 인내가 필요하다는 것입니다. 오랜 세월 공산 체제에서 몸에 배어있던 것이 남한에 왔다고 금방 바뀌겠습니까?

먼저 통일을 경험한 독일도 마찬가지입니다.

동독과 서독 사람들이 뒤섞이면서 서로가 놀랐습니다.

왜 이렇게 다를까?

어떻게 저럴 수가 있을까?

정신과 의사인 '마츠' 박사는 동독인들의 심리를 감정 정체론으로 표현했습니다.

"오랜 세월 권위주의적 환경에서 살다보니 자기표현을 못한다. 정말 자신에게 필요한 것이 무엇인지를 모른 채, 타인의 요구를 충족시키는 데서 행복을 느끼고 존재의의를 부여하는 일종의 자기소외의 경향이 나타난다."

이런 정신적 공허를 채우기 위해 끊임없이 눈치를 봅니다. 그래서 자신이 무시당하거나 소외받는가를 살피고, 남과 비교하고, 더 나아가서 그들로부터 인정과 애정을 요구하게 됩니다. 이러한 욕구가 충족되지 못할 경우 불안과 공포뿐 아니라, 타인에 대한 이유 없는 공격성향, 그리고 또래집단끼리 뭉치는 내집단성향 등이 나타나게 됩니다. 이것이 일종의 감정정체 현상입니다. 이런 성향이 동독보다 훨씬 더 심하게 나타나는 집단이 지금의 북한입니다.

자유로운 사회에서 살아온 우리들의 눈에 선뜻 이해 안 되는 것이 한두 가지가 아닙니다. 남북한 사이에는 공간적 휴전선만 있는 것이 아닙니다. 쉽게 넘나들 수 없는 정서적, 이념적 휴전선이 선명하게 그어져 있습니다. 그렇기 때문에 그들과 소통한다는 것은 아주 어려운 일입니다.

그럼에도 불구하고 우리는 북한과 평화로운 통일을 이루어야 합니다. 이것은 매우 어려운 정치적 작업입니다. 그러나 여기서 커다란 변수는 바로 대한민국에 큰 영향력을 가지고 있는 우리 개신교 그리스도인들입니다.

만일 그리스도인들이 이름답게 예수 그리스도의 본을 따른다면 평화 통일에 결정적인 가교가 될 것입니다. 그러나 예수와 대조되는 자리에 서있는 바리새인들의 흉내를 낸다면 오히려 통일에 커다란 걸림돌이 될 것입니다. 바리새인적인 신앙은 시대를 막론하고 모든 열심 있는 신앙인들 속에 반복되어 나타나는 부정적인 현상입니다.

예수님 당시 유대사회는 소통하는 사회가 아니었습니다. 종교적인 이유에서 여러 계층이 소외되어 있었습니다. 당시 유대사회에는 이방인과 사마리아인이 있었고, 율법을 제대로 지키지 못해 공동체에서 쫓겨난 세리와 죄인들이 뒤섞여 있었습니다.

이들과 상종하지 않는 것이 사회적 규범이었습니다. 바리새인을 비롯한 종교지도자들은 그런 규범의 근거를 율법 즉 하나님의 말씀이라고 하면서 이러한 규범을 거스르는 것은 하나님에 대한 불경으로 정죄했습니다. 그러므로 유대인들에게는 이방인과 사마리아인, 세리와 죄인은 부정한 종족이라는 편견이 뼈 속까지 사무쳐 있었습니다. 이들은 함께 공존할 대상이 아니라 기회가 주어지면 추방하거나 없애야할 그런 존재였습니다.

예수님은 이러한 편견을 거스르고, 규범을 깨뜨리려 하셨습니다. 그는 사마리아로 통행하시면서 그들과 대화도 하시고 복음도 전하셨습니다. 특히 사마리아인은 그의 비유 속에서 강도 만난 사람을 구원해준 선한 이웃으로 소개되기도 했습니다.

게다가 예수님은 세리 마태를 열두 제자로 택하셨습니다. 마태의 집에서는 함께 초대받은 많은 세리들과 거리낌 없이 식탁의 교제를 가지셨습니다. 정말 파격적인 일이 아닐 수 없었습니다.

당연히 바리새인들로서는 용납할 수 없는 행위였습니다.

세리와 죄인을 대하는 바리새인과 예수님의 전혀 다른 모습 -이것이 우리들에게 중요한 교훈을 주고 있습니다. 한마디로 바리새인의 자세를 취하지 말고 예수님의 자세를 가져야 합니다.

먼저 바리새인을 주목해 봅시다. 그들은 선과 악의 이분법적 사고에 사로잡혀 있습니다. 성전에서 바리새인의 기도를 생각해보십시오.

"하나님이여 나는 다른 사람들 곧 토색, 불의, 간음을 하는 자들과 같지

아니하고 이 세리와도 같지 아니함을 감사하나이다"(눅 18:11)

'나는 의롭고 너희는 악하다' 이 이분법의 밑바닥은 자기 의와 교만으로 충만했습니다. 유감스럽게도 하나님은 바리새인이 아니라 세리를 의롭다 하십니다. 놀랍습니다.

나아가 이런 이분법적인 사고 이면에는 자신들이 하나님의 말씀의 수호자라는 자부심이 깔려있었습니다.

"우리보다 율법을 철저히 사수하는 사람 있으면 나와 보라고 해!"

과연 그렇습니까? 예수님은 이들의 위선을 드러내셨습니다. 율법은 부모를 공경하라고 분명히 못 박았지만, 바리새인들은 고르반 즉 하나님께 드리면 부모에게 드리지 않아도 된다고 가르쳤습니다. 예수님의 책망은 이것입니다.

"너희가 전한 전통으로 하나님의 말씀을 폐하며 또 이 같은 일을 많이 행하느니라"(막 7:13)

인간의 편의를 위한 전통을 앞세워 하나님의 말씀을 상대화시켜버린 것입니다.

이런 위선은 정치의 영역에서 흔하게 나타납니다. 마음속으로 이미 세상의 어떤 류의 정치이념이나, 정당의 주장을 선호합니다. 그리고 그것이 하나님의 뜻과 부합한다고 하면서 말씀의 권위를 덮어씌웁니다. 그러면서 자신은 진리 편에 서있는 의인이고, 반대편의 사람들은 악인이며 그 배후에는 마귀가 있다고 주장합니다.

피차 상대적인 세상정치를 영화시켜 절대적인 선과 악의 이분법으로 풀어가는 것입니다. 이것이야말로 정치이념으로 하나님의 말씀을 폐하는 것이고 하나님의 보다 깊은 뜻을 가리는 것입니다.

프랑스의 '드 보날드'라는 사람은 프랑스혁명을 비판하고 그 이전의 왕권정치로 돌아가야 한다고 하면서 왕권주의와 엄격한 신분제도가 삼위일체 교리와 부합한다고 주장했습니다. 지금 생각하면 웃기는 이야기입니다. 만일 남북문제에서 우리 그리스도인들이 이런 바리새적인 사고방식을 갖는다면, 통일에 오히려 커다란 장애가 될 것입니다.

예수님은 어떻게 반응하셨습니까?

"예수께서 들으시고 이르시되 건강한 자에게는 의사가 쓸 데 없고 병든 자에게라야 쓸 데 있느니라 너희는 가서 내가 긍휼을 원하고 제사를 원하지 아니하노라 하신 뜻이 무엇인지 배우라 나는 의인을 부르러 온 것이 아니요 죄인을 부르러 왔노라 하시니라"(12-13)

비록 예수님은 세리와 죄인들의 친구는 되셨지만 그들의 그릇된 삶을 결코 옹호하지는 않으셨습니다.

"너희 말처럼 그들은 죄인이다. 병자들이다. 그러나 아울러 경건하다 하는 너희도 역시 죄인이다" 선인과 악인의 이분법이 아니라, 우리 모두는 죄인이라는 데서 복음은 시작됩니다.

그리고 그 죄인은 구원받아야 할 대상입니다. 예수님은 바리새인이 내쫓은 죄인들을 손을 뻗어 구원해야할 소중한 사람들로 생각하신 것입니다. 진짜 누구보다도 의롭고 거룩하신 분이, 이 패역한 죄인들의 집에서 그들과 어깨동무하고 함께 먹으면서 친구가 되게 한 것은 무엇입니까? 그래서 오해받는 자리에 서게 한 것은 무엇입니까? 바로 긍휼의 마음입니다. 불쌍히 여기는 것입니다.

　긍휼의 마음은 아무리 이해할 수 없는 모습일지라도 사랑으로 이해하려고 하는 것입니다. 그래서 죄인을 정죄하고 내쫓고 담을 쌓는 것이 아니라, 구원하고 치유해서 함께 더불어 살아야할 존재로 끌어안는 것입니다. 나아가 주님은 우리를 살리기 위해 자기 몸을 십자가에 내던져 희생 제물로 바치셨습니다. 그는 약한 모습으로 십자가에서 죽으셨지만, 그 십자가는 우리를 구원하면서 동시에 우리 사이에 막힌 담을 헐어 화해에 이르게 하는 하나님의 능력이 되었습니다. 이것이 긍휼의 힘입니다.

　주님은 이것을 주문하십니다.

"너희는 가서 내가 긍휼을 원하고 제사를 원하지 아니하노라 하신 뜻이 무엇인지 배우라"(13)

　통일을 갈망하는 우리에게 먼저 이 마음을 요청하십니다.

　그리스도인의 통일운동은 먼저 긍휼에서 시작되어야 합니다. 우리는 북한을 긍휼의 눈으로 바라보아야 합니다. 긍휼은 이분법적 사고를 거절합니다. 긍휼은 이기심과 자만심 그리고 자기 의에 빠지게 하지 않습니다. 긍휼은 힘의 원리를 좇아 상대방을 정복하려 하지 않습니다. 상대방의 자존심을 짓밟지 않고 도리어 겸손한 자리에 서서 희생의 길을 가게 합니다. 저들을 살리기 위한 희생과 헌신, 많은 말과 이론보다 우리들에게 이것이 요구됩니다. 그리고 그것이 긍휼의 힘입니다.

"긍휼은 심판을 이기고 자랑하느니라"(약 2:13)

　그것이 능히 분단의 벽을 넘어뜨릴 수 있을 것입니다.

　예수 그리스도가 행하신 긍휼의 심정으로, 평화로운 통일의 좋은 가교가 되기를 바랍니다.(2013년 5월 17일)

하나님의 행위에 주목하라

"온 땅은 여호와를 두려워하며 세상의 모든 거민들은 그를 경외할지어다 그가 말씀하시매 이루어졌으며 명령하시매 견고히 섰도다 여호와께서 나라들의 계획을 폐하시며 민족들의 사상을 무효하게 하시도다 여호와의 계획은 영원히 서고 그의 생각은 대대에 이르리로다"(시 33:8-11)

 모든 사람들은 자신이 속한 국가의 시대적 당면 과제를 안고 살아가고 있습니다.

어떤 이는 가난한 나라에서 태어나 빈곤의 문제와 씨름해야 합니다. 어떤 이는 인종갈등의 문제에 직면해서 고뇌하고 있습니다. 어떤 이는 독재정권 아래서 신음하며 민주화라는 과제를 안고 살아갑니다. 이런 과제 하나하나가 결코 쉽게 답이 나올 수 있는 것이 아닙니다.

오늘날 전 세계 유일한 분단국에 살아가는 우리들은 통일이라고 하는 참으로 풀기 어려운 과제를 안고 살아가고 있습니다. 어떻게 이 분단의 문제를 해결하여 평화로운 통일을 이루어갈 것인가? 이것은 정말 쉽지 않은 문제입니다.

그러나 적어도 의식 있는 사람들이라면 이 어려운 과제를 우리 자녀 세대에 넘기고 싶어 하지 않을 것입니다. 적어도 우리 자녀들만큼은 분단과 대립의 희생자들로 키우고 싶지 않을 것입니다. 그동안 이 남북분단은 우리사회에서 사상과 가치뿐 아니라, 정치, 교육, 학문, 예술, 심지어는 신앙의 영역에 이르기까지 다방면으로 그 본질을 뒤틀고 왜곡시켜왔습니다.

가령 교회 안에 서로 대립하는 그룹이 있다고 생각해봅시다.

빌립보 교회의 유오디아와 순두게 같이 말입니다. 이들이 과연 건강한 신앙을 가질 수 있겠습니까? 사사건건 상대방의 흠을 잡으려고 하고, 자신의 의를 드러내면서 자신의 잘못도 합리화하려고 애쓸 것입니다. 교회에서 일어나는 분쟁을 보면, 처음에는 옳고 그름이 보이는 것 같지만, 분쟁의 소용돌이에 휘말리다보면 모두 죄인이 되고 맙니다. 왜냐하면 대립의 관계라는 것은 모판처럼 결국은 우리 안에 숨겨져 있던 죄성을 적나라하게 드러내게 되기 때문입니다.

국가도 마찬가지입니다.

오랜 세월 분단으로 서로 대립해있다보면, 자신도 모르게 비정상적인 것들에 익숙해지게 됩니다. 3대 세습으로 이어지는 기형적인 독재권력으로 민생이 도탄에 빠지게 된 북한은 말 할 나위도 없거니와, 남한 역시 오랜 군사독재를 거쳐 민주화에 들어섰음에도 불구하고, 끊임없는 이념갈등과 분열로 고통 받고 있습니다.

그러므로 이러한 분단은 우리 세대로 끝이 나야 합니다. 통일이야말로 이 시대에 한반도에 사는 우리에게 주어진 중요한 과제입니다. 우리는 통일에 대한 어떤 낭만적인 생각도, 어떤 비극적인 생각도 피해야 합니다. 통일을 위해서 일하는 사람들은 누구보다도 냉철한 사고가 필요합니다.

그러나 그보다 더 중요한 것이 있습니다. 그것은 바로 하나님의 주권에 대한 깊은 믿음과 이 믿음에서 나오는 소망입니다. 소망이라는 것을 좀 다른 것으로 표현한다면 긍정적인 역사관이라고 해야 할 것입니다.

가만히 생각해보니 통일을 너무 쉽게 생각했던 것 같습니다. 지난 70여년의 세월동안 우리 국민들의 뼛속까지 파고든 북한에 대한 적대감은 쉽게 뒤바뀔 수 있는 것이 아닙니다.

이것은 북한도 마찬가지입니다. 그 오랜 세월 철의 장막에 갇혀온 북한정권과 인민들이 얼마나 이질적인지 우리는 사실 잘 모릅니다. 오랜 세월 공산주의 아래서 살아온 사람들의 사고나 삶의 삶의 방식들 중에는 자본주의 아래서 살아온 사람들에게는 도무지 이해가 되지 않는, 심지어 경악스럽게 여겨지는 것이 하나 둘이 아닙니다.

독일의 경우 우리보다 훨씬 더 많은 교류가 있었음에도 불구하고 통독이 되기 전에는 서로에 대해 잘 몰랐습니다. 1992년 말 독일의 유력 주간지 슈피겔의 조사에 따르면 서독인들의 69%, 동독인의 79%가 통일 이후에야 동서독인이 다르다는 것을 피부로 깨닫게 되었다는 것입니다. 동독인들은 서독인들을 피도 눈물도 없는 냉혈한으로, 서독인들은 동독인들을 일은 적게 하면서도 사회보장과 보상은 턱없이 높게 바라는 염치없는 인간들로 상호 공격하는 상황이 연출되었습니다.

오늘날 우리는 독일의 통일에 대해서 많은 연구를 합니다. 독일은 얼마 전까지 세계에서 유일한 분단파트너였고, 먼저 통일의 과정을 겪었기 때문입니다. 통일을 대비하는데 이보다 더 중요한 자료는 없을 것입니다. 독일 통일의 배경은 무엇인가? 독일은 통일을 위해서 무엇을 했는가? 우리는 더 많이 연구해야 할 것입니다.

무엇보다도 1989년 독일의 통일은 우리의 통일운동에 커다란 자극제가 되었습니다. 저 역시 마찬가지입니다. 1993년 독일이 통일된 지 3년이 지난 여름에 과거 동독의 영토였던 루터 유적지를 둘러볼 기회가 있었습니다. 나는 그때 얼마나 가슴이 뛰었는지 모릅니다. 루터 유적지를 보는 것보다 과거 서독과 동독의 국경지역을 통과하는 것이 더 기대되는 일이었습니다. 동독의 아이제나하로 가는 고속도로의 한 휴게소에 들렀는데 그곳은 바로 과거 동서독간의 국경이었습니다. 거기에는 초소와 건물들이 비어진 채 여전히 남아있었습니다.

그때 나는 그곳에서 간절히 기도했습니다.

"동서독을 통일시키신 주님, 우리 한반도에도 이 기쁨을 허락해주십시오."

동구권이 무너지고, 독일이 통일되면서 왠지 우리에게도 통일이 곧 올 것이라는 기대감이 부풀어 오른 적도 있었습니다. 그러나 아직도 그 꿈은 이루어지지 않았습니다.

독일인들은 통일을 위해서 많은 것을 준비했습니다. 그 중에서 빌리 블란트의 동방정책을 빼놓을 수 없을 것입니다. 그의 동방정책은 당시 서독의 안보와 미래의 통일을 위해서 소련을 비롯한 동유럽 공산국가들과 화해정책을 펼치고 상호 긴밀한 교류를 하는 것이었습니다. 당시 미국과 소련이 유지하던 냉전구도에서는 파격적인 시도였습니다.

그는 폴란드 바르샤바에 있는 전쟁희생자 위령탑 앞에서 사죄의 표시로 무릎을 꿇었습니다. 국가 원수가 남의 나라 국립묘지와 같은 곳에 가서 무릎을 꿇는다는 것은 있을 수 없는 일이었습니다. 당시 서독은 패전국도 아니었고, 폴란드에 구걸해야 할 가난한 나라도 아니었습니다.

그러나 화해를 위한 독일의 의지를 보여준 그의 행동은 마침내 동서 화해의 물고를 텄고 훗날 독일통일의 밑거름이 되었습니다.

그 외에도 서독은 통일을 위해서 많은 노력을 기울였습니다. 동독정부와 대화 채널을 통해서 지속적으로 소통을 하면서 단계적으로 관계를 개선해 나갔습니다. 서독사람들은 동독의 친척들로 하여금 서독을 방문할 수 있게 하고 나아가 동독사람들이 서독의 TV를 볼 수 있게 하였습니다. 물론 이런 과정에서 서독은 동독에 많은 경제적 지원을 해야 했습니다.

프라이카우프(Freikauf)라 불리우는 프로젝트도 시행되었습니다.

이것은 "돈을 지불하여 방면시킴"이라는 뜻으로, 1963년부터 서독이 서독 일인당국민 소득의 5~12배 되는 돈을 동독정부에 지불하여 동독의 반체제인사 한 사람을 데려오는 것을 말합니다. 이를 위해서 서독은 총 2조 7천억 원에 해당하는 현금과 물자를 동독에 지불했습니다.

그러나 양쪽 정부당국자가 이 프로젝트를 주도하는 것이 불편해지자 교회를 통로로 이용했습니다. 교회가 중간에서 현금과 물품을 전달하는 역할을 한 것입니다. 이러한 돈이 동독에서 무기를 구입하는데 사용되는 것이 아니냐는 비판도 있었지만, 독일인들은 통일에 대한 장기적인 안목을 가지고 있었기에 다방면의 교류를 위해 기꺼이 값을 지불했던 것입니다.

독일통일에 있어서 서독교회가 결정적인 역할을 했다는 데에는 이론의 여지가 없습니다. 우선 동독의 한 교회를 돕기 위해 서독의 3~4개 교회들이 하나님의 시스템을 구축하여 재정적인 지원을 하는 것을 비롯해서 다양한 민간교류를 주선했습니다. 한걸음 더 나아가 정부와 협력하여 보다 깊은 통일사역에도 적극적으로 관여했습니다.

이렇게 동서독간의 교류가 깊어져가는 가운데 소련의 고르바초프가 "페레스트로이카"를 제창하면서 통일에 유리한 국제정세가 찾아왔습니다. 개혁과 개방을 표방한 고르바초프의 이러한 정책은 독일통일의 결정적인 역할을 하였습니다.

마지막에 동독 정부 대변인인 귄터 샤보브스키가 "일반인들의 여행제한을 해제할 방침"이라는 정치국의 결정을 "(이 방침을) 즉시 시행합니다"로 기자들에게 잘못 설명한 것 또한 베를린 장벽이 무너지는 결정적인 계기가 되었던 것입니다.

우리는 독일의 통일을 보면서 오랜 세월 통일을 위한 많은 노력이 있었음을 간과해서는 안 됩니다. 그것은 특별히 훨씬 잘사는 나라인 서독이 자신을 내려놓고 동독을 품는 노력이었습니다. 마치 통일독일의 주체가 될 맏형으로서 망나니 같이 철없이 날뛰는 막내를 끌어 안아주는 여유와도 같은 것입니다. 이것이 당장의 손익계산서를 따지기 보다는 먼 미래의 통일을 위해 기꺼이 손해를 감수하는 여유입니다.

이것을 우리가 배워야 합니다.

특별히 독일교회가 통일을 위한 중요한 초석이 되었다는 사실이 한국교회에 도전을 주지 않습니까? 우리도 통일을 위해서 우리가 할 수 있는 일을 찾아 협력해야 합니다.

그러나 우리는 독일 통일에서 놓치기 쉬운, 그러나 정말 중요한 것을 붙잡아야 합니다. 독일 안팎의 수많은 사람들이 지적합니다. 독일의 통일은 어느 누구도 예측하지 못한 가운데 갑자기 왔다는 것을 말입니다. 독일국민들도, 정치인들도, 주변국도, 누구도 이와 같은 통일을 예측하지 못했습니다. 그래서 그들은 통일을 하나님의 선물이라고 부릅니다.

그것은 우리에게 독일 통일에 있어서 진짜 중요하고도 핵심 되는 요소가 무엇인지를 말해줍니다. 그것은 바로 세계 역사의 진정한 주인 되신 분, 온 세상의 주권자 되시는 하나님입니다. 이것은 여러 개의 요소 중에 하나가 아닙니다. 통일의 전부입니다. 독일과 그 주변국이 통일을 위한 완벽한 요소를 갖추었다 할지라도, 하나님이 허락하지 않으셨다면 통일이 될 수 없었을 것입니다.

사람들은 인간의 역사에서 이 핵심적인 요소를 간과하기 쉽습니다. 그들은 정치적, 경제적 원인을 분석해서 답이 나오지 않으면 모든 것을 우연이나 재수나 운명의 탓으로 돌립니다. 그러나 우리는 아닙니다. 우리는 하나님의 주권을 믿습니다.

국가의 계획이 아무리 철두철미해도 민족의 사상이 아무리 콘크리트 같이 견고하다고 해도 하나님께서는 그 계획을 파하고 그 사상들을 무(無)로 만드십니다.

"여호와께서 나라들의 계획을 폐하시며 민족들의 사상을 무효하게 하시도다 여호와의 계획은 영원히 서고 그의 생각은 대대에 이르리로다"(10-11)

오늘 우리 한반도의 정세는 그야말로 한치 앞을 내다보기가 어렵습니다. 어느 누구의 전망도 그저 예측에 불과할 뿐입니다. 그것이 전혀 맞지 않을 가능성 또한 많이 있습니다.

그러나 우리는 이 한 가지를 분명히 고백할 수 있습니다. 우리 나라의 통일은 하나님 손에 있다는 사실입니다. 우리의 정책, 예측, 방향 이 모든 것을 뛰어넘어 그 분의 주권에 있습니다.

"그가 말씀하시매 이루어졌으며 명령하시매 견고히 섰도다"(9)

이 하나님의 주권에 대한 고백은 우리 속에 깊은 소망을 심어줍니다. 정치인이 바뀌고 정권이 바뀌면서 정책이 뒤집어지는 일이 일어나지만, 심지어 크고 작은 분쟁과 전쟁의 위기감마저 거론되지만, 우리는 하나님을 신뢰합니다. 대통령, 통일부 장관을 신뢰하는 것이 아니라 하나님을 신뢰합니다.

우리는 무엇보다도 이 하나님의 행위를 주목해야 합니다. 사람의 행위에 주목할 때, 우리는 지치기 쉽습니다. 만일 우리가 정치와 정책, 통일부, 여당과 야당, 미국과 중국, 그리고 남과 북의 정책 당사자들에게만 주목한다면, 우리는 조급함과 낙심, 분노와 원망에 사로잡히게 될 것입니다.

지금 우리가 주목해야 할 것은 이 역사 속에서 움직이시는 하나님의 계획과 그분의 생각입니다. 그리고 그분의 행위입니다. 이 사회에 속해 살아가는 그리스도인으로서 하나님이 하시는 일을 주목하는 것 외에 우리가 무엇을 할 수 있단 말입니까?

그렇습니다. 이것이 우리가 해야 할 가장 우선되는 일입니다. 이것은 성경만 읽고, 기도만 하는 것을 의미하지 않습니다. 우리는 누구보다도 이 사회와 통일에 대한 책임감을 강하게 의식하면서 우리가 해야 할 일, 할 수 있는 일들을 해나가야 합니다. 아울러 누구보다도 통일 문제에 냉철하게 접근하면서 그리고 누구보다도 정치의 흐름을 정확하게 꿰뚫으면서 또한 누구보다도 하나님의 말씀을 굳게 붙잡는 것입니다.

이것을 위해서 우리는 항상 기도하며 영적으로 깨어있어야 합니다. 그리고 그러한 영적각성은 언제나 하나님에 대한 경외감에서부터 시작되어야 합니다. 그러므로 오늘 설교의 결론은 바로 여기 8절의 말씀입니다.

"온 땅은 여호와를 두려워하며 세상의 모든 거민들은 그를 경외할지어다" (8)

하나님을 향한 경외감으로 영적으로 깨어 있도록 합시다. 나아가 이 민족 속에서 역사하시는 하나님의 행위를 바라보면서 주어진 통일의 과제를 묵묵히 감당하도록 합시다. (2013년 4월 4일)

교회 울타리를 넘어서라!
이 책을 읽고 주님께 드리고 싶은 말을 적읍시다.
이 책을 읽고 주님께 드리고 싶은 말을 적읍시다.

망망한 바다 한가운데서 배 한 척이 침몰하게 되었습니다.
모두들 구명보트에 옮겨 탔지만 한 사람이 보이지 않았습니다.
절박한 표정으로 안절부절 못하던 성난 무리 앞에 급히 달려 나온 그 선원이
꼭 쥐고 있던 손바닥을 펴 보이며 말했습니다.
"모두들 나침반을 잊고 나왔기에… "
분명, 나침반이 없었다면 그들은 끝없이 바다 위를 표류할 수 밖에 없을 것입니다.

우리는 삶의 바다를 항해하는 모든 이들을 위하여
그 나침반의 역할을 하고 싶습니다.
우리를 구원하신 위대한 주 예수 그리스도를 널리 전하고 싶습니다.

"하나님은 모든 사람이 구원을 받으며
진리를 아는 데에 이르기를 원하시느니라"
(디모데전서 2장 4절)

교회 울타리를 넘어서라

지은이 | 최현범 목사
발행인 | 김용호
발행처 | 나침반출판사

제1판 발행 | 2019년 1월 5일

등　록 | 1980년 3월 18일 / 제 2-32호
본　사 | 07547 서울특별시 강서구 양천로 583
　　　　블루나인 비즈니스센터 B동 1607호
전　화 | 본사 (02) 2279-6321 / 영업부 (031) 932-3205
팩　스 | 본사 (02) 2275-6003 / 영업부 (031) 932-3207
홈　피 | www.nabook.net
이　멜 | nabook@korea.com / nabook@nabook.net

ISBN　978-89-318-1570-2
책번호　마-4048

값은 뒷표지에 있습니다.